Der zeitliche Anwendungsbereich des allgemeinen Leistungsstörungsrechts und der besonderen Gewährleistungsrechte beim Kauf-, Werk- und Mietvertrag

Schriften zum Handels- und Wirtschaftsrecht
Herausgegeben von Michael Kling, Herbert Leßmann
und Ralph Backhaus

Band 29

Zur Qualitätssicherung und Peer Review der vorliegenden Publikation

Die Qualität der in dieser Reihe erscheinenden Arbeiten wird vor der Publikation durch Herausgeber der Reihe geprüft.

Notes on the quality assurance and peer review of this publication

Prior to publication, the quality of the work published in this series is reviewed by editors of the series.

Maximilian Jordan

Der zeitliche Anwendungsbereich des allgemeinen Leistungsstörungsrechts und der besonderen Gewährleistungsrechte beim Kauf-, Werk- und Mietvertrag

PL ACADEMIC RESEARCH

Bibliografische Information der Deutschen Nationalbibliothek
Die Deutsche Nationalbibliothek verzeichnet diese Publikation in der Deutschen Nationalbibliografie; detaillierte bibliografische Daten sind im Internet über http://dnb.d-nb.de abrufbar.

Zugl.: Marburg, Univ., Diss., 2015

D 4
ISSN 1439-4189
ISBN 978-3-631-67002-6 (Print)
E-ISBN 978-3-653-06153-6 (E-Book)
DOI 10.3726/978-3-653-06153-6

PL Academic Research ist ein Imprint der Peter Lang GmbH.

Peter Lang – Frankfurt am Main · Bern · Bruxelles · New York · Oxford · Warszawa · Wien

Diese Publikation wurde begutachtet.

www.peterlang.com

Danksagung

Für die Ermöglichung dieser Arbeit, die vom Fachbereich Rechtswissenschaften der Philipps-Universität Marburg im Juni 2015 als Dissertation angenommen worden ist, gebührt all jenen mein aufrichtiger Dank, die mich auf meinem Weg durch Studium und Promotion unterstützt und begleitet haben.

Mein besonderer Dank gilt meinem Doktorvater Herrn Prof. Dr. Ralph Backhaus für seine stets unterstützende und fördernde Begleitung in allen Phasen des Promotionsvorhabens. Die regelmäßig gewährten großzügigen Freiräume während meiner Tätigkeit als wissenschaftlicher Mitarbeiter an seinem Lehrstuhl und die hervorragende fachliche Betreuung stellten beste Voraussetzungen für diese Arbeit dar. Weiterhin gilt mein Dank Herrn Prof. Dr. Wolfgang Voit für die überaus zügige Erstellung des Zweitgutachtens.

Zu guter Letzt bedanke ich mich bei meiner Familie und meinen Freunden für ihre Unterstützung und das stets offene Ohr. Dies gilt insbesondere von ganzem Herzen wegen ihrer uneingeschränkten Hilfsbereitschaft in jeder Lebenslage für meine Eltern Ulrich Jordan und Christine Groß, für Jürgen Thorwart sowie für Karl-Heinz und Silvia Busch. Mein größter Dank gilt aber meiner Lebensgefährtin, Anne Busch, für ihr dauerndes Verständnis und ihre stetige bedingungslose Hilfe und Unterstützung seit mehr als zehn Jahren.

Marburg, im Juni 2015
Maximilian Jordan

Inhaltsverzeichnis

Abkürzungsverzeichnis

a.A.	anderer Ansicht
Abs.	Absatz
AcP	Archiv für die civilistische Praxis
a.F.	alte Fassung
AGB	Allgemeine Geschäftsbedingungen
Alt.	Alternative
Art.	Artikel
AT	Allgemeiner Teil
BauR	Zeitschrift für das gesamte öffentliche und zivile Baurecht (Zeitschrift)
BB	Betriebs-Berater (Zeitschrift)
Bd.	Band
BeckOK	Beck'scher-Online-Kommentar
BGB	Bürgerliches Gesetzbuch
BGH	Bundesgerichtshof
BGHZ	Entscheidungen des Bundesgerichtshof in Zivilsachen (Amtliche Sammlung)
BMJ	Bundesministerium der Justiz
BT	Besonderer Teil
BT-Drucks.	Drucksachen des Deutschen Bundestages
bspw.	beispielsweise
bzgl.	bezüglich
bzw.	beziehungsweise
B2B	Business to Business
B2C	Business to Consumer
C2B	Consumer to Business
C2C	Consumer to Consumer
d.h.	das heißt
ders.	derselbe
dies.	dieselbe
diesbzgl.	diesbezüglich
DRiZ	Deutsche Richterzeitung (Zeitschrift)
etc.	et cetera
EMW	Englert/Motzke/Wirth (Kommentar)
f.	folgende

ff.	fortfolgende
Fn.	Fußnote
FS	Festschrift
gem.	gemäß
ggf.	gegebenenfalls
Hk	Handkommentar
h.M.	herrschende Meinung
hrsg.	herausgegeben
IBR	Immobilien- und Baurecht (Zeitschrift)
i.H.e.	in Höhe eines
i.S.	Im Sinne
i.S.d.	im Sinne der
i.S.v.	im Sinne von
Jura	Juristische Ausbildung (Zeitschrift)
JuS	Juristische Schulung
JZ	Juristen-Zeitung (Zeitschrift)
Kap.	Kapitel
lit	littera
MDR	Monatsschrift für Deutsches Recht (Zeitschrift)
MietRRefG	Mietrechtsreformgesetz
MK	Münchener Kommentar
NJW	Neue Juristische Wochenschrift (Zeitschrift)
NJW-RR	NJW-Rechtsprechungsreport – Zivilrecht (Zeitschrift)
NJW-Spezial	Neue Juristische Wochenschrift-Spezial (Zeitschrift)
NK	Nomoskommentar
Nr.	Nummer
NZBau	Neue Zeitschrift für Baurecht und Vergaberecht (Zeitschrift)
NZM	Neue Zeitschrift für Miet- und Wohnungsrecht (Zeitschrift)
OLG	Oberlandesgericht
PWW	Prütting/Wegen/Weinreich (Kommentar)
qm	Quadratmeter
Rn.	Randnummer
S.	Seite, Satz
SR	Schuldrecht
u.	und
u.a.	unter anderem
v.	von, vom
VerbGüterKRL	Verbrauchsgüterkaufrichtlinie

vgl.	vergleiche
VOB/B	Vergabe- und Vertragsordnung für Bauleistungen Teil B
Vorb, Vorbem	Vorbemerkung
WM	Wertpapier-Mitteilungen Teil IV (Zeitschrift)
WuM	Wohnungswirtschaft und Mietrecht (Zeitschrift)
ZEuP	Zeitschrift für Europäisches Privatrecht
ZfBR	Zeitschrift für deutsches und internationales Bau- und Vergaberecht (Zeitschrift)
ZMR	Zeitschrift für Miet- und Raumrecht (Zeitschrift)
ZGS	Zeitschrift für das gesamte Schuldrecht (Zeitschrift)
ZGR	Zeitschrift für Unternehmens- und Gesellschaftsrecht (Zeitschrift)
ZRP	Zeitschrift für Rechtspolitik (Zeitschrift)

Kapitel 1 - Einleitung

A. Ziel der Untersuchung

Vom schnellen Klick auf den Bezahl-Button der Internetseite eines Online-Versandhändlers über den täglichen Kauf der Lebensmittel bis hin zur monatlichen Miete der Unterkunft oder sogar dem Bau des Eigenheims – Schuldverhältnisse sind täglicher Bestandteil unseres Lebens und es vergeht so gut wie kein Tag, an dem wir nicht mindestens ein solches begründen. Von besonderer Bedeutung für den Einzelnen sind dabei die Verträge auf dem Gebiet des Kauf-, des Miet- und des Werkvertragsrechts, da der überwiegende Teil der eingegangenen Schuldverhältnisse einem dieser Vertragstypen zuzuordnen ist. Dieser Bedeutung wird auch durch die Struktur des BGB Rechnung getragen, indem u.a. diesen drei genannten Vertragstypen ein jeweils eigenes besonderes Recht zugesprochen wird.

Einhergehend mit der Begründung oder Abwicklung von Schuldverhältnissen besteht aber auch die Gefahr, dass Hindernisse auftreten können, die dazu führen, dass die Leistung nicht oder nicht wie geschuldet erbracht wird. Solche Störungen, die eine ordnungsgemäße Erfüllung des Schuldverhältnisses verzögern, erschweren oder ausschließen, werden gemeinhin als Leistungsstörungen bezeichnet, auch wenn dieser Begriff nicht dem BGB oder der juristischen Dogmatik entstammt.[1] Da Störungen des Schuldverhältnisses keine Ausnahme, sondern Regelmäßigkeit darstellen, besteht ein Bedürfnis nach einem funktionierenden Leistungsstörungsrecht. Um auf Leistungsstörungen adäquat reagieren zu können, enthält das BGB daher Regelungen, die es den Parteien ermöglichen sollen, ihre Interessen trotz einer Störung des Schuldverhältnisses bestmöglich durchzusetzen. Dieses sog. Leistungsstörungsrecht unterlag insbesondere i.R.d. Schuldrechtsmodernisierungsreform im Jahr 2002 einer wesentlichen Neugestaltung.

Ein bedeutendes Anliegen i.R.d. Schuldrechtsmodernisierung war dabei die Harmonisierung von allgemeinem Leistungsstörungsrecht (also der§§ 275 ff. BGB) und dem für die einzelnen Vertragstypen besonders geltenden Gewährleistungsrecht.[2] Bis zur Reform waren die allgemeinen und besonderen Regeln nicht aufeinander abgestimmt und existierten als jeweils eigenständige

1 Schwarze, Das Recht der Leistungsstörungen, § 1 Rn. 1; Huber, Leistungsstörungen I, § 1 I; Grüneberg, in: Palandt, Vorb v § 275 Rn. 1.

2 Abschlussbericht der Kommission zur Überarbeitung des Schuldrechts (1992), S. 32.

Gewährleistungssysteme nebeneinander, was letztlich eine Vielzahl von Abgrenzungsschwierigkeiten und Ausnahmekonstellationen nach sich zog.[3] Sehr wesentliche Fragen, die sich i.R.e. Harmonisierung von zwei jeweils eigenständigen Gewährleistungssystemen dann zwangsläufig stellen, drehen sich um den zeitlichen Anwendungszeitpunkt des neuen, harmonisierten Gewährleistungsrechts. Gibt es nur einen einheitlichen Anwendungszeitpunkt für sämtliche allgemeine und besondere Leistungsstörungsrechte? Oder sind die nur für einzelne Vertragstypen speziell geltenden besonderen Regeln in ihrer Anwendung durch ein generelles zeitliches Moment von den allgemeinen Leistungsstörungsrechten zu trennen? Wenn ja, welches zeitliche Moment ist das Richtige? – Jedoch hat es auch die Schuldrechtsmodernisierungsreform nicht geschafft, eine eindeutige und unzweifelhafte Rechtslage zu schaffen, die Abgrenzungsschwierigkeiten obsolet macht sowie das Bedürfnis nach Ausnahmen auf ein Minimum reduziert. Denn durch die Beibehaltung besonderer Gewährleistungsregeln i.V.m. dem Fehlen einer ausdrücklichen Regelung in Bezug auf einen Anwendungszeitpunkt, ab welchem die jeweiligen besonderen Vorschriften die allgemeinen Rechte modifizieren, wird weiterhin die Grundlage für verschiedene Lösungsansätze hinsichtlich der zeitlichen Anwendung der jeweils einschlägigen besonderen Gewährleistungsvorschriften geschaffen.[4] Ziel der nachfolgenden Untersuchung soll es daher sein, individuell für die drei BGB-Vertragstypen des Kauf-, Werk- und Mietvertrages die verschiedenen Lösungsansätze hinsichtlich der Frage des zeitlichen Anwendungsbereichs ihres jeweils besonderen Gewährleistungsrechts darzustellen. Sodann soll basierend auf einer Auslegung der jeweils besonderen Vorschriften nach Wortlaut, Historie, Systematik sowie Sinn und Zweck die Frage der zeitlichen Abgrenzung von allgemeinen und besonderen Leistungsstörungsrechten für jeden der Vertragstypen geklärt werden.

B. Gang der Untersuchung

Die Arbeit gliedert sich insgesamt in fünf Teile, wobei die Einführung den ersten Teil darstellt. Der zweite Teil beschäftigt sich dabei mit dem Kaufvertrag. Dazu werden im zweiten Kapitel zunächst die relevanten, sich gegenüberstehenden allgemeinen und besonderen Rechte vorgestellt. Dann wird die Untersuchung auf den Entstehungszeitpunkt der Leistungsstörungsrechte konzentriert. Der Schwerpunkt liegt dabei auf der Frage, ob die besonderen kaufrechtlichen Mangelgewährleistungsrechte der §§ 437 ff. BGB, insbesondere aber der

3 BT-Drucks. 14/6040, S. 87.

4 Dazu näher in den folgenden Kapiteln.

Nacherfüllungsanspruch nach § 439 BGB, erst ab Gefahrübergang oder schon von einem früheren Zeitpunkt an geltend gemacht werden können. Zu dieser Frage werden sehr unterschiedliche Ansichten vertreten, mit denen sich die Arbeit eingehend auseinandersetzt. In der Folge wird anhand einer Auslegung der besonderen kaufrechtlichen Gewährleistungsvorschriften nach Wortlaut, Historie, Systematik und Telos der vorzugswürdigste Anwendungszeitpunkt bestimmt.

Im dritten Kapitel steht der Werkvertrag im Fokus. Der Aufbau des Kapitels entspricht aufgrund zahlreicher Überschneidungen und Ähnlichkeiten demjenigen des kaufrechtlichen Teils im Kapitel zuvor. Auch hier ist nach einführender Darstellung der relevanten Leistungsstörungsrechte zu untersuchen, ob die besonderen werkvertraglichen Mangelgewährleistungsrechte vom Besteller erst ab Abnahme oder regelmäßig schon vor diesem Zeitpunkt geltend gemacht werden können. Die Untersuchung fokussiert sich erneut auf eine Auslegung in Bezug auf den Wortlaut, die Historie, die Systematik sowie den Sinn und Zweck der §§ 634 ff. BGB, um zu klären, welcher Anwendungszeitpunkt der §§ 634 ff. BGB den Besonderheiten des Werkvertrages am besten gerecht wird und für sämtliche Vertragsstadien interessengerechte Lösungen ermöglicht.

Der vierte Teil der Arbeit beschäftigt sich mit der mietrechtlichen Problematik, inwiefern der allgemeine Schadensersatzanspruch für anfängliche Leistungshindernisse nach § 311a Abs. 2 BGB sowie der besondere mietrechtliche Schadensersatzanspruch für anfängliche Mängel nach § 536a Abs. 1 Alt. 1 BGB zeitlich ins Verhältnis zu setzen sind. Hier geht es zwar nicht um das generelle Verhältnis von allgemeinem Leistungsstörungsrecht und besonderem mietrechtlichen Gewährleistungsrecht, jedoch stellt sich auch hier im Kern dieselbe Frage nach dem zeitlichen Verhältnis der beiden Gewährleistungsbereiche, nur herruntergebrochen auf einen konkreten Schadensersatzanspruch. Die Untersuchung wird mit Hilfe einer Auslegung nach den vier bekannten Auslegungsmethoden vorgenommen.

Im fünften Kapitel und abschließenden Teil erfolgt sodann eine Zusammenfassung der wesentlichen Untersuchungsergebnisse.

Kapitel 2 – Der Kaufvertrag

A. Einleitung

Gemessen an der Häufigkeit seiner täglichen Abschlüsse ist der Kaufvertrag der bedeutendste Vertragstyp innerhalb des BGB. Umso wichtiger ist ein funktionierendes kaufrechtliches Gewährleistungsrecht, das möglichst eindeutig und mit einem möglichst geringen Bedürfnis nach Ausnahmen zu billigen Ergebnissen gelangen kann. Im Folgenden soll daher untersucht werden, welcher Ansicht im Hinblick auf die zeitliche Abgrenzung von allgemeinem Leistungsstörungsrecht und besonderem kaufrechtlichen Mangelgewährleistungsrecht der Vorrang einzuräumen ist. I.R. dieser Untersuchung erlangt dabei indes nicht nur Bedeutung, ob die jeweilige Meinung bzgl. des zeitlichen Verhältnisses von allgemeinem und besonderem Mangelgewährleistungsrecht dem Erfordernis nach Effektivität verbunden mit dem Bedürfnis nach möglichst wenig Ausnahmen gerecht wird. Bedeutsam ist vor allem auch, welches zeitliche Konkurrenzverhältnis von einer Auslegung der §§ 437 ff. BGB bevorzugt wird.

In der folgenden Untersuchung geht es also im Kern um die Frage, in welcher Phase eines Kaufvertrages dem Käufer welche Rechte zustehen, wobei die Ausführungen auf die spezielle Pflichtverletzung der Mangelhaftigkeit der Kaufsache beschränkt werden. Der Kaufvertrag kann dabei im Wesentlichen in vier Phasen unterteilt werden. Die erste Phase ist der Zeitraum vor Fälligkeit des vertraglichen Erfüllungsanspruchs. Die zweite Phase ist der Zeitraum ab Fälligkeit und vor einem Angebot der Kaufsache durch den Verkäufer. Die dritte Phase bezeichnet den Zeitraum ab dem Erfüllungsversuch bis zur tatsächlichen Übergabe der Kaufsache, wobei diese Phase abhängig von der Annahme oder Zurückweisung der Kaufsache länger oder kürzer ausfallen kann. Den Abschluss bildet die vierte Phase, die den Zeitraum ab der Übergabe umfasst. Die letztgenannte Phase ab Übergabe der Kaufsache ist hinsichtlich der untersuchten Frage indessen unproblematisch, da ab diesem Zeitpunkt dem Käufer zweifellos nur die Rechte der §§ 437 ff. BGB zustehen. Auf sie wird daher in der Folge nicht Bezug genommen. Die übrigen Phasen sind hingegen relevant, wobei insbesondere der Zeitraum ab Fälligkeit des vertraglichen Erfüllungsanspruchs und vor Übergabe der Sache im Vordergrund steht. In diesem Zeitraum zeigt sich am deutlichsten, welche Auswirkungen die beiden Kernpunkte der folgenden Untersuchung auf den Kaufvertrag und für seine Parteien haben. Denn im Folgenden steht zum einen vor allem die Frage im Vordergrund, ob eine generelle zeitliche Trennung der Anwendungsbereiche des allgemeinen Leistungsstörungsrechts und des besonderen kaufrechtlichen Mangelgewährleistungsrechts überhaupt notwendig und gerechtfertigt ist. Zum anderen wird der Gefahrübergang als Anwendungszeitpunkt des Nacherfüllungsanspruchs gemäß § 439 BGB in Frage gestellt, der nach bisher überwiegender Meinung für die zeitliche Geltendmachung des primären Rechtsbehelfs des besonderen kaufrechtlichen Mangelgewährleistungsrechts maßgeblich sein soll. Kommt die Untersuchung nun zu dem Ergebnis, dass keine grundsätzliche Systemkonkurrenz von allgemeinen und besonderen Regeln gerechtfertigt ist oder der Nacherfüllungsanspruch auch schon vor Gefahrübergang geltend gemacht werden kann oder trifft sogar beides zu, so steht dem Käufer grundsätzlich schon im Zeitraum ab Fälligkeit des kaufvertraglichen Erfüllungsanspruchs und vor Übergabe der Kaufsache (Gefahrübergang) die Möglichkeit zur Geltendmachung der §§ 437 ff. BGB offen. Insbesondere stehen dem Käufer sodann die damit verbundenen Vorteile wie der Minderungsmöglichkeit oder der Ausübung des Wahlrechts des § 439 Abs. 1 BGB zur Verfügung. Diese frühzeitige Möglichkeit zur Geltendmachung der §§ 437 ff. BGB wegen einer Mangelhaftigkeit der Kaufsache ist nicht nur erstrebenswert, weil sie für den Käufer günstig ist, sondern muss jedenfalls dann schon anerkannt sein, wenn es der Auslegung der besonderen kaufrechtlichen Mangelgewährleistungsrechte der §§ 437 ff. BGB entspricht.

Entsprechend werden im Folgenden die besonderen kaufrechtlichen Mangelgewährleistungsrechte darauf untersucht, in welchem zeitlichen Verhältnis sie zum allgemeinem Leistungsstörungsrecht stehen. Die Untersuchung stellt zunächst die relevanten Rechte vor, um sich dann kritisch mit der Frage nach dem Entstehungszeitpunkt der §§ 437 ff. BGB auseinanderzusetzen. Kernpunkt ist dabei die Auslegung der besonderen kaufrechtlichen Mangelrechte nach Wortlaut, Historie, Systematik und Telos.

B. Die relevanten sich gegenüberstehenden Rechte

I. Das allgemeine Leistungsstörungsrecht

Das allgemeine Leistungsstörungsrecht ist den spezifischen Rechtsbehelfen der einzelnen im BGB geregelten Verträge vorgelagert und gilt dem Anwendungsbereich nach grundsätzlich für alle Arten von Verträgen. Jedoch muss stets sorgfältig geprüft werden, ob für das jeweilige Schuldverhältnis Sonderregeln existieren, die gegenüber den allgemeinen Regeln vorrangig sind.

Von einer Leistungsstörung spricht man dann, wenn sich das Schuldverhältnis regelwidrig entwickelt, also eine Störung des Schuldverhältnisses eintritt.[5] Eine solche Störung kann verschiedene Ursachen haben. Die wohl häufigste Ursache einer Leistungsstörung ist die Pflichtverletzung, wobei in Anlehnung an § 241 Abs. 1 und Abs. 2 BGB zwischen Leistungs- und Schutzpflichten unterschieden werden kann.[6] Aber auch wenn die Leistungsstörung meist auf einer Verletzung einer Leistungs- oder einer Nebenleistungspflicht basiert, kann die Störung auch noch andere Ursachen haben. Eine andere Art der Leistungsstörung ist z.B. die Störung der Geschäftsgrundlage i.S.v. § 313 BGB. Damit sind Vertragsstörungen gemeint, die daraus resultieren, dass einer Partei das Festhalten am ursprünglichen Vertrag nicht zugemutet werden kann, weil sich wesentliche Umstände und Vorstellungen, die Grundlage des Vertrages geworden sind, nach Vertragsschluss schwerwiegend verändert oder als falsch herausgestellt haben. Jedoch ist die Regelung des § 313 BGB insbesondere zu den Vorschriften der §§ 434 ff. BGB subsidiär.[7] Da sich diese Arbeit, wie eingangs erwähnt, auf die spezielle Leistungsstörung wegen Pflichtverletzung in Form der mangelhaften Leistung fokussiert, soll die Störung der Geschäftsgrundlage an dieser Stelle außen vor bleiben.

Im Folgenden sollen dementsprechend die für die Pflichtverletzung der mangelhaften Leistung relevanten allgemeinen Leistungsstörungsrechte und dabei insbesondere der Rücktritt und der Schadensersatz dargestellt werden.

1. Der Erfüllungsanspruch nach § 433 Abs. 1 Satz 1 BGB

Nach § 433 Abs. 1 Satz 1 BGB kann der Käufer vom Verkäufer die Erfüllung sämtlicher durch den Kaufvertrag übernommener Pflichten verlangen. Auch wenn der Erfüllungsanspruch nach § 433 Abs. 1 Satz 1 BGB weder ein Schadensersatz- noch ein Rücktrittsrecht ist, so ist er doch in den Bereich der allgemeinen Leistungsstörungsrechte zu zählen. Dies lässt sich zum einen an dem Fall begründen, dass der Schuldner die Leistung schon im Vorhinein verweigert. In dieser Phase steht dem Käufer bzw. Besteller sodann der vertragliche Erfüllungsanspruch zu, um gegen diese Leistungsstörung vorzugehen. Der Anspruch hat mithin den Charakter eines allgemeinen Leistungsstörungsrechts.

---

5 Zum Begriff der Leistungsstörung vgl. U. Huber, Leistungsstörungen I, § 1 I.

6 Bzgl. der Unmöglichkeit als Sonderfall einer Pflichtverletzung vgl. Looschelders SR AT, § 22 Rn. 449.

7 BGH, NJW 2012, 373, 374; Looschelders, SR AT, § 39 Rn. 768.

Zum anderen lässt sich die Einordnung als allgemeines Leistungsstörungsrecht auch besonders gut am Fall begründen, dass der Käufer bzw. Besteller eines Werklieferungsvertrages während der Erfüllungsphase Kenntnis von der Mangelhaftigkeit der Sache oder des Werkes erlangt, sodann die vertragsgemäße Leistung in Form einer mangelfreien Sache oder eines mangelfreien Werkes gegenüber dem Schuldner geltend machen möchte und der Schuldner sich diesbzgl. weigert. In dieser Phase steht dem Gläubiger mangels versuchter vorangegangener Erfüllungshandlung[8] zur Geltendmachung der vertraglich geschuldeten Leistung weder ein Nacherfüllungsanspruch zu noch besteht ein Bedürfnis für denselben. Der Käufer bzw. der Besteller kann vielmehr in dieser Phase durch einfache Geltendmachung des jeweiligen vertraglichen Erfüllungsanspruchs sein Anliegen auf mangelfreie Leistung durchsetzen. Erst wenn die entsprechenden Voraussetzungen des Nacherfüllungsanspruchs eintreten, ändert sich der Inhalt des Schuldverhältnisses kraft Gesetzes dahingehend, dass der Käufer anstelle des ursprünglichen Erfüllungsanspruchs fortan nur noch den Anspruch aus § 437 BGB i.V.m. § 439 BGB geltend machen kann. Der Nacherfüllungs- und der ursprüngliche Erfüllungsanspruch stehen in einer Anspruchskonkurrenz, infolge derer der ursprüngliche Erfüllungsanspruch bei Vorliegen der Voraussetzungen des Nacherfüllungsanspruchs insoweit modifiziert wird, dass an die Stelle des ursprünglichen Erfüllungsanspruchs das besondere kaufrechtliche Mangelrecht des Nacherfüllungsanspruchs tritt. Solange also das besondere kaufrechtliche Gewährleistungsrecht der Nacherfüllung nicht anwendbar ist, gilt bei Störungen das allgemeine Leistungsstörungsrecht und dies umfasst auch den Erfüllungsanspruch aus § 433 Abs. 1 Satz 1 BGB.[9]

2. *Das Rücktrittsrecht nach den §§ 323 ff. BGB*

Im Fall einer Leistungsstörung stellt sich bei gegenseitigen Verträgen die Frage nach dem Schicksal der Gegenleistungspflicht. Die Frage beantwortet sich nach den §§ 323–326 BGB, wonach das Rücktrittsrecht des Gläubigers sowie das

---

8 Zu diesem Punkt erfolgen später noch genauere Ausführungen, insbesondere was genau unter dem Anspruchsmerkmal der „Nacherfüllung“ in Bezug auf die zeitliche Geltendmachung des Nacherfüllungsanspruchs zu verstehen ist. Vgl. hierzu insbesondere in diesem Kap. unter B, III, 2, a, bb.

9 Bzgl. der Frage über den Entstehungszeitpunkt der kaufrechtlichen Mangelrechte der §§ 437 ff. BGB wird auf die ausführlichen Ausführungen in diesem Kap. im Teil C, II dieser Arbeit verwiesen.

Schicksal der Gegenleistung wegen Nicht- oder Schlechtleistung, unterteilt nach Störungsursachen, geregelt ist.[10]

a) *Die mangelhafte Leistung als Pflichtverletzung*

Das Rücktrittsrecht setzt voraus, dass der Schuldner eine fällige, einredefreie Leistungspflicht aus einem gegenseitigen Vertrag verletzt hat. Nach dem allgemeinem Rücktrittsrecht in § 323 Abs. 1 BGB setzt dies voraus, dass der Schuldner die Leistung nicht oder nicht vertragsgemäß erbracht hat. Dies erfasst grundsätzlich die gänzliche oder teilweise Nichtleistung, die Schlechtleistung sowie die Verzögerung der Leistung. Der Fall einer Nichtleistung aufgrund von Unmöglichkeit ist jedoch in § 326 BGB gesondert geregelt, ebenso wie das Rücktrittsrecht wegen Verletzung einer Schutzpflicht in § 324 BGB.[11]

Die mangelhafte Leistung i.R.e. Kaufvertrags führt also grundsätzlich zur Bejahung dieser Tatbestandsvoraussetzung, da sich nämlich aus § 433 Abs. 1 Satz 2 BGB ergibt, dass der Käufer Anspruch auf Lieferung einer mangelfreien Sache hat. Die mangelhafte Lieferung stellt mithin einen Unterfall des Tatbestandes der Pflichtverletzung dar, die grundsätzlich die Rechtsfolgen nach dem allgemeinen Leistungsstörungsrecht auslöst.[12]

b) *Die Fristsetzung zur Leistung bzw. ihre Entbehrlichkeit*

Außerdem setzt das Rücktrittsrecht voraus, dass der Gläubiger dem Schuldner eine angemessene Frist zur Leistung gesetzt hat und diese erfolglos verstrichen ist. Dieses Erfordernis soll den Vorrang des Erfüllungsanspruchs gewährleisten und dem Schuldner noch einmal die Gelegenheit zur Erfüllung seiner vertraglichen Pflichten geben.[13] Die konkret gesetzte Nachfrist muss dabei objektiv angemessen sein. Erweist sie sich als zu kurz, ist sie jedoch grundsätzlich nicht unwirksam, sondern es wird stattdessen eine angemessene Frist in Gang gesetzt.[14] Welche Frist i.S. des Gesetzes angemessen ist, richtet sich nach den Umständen des Einzelfalls. Die Frist soll es dem Schuldner aber nicht ermöglichen,

---

10 Grüneberg, in: Palandt, § 323 Rn. 5.

11 Looschelders, SR AT, § 35 Rn. 702; Schmidt, in: BeckOK Bamberger/Roth, § 323 Rn. 4.

12 Faust, in: BeckOK Bamberger/Roth, § 433 Rn. 41.

13 Looschelders, SR AT, § 35 Rn. 703; Oetker/Maultzsch, § 2 Rn. 236.

14 BGH, NJW 2009, 3153, 3154 Rn. 11; Schmidt, in: BeckOK Bamberger/Roth, § 323 Rn. 16; Otto/Schwarze, in: Staudinger, § 323 Rn. B 67; Gsell, in: Soergel, § 323 Rn. 83; vgl. auch die alte Rechtsprechung zu § 326 a.F., die der Gesetzgeber i.R.d. Schuldrechtsreform ausdrücklich unberührt lassen wollte (BT-Drucks. 14/6040, S. 138): BGH, NJW 1985, 2640.

jetzt überhaupt erst die Leistung in Angriff zu nehmen, sondern ihn lediglich in die Lage versetzen, eine bereits wesentlich begonnene Leistung zu vollenden.[15] Mit der automatischen Ingangsetzung einer angemessenen Frist geht auch konform, dass es nicht erforderlich ist, dass die Länge oder das Ende der Frist zeitlich konkret bestimmt sein muss. Laut BGH genügt für eine Fristsetzung vielmehr auch das Verlangen nach sofortiger, unverzüglicher oder umgehender Leistung, solange dem Schuldner daraus deutlich wird, dass ihm für die Erfüllung nur noch ein begrenzter (bestimmbarer) Zeitraum zur Verfügung steht.[16] Dem Schuldner wird so hinreichend vor Augen geführt, dass für seine Leistungserbringung eine zeitliche Grenze gesetzt ist, auch wenn für ihn die Ungewissheit besteht, welcher Zeitraum ihm genau verbleibt. Diese Ungewissheit ist indessen hinnehmbar, weil sie auch bei Abgabe einer bestimmten, jedoch unangemessen kurzen Frist besteht.[17]

Im Anwendungsbereich der VerbGüterKRL besteht darüber hinaus die Notwendigkeit nach einer richtlinienkonformen Auslegung des § 323 BGB dahingehend, dass der Verbraucher dem Unternehmer keine Frist zur Nacherfüllung gesetzt haben muss, um zurückzutreten.[18] Die VerbGüterKRL verlangt nämlich lediglich den Ablauf einer bestimmten Frist innerhalb derer keine Abhilfe durch den Schuldner erfolgt ist, nicht hingegen eine Fristsetzung.[19] Es ist mithin im Fall eines Verbrauchsgüterkaufs i.R.v. § 323 BGB nicht erforderlich, dass der Verbraucher eine Frist setzt, sondern lediglich, dass eine solche fruchtlos abläuft.

Eine Fristsetzung und deren fruchtloser Ablauf sind ausnahmsweise entbehrlich, wenn der Schuldner die Leistung ernsthaft und endgültig verweigert (§ 323 Abs. 2 Nr. 1 BGB), der Schuldner die Leistung zu einem im Vertrag bestimmten Termin oder innerhalb einer bestimmten Frist nicht bewirkt und der Gläubiger im Vertrag den Fortbestand seines Leistungsinteresses an die Rechtzeitigkeit der Leistung gebunden hat (§ 323 Abs. 2 Nr. 2 BGB) oder wenn besondere Umstände vorliegen, die unter Abwägung der beiderseitigen Interessen den sofortigen Rücktritt rechtfertigen (§ 323 Abs. 2 Nr. 3 BGB).

---

15 OLG Karlsruhe, NJW-RR 2012, 504, 505, BGH, NJW 1982, 1279, 1280; NJW 1985, 2640; Ernst, in: MK, § 323 Rn. 71.

16 BGH, NJW 2009, 3153; kritisch dazu Koch, NJW 2010, 1636 ff.

17 BGH, NJW 2009, 3153, 3154 Rn. 11.

18 AG Köln, Urt. v. 28.01.2010–137 C 436/09 = BeckRS 2010, 02637; Ernst, in: MK, § 323 Rn. 50a; Gsell, in: Soergel, § 323 Rn. 85; Unberath, ZEuP 2005, 5, 29 ff.; Lorenz, in: MK, Vor § 474 Rn. 20; Faust, JZ 2010, 202; Koch, NJW 2010, 1636, 1638; Herresthal, in: Europarechtliche Bezüge des Privatrechts, § 2 Rn. 160.

19 Vgl. Art 3 Abs. 5 VerbGüterKRL.

c) *Keine Ausschlussgründe*

Für bestimmte Ausnahmefälle hat der Gesetzgeber die Ausübung des Rücktrittsrechts deutlich eingeschränkt. Anders als beim Schadensersatz, bei dem einer Mitverantwortlichkeit des Gläubigers durch § 254 BGB Rechnung getragen werden kann, ist es beim Rücktritt nicht möglich, eine flexible Lösung zu treffen. Das Rücktrittsrecht ist in der Folge entweder gegeben oder insgesamt ausgeschlossen.[20]

aa) Alleinige oder überwiegende Verantwortlichkeit des Gläubigers, § 323 Abs. 6 Alt. 1 BGB

Gemäß § 323 Abs. 6 Alt. 1 BGB ist der Rücktritt ausgeschlossen, wenn der Gläubiger für den Rücktrittsgrund allein oder weit überwiegend verantwortlich ist. Eine solche überwiegende Verantwortlichkeit ist dann anzunehmen, wenn die Mitverantwortlichkeit des Gläubigers ein solches Gewicht hat, dass ein etwaiger Schadensersatzanspruch nach § 254 BGB ausgeschlossen wäre.[21] Neben der Alleinverantwortlichkeit des Gläubigers ist dies bei einer erforderlichen Verantwortungsquote des Gläubigers von mindestens 80%, nämlich der weit überwiegenden Verantwortlichkeit, gegeben.[22]

bb) Annahmeverzug des Gläubigers, § 323 Abs. 6 Alt. 2 BGB

Der Rücktritt ist auch dann ausgeschlossen, wenn der an sich zum Rücktritt berechtigende Umstand vom Schuldner nicht zu vertreten ist und während des Annahmeverzugs eintritt. Durch das Verschuldenselement neben dem Annahmeverzug bleibt das Gesetz bei dem schon in Alt. 1 zugrundeliegenden Prinzip, dass der Rücktritt nur dann ausgeschlossen ist, wenn dem Gläubiger allein oder fast allein ein Vorwurf gemacht werden kann.[23] Die Bedeutung der Verknüpfung von Annahmeverzug und dem Verschuldenselement wird dadurch erweitert, dass infolge des Annahmeverzuges gemäß § 300 Abs. 1 BGB dann auch eine mildere Haftung des Schuldners gilt, der nämlich nur noch Vorsatz und grobe Fahrlässigkeit zu vertreten hat.

---

20 BT-Drucks. 14/6040, S. 187; Grüneberg, in: Palandt, § 323 Rn. 28; Looschelders, SR AT, § 35 Rn. 710.

21 BT-Drucks. 14/6040, S. 187; OLG Naumburg, NJW-RR 2011, 64; Looschelders, SR AT, § 35 Rn. 711.

22 Grüneberg, in: Palandt, § 323 Rn. 29.

23 Schmidt, in: BeckOK Bamberger/Roth, § 323 Rn. 37.

cc) Die Erheblichkeit der Pflichtverletzung, § 323 Abs. 5 Satz 2 BGB

Bei einer Schlechtleistung kann der Gläubiger weiterhin nicht zurücktreten, wenn sich die Pflichtverletzung als unerheblich erweist. Für den Käufer bedeutet dies, dass er vom ganzen Vertrag nur zurücktreten kann, wenn der Mangel nicht geringfügig ist. Die Erheblichkeitsprüfung erfordert eine umfassende Abwägung der beiderseitigen Interessen. Zu berücksichtigen sind dabei die Bedeutung des Mangels anhand der Verkehrsanschauung und alle Umstände des Einzelfalls.[24] Dabei sind insbesondere der für die Mangelbeseitigung erforderliche Aufwand, die Auswirkungen auf die beeinträchtigte Leistung und die für die Kaufentscheidung maßgeblichen Kriterien zu würdigen. Bei nicht behebbaren Mängeln ist das vom Mangel ausgehende Ausmaß der funktionellen, ästhetischen oder sonstigen Beeinträchtigung, aber auch die Schwere des Verschuldens zu berücksichtigen.[25] Diese Einschränkung des Rücktrittsrechts ist vor allem bedeutsam, da Mängel i.R.v. Kaufverträgen oftmals nicht die Schwere haben, dass sie einen Rücktritt rechtfertigen würden.

dd) Mangel an einer abgrenzbaren Teilleistung, § 323 Abs. 5 Satz 1 BGB

Eine weitere Einschränkung des Rücktrittsrechts kann sich aus § 323 Abs. 5 Satz 1 BGB ergeben. Demnach ist der Rücktritt vom ganzen Vertrag im Fall einer Teilleistung des Schuldners nur dann möglich, wenn der Gläubiger an der Teilleistung kein Interesse hat.

Die Regelung des § 323 Abs. 5 Satz 1 BGB umfasst zunächst einmal den Fall der nur teilweisen Erfüllung.[26] Hier kann der Käufer vom ganzen Vertrag nur dann zurücktreten, wenn er an der erbrachten Teilleistung kein Interesse hat. Anknüpfungspunkt für die Beurteilung des Gläubigerinteresses ist der bereits erbrachte Teil der Leistung, nicht dagegen der noch ausstehende.[27] Es ist also zu fragen, ob der vorgenommene Teilaustausch dem Gläubiger bei objektiver Beurteilung noch eine mindestens teilweise Verwirklichung des mit dem Vertrag

24 BGH, NJW 2013, 1365; NJW-RR 2010, 1289; OLG Düsseldorf, NJW-RR 2008, 1230, 1231; Grüneberg, in: Palandt, § 323 Rn. 32; Schmidt, in: BeckOK Bamberger/Roth, § 323 Rn. 39; Ernst, in: MK, § 323 Rn. 243b.

25 OLG Köln, NJW-RR 2011, 61; Grüneberg, in: Palandt, § 323 Rn. 32; Ernst, in: MK, § 323 Rn. 243b.

26 Grüneberg, in: Palandt, § 323 Rn. 24; Ernst, in: MK, § 323 Rn. 198.

27 Schmidt, in: BeckOK Bamberger/Roth, § 323 Rn. 44; Ernst, in: MK, § 323 Rn. 203.

verfolgten Interesses ermöglicht. Die Erkennbarkeit des Gläubigerinteresses für den Schuldner ist nicht bedeutsam.[28]

ee) Problem Abgrenzung Teilleistung und Schlechtleistung im Kaufrecht

Problematisch kann in diesem Zusammenhang im Kaufrecht die Abgrenzung von Teilleistung und Schlechtleistung sein.[29] Die Problematik liegt darin, dass, je nach Einordnung, die Zuwenigleistung entweder § 323 Abs. 5 Satz 1 oder Satz 2 BGB unterzuordnen ist. An sich wäre auch die mangelhafte Leistung als Fall der Teilleistung darstellbar. Grund für die Abgrenzungsproblematik ist aber, dass § 434 Abs. 3 BGB die Lieferung einer zu geringen Menge, die sog. Mankoleistung, dem Sachmangel gleichstellt. Im Kern geht es also darum, ob die schlichte Teil-Nichtlieferung wegen der Anordnung in § 434 Abs. 3 BGB regelmäßig zum Totalrücktritt berechtigt, mit der Ausnahme der vom Verkäufer nachzuweisenden Unerheblichkeit (§ 323 Abs. 5 Satz 2) oder – wie bei anderen Verträgen – nur bei einem vom Käufer nachzuweisenden Interessenfortfall (§ 323 Abs. 5 Satz 1 BGB). Es stellt sich die Frage, ob die Gleichstellung der Mankolieferung mit einer Schlechtleistung nur für die kaufrechtlichen Gewährleistungsbestimmungen gilt oder auch für das allgemeine Leistungsstörungsrecht. Bedeutsam ist die Frage nicht nur wegen der Besserstellung des Käufers in Anbetracht der bei einer Einordnung in § 323 Abs. 5 Satz 2 BGB für ihn günstigeren Beweislast. Vielmehr zieht die vorgelagerte Anwendung des § 434 Abs. 3 BGB vor allem auch die Frage nach sich, ob die Käuferrechte in diesem Stadium auch den sonstigen Sonderregeln des Sachmangelrechts unterliegen.[30]

(1) Gleichstellung auch im allgemeinen Leistungsstörungsrecht

So wird vertreten, dass i.R.v. § 323 BGB über das Recht der Mängelgewährleistung hinaus die Regelung des § 434 Abs. 3 BGB auch für die Frage des Rücktrittsrechts gelte mit der Folge, dass die Teillieferung dann als Fall der Schlechtleistung und damit als nicht vertragsgemäße Leistung im Sinne des § 323 Abs. 5 Satz 2 BGB zu behandeln sei.[31] Angeführt wird hierzu, dass nur diese Einordnung der Verbrauchsgüterkaufrichtlinie entspräche, da Art. 3 Abs. 6 VerbGüterKRL das

28 Otto/Schwarze, in: Staudinger, § 323 B 114; BGH, NJW 1981, 679, 680; Canaris, in: FS Wiedemann (2002), 3, 33.

29 Looschelders, SR AT, § 29 Rn. 629; Ernst, in: MK, § 323 Rn. 213; Huber, in: Huber/Faust, Kap. 13 Rn. 75.

30 Ernst, in: MK, § 323 Rn. 214; Faust, in: BeckOK Bamberger/Roth, § 434 Rn. 114.

31 BT-Drucks. 14/6040 S. 186, 187; Faust, in: BeckOK Bamberger/Roth, § 434 Rn. 115; Gsell, in: Soergel, § 323 Rn. 203, 222; Otto/Schwarze, in: Staudinger, § 323 Rn. A 28;

Rücktrittsrecht nur bei einer geringfügigen Vertragsverletzung ausschließe und nicht schon bei fehlendem Interesse des Käufers an einer Teilleistung. Damit könne im Zuge einer richtlinienkonformen Auslegung nur die geringere Einschränkung des § 323 Abs. 5 Satz 2 BGB einschlägig sein.[32] Auch der Gesetzeswortlaut lasse keinen Anhaltspunkt für eine Einschränkung erkennen, da insofern die unterschiedliche Bezeichnung im allgemeinen Leistungsstörungsrecht (nicht vertragsgemäße bzw. nicht wie geschuldete Leistung anstelle von mangelhafter Leistung) eine Differenzierung kaum rechtfertigen könne.[33] Schließlich bedürfe das Ergebnis, welches über die Anwendung von § 323 Abs. 5 Satz 2 BGB auch bei einer Zuwenigleistung gefunden wird, keiner Gesetzeskorrektur, da es sach- und interessengerecht sei.[34]

(2) Gleichstellung gilt nur für besonderes Gewährleistungsrecht

Einer anderen Ansicht zu Folge soll die Gleichstellung des § 434 Abs. 3 BGB entsprechend seiner systematischen Stellung im besonderen Gewährleistungsrecht nur dort angewendet werden.[35] Der sich aus der Regierungsbegründung ergebende Zweck für eine Gleichstellung,[36] nämlich die Anwendung der Beschränkungen des Nacherfüllungsanspruchs und die Ermöglichung einer Minderung nach § 441 BGB bei Mankolieferungen, sei damit erfüllt. Zudem wird angeführt, dass es fragwürdig sei, einem Käufer, der an einer erhaltenen Teilleistung Interesse hat, trotzdem deren Rückgabe zu ermöglichen. Schließlich würde das auch § 323 Abs. 5 Satz 1 BGB eines erheblichen Teils seines Anwendungsbereichs berauben.[37]

Grunewald, in: Erman, § 434 Rn. 62; Ernst, in: MK, § 323 Rn. 215; Reinicke/Tiedtke, Rn. 387.

32 Huber, in: Huber/Faust, Kap. 5 Rn. 40 und Kap. 13 Rn. 75; Faust, in: BeckOK Bamberger/Roth, § 434 Rn. 115.

33 Faust, in: BeckOK Bamberger/Roth, § 434 Rn. 115.

34 Grunewald, in: Erman, § 434 Rn. 62; dies., Kaufrecht, § 7 Rn. 35; Reinicke/Tiedtke, Rn. 389.

35 Canaris, ZRP 2001, 329, 334f.; ders., in: FS Schmidt (2009), 177, 191 ff.; Grigoleit/Riehm, ZGS 2002, 115, 122; Heiderhoff/Skamel, JZ 2006, 383, 387 ff.; Lorenz/Riehm, Lehrb. zum neuen SR, Rn. 219 f., 519; Lorenz, NJW 2003, 3097, 3098; Grüneberg, in: Palandt, § 323 Rn. 24.

36 Vgl. BT-Drucks. 14/6040 S. 216.

37 Lorenz/Riehm, Lehrb. zum neuen SR, Rn. 219, 519; Canaris, ZRP 2001, 329, 334f.; Grigoleit/Riehm, ZGS 2002, 115, 116.

(3) Eigene Stellungnahme

Meines Erachtens ist die Gleichstellung einer Mankolieferung mit einer Schlechtleistung auch auf das allgemeine Leistungsstörungsrecht zu erstrecken, soweit der Anwendungsbereich des § 434 Abs. 3 BGB eröffnet ist. Konkret bedeutet das, dass die Anordnung des § 434 Abs. 3 BGB nicht mehr für geltungslos erklärt werden kann, soweit man über § 437 Nr. 2 und 3 BGB auf Regelungen des allgemeinen Leistungsstörungsrechts und dabei insbesondere auf § 323 Abs. 5 BGB verwiesen wird. Die Anwendung des § 437 BGB setzt nämlich insoweit zunächst voraus, dass eine mangelhafte Sache vorliegt, was z.B. in Form eines Sachmangels i.S.v. § 434 BGB erfüllt wäre. Kommt man dann bei der tatbestandlichen Beurteilung der Sachmangelfrage zu dem Ergebnis, dass es sich bei der Mankolieferung aufgrund von § 434 Abs. 3 BGB um eine Schlechtleistung und damit um einen Sachmangel handelt, so kann in der Folge bei der Betrachtung der Rechtsfolge keine Behandlung als Teilleistung erfolgen. Denn würde man schon i.R.d. tatbestandlichen Beurteilung zu einer Einstufung als Teilleistung kommen, so wäre schon der Anwendungsbereich des § 434 Abs. 3 BGB nicht eröffnet. Der Verkäufer muss also durch seine Tilgungsbestimmung zu verstehen geben, dass seine Leistung seine volle Schuld tilgen soll, mithin als vollständige Vertragserfüllung aufzufassen ist. In dem Maße er aber zu erkennen gibt, dass seine Leistung nur ein Angebot über eine teilweise Erfüllung darstellt, und der Käufer dies auch als solche annimmt, handelt es sich um eine nachträglich geteilte Verkäuferleistung. Bei einer solchen kann es sich dann aber nicht anders verhalten als bei einer von Anfang vereinbarten Teilleistung mit der Folge, dass auch bei Ausbleiben des restlichen Teils am angenommenen Teil kein Mangel entsteht. In diesen Fällen findet § 434 Abs. 3 BGB damit schon keine Anwendung.

Es widerspricht sich also im Ergebnis, wenn die in § 434 Abs. 3 BGB angeordnete Gleichstellung auf Rechtsfolgenebene wieder rückgängig gemacht wird. Als Konsequenz hieraus lassen sich zudem die Bedenken der Gegenmeinung entkräften, dass § 323 Abs. 5 Satz 1 BGB seines Anwendungsbereichs beraubt würde. Nur wenn der Verkäufer durch seine Tilgungsbestimmung zu verstehen gibt, dass seine (Zuwenig-)Lieferung als vollständige Vertragserfüllung aufgefasst werden soll, kommt es zu der Gleichstellung über § 434 Abs. 3 BGB.[38] Dies kommt praktisch nur sehr selten vor, da sich der Verkäufer bei realistischer und lebensnaher Würdigung im Falle einer Zuweniglieferung regelmäßig seiner Verpflichtung bewusst sein dürfte, auch die noch ausstehende Lieferung zu

38 Weidenkaff, in: Palandt, § 434 Rn. 53b; Berger, in: Jauernig, § 434 Rn. 24; Looschelders, SR BT, § 3 Rn. 76.

erbringen.[39] Die lebensnahe Beurteilung führt demzufolge dazu, dass der Anwendungsbereich des § 323 Abs. 5 Satz 1 BGB im Großteil der Fälle mangels Gleichstellung nach § 434 Abs. 3 BGB nicht leer läuft.

Auf die Frage, ob die Käuferrechte im Stadium des allgemeinen Leistungsstörungsrechts darüber hinaus auch den sonstigen Sonderregeln des Sachmangelrechts unterliegen, wird später noch einzugehen sein.[40]

d) Rechtsfolge

Die erste Konsequenz des Rücktritts ist das Erlöschen der primären Leistungspflichten. Aus Gründen der Selbstverständlichkeit wurde auf eine ausdrückliche Regelung im Gesetz verzichtet.[41] Die übrigen Rechtsfolgen des Rücktritts richten sich nach § 346 BGB. Demnach sind bei bereits vollzogenem Leistungsaustausch die empfangenen Leistungen zurückzugewähren und die gezogenen Nutzungen herauszugeben. Durch den Rücktritt entfällt der Vertrag nicht, sondern wandelt sich in ein Abwicklungs- bzw. Rückgewährschuldverhältnis um.[42]

3. Der Schadensersatzanspruch gem. §§ 280 Abs. 1, Abs. 3, 281 Abs. 1 BGB

Erbringt der Schuldner die geschuldete Leistung nicht oder nicht vertragsgemäß, so kann der Gläubiger auch nach §§ 280 Abs. 1, Abs. 3, 281 Abs. 1 BGB Schadensersatz statt der Leistung verlangen. Hinsichtlich der Voraussetzungen besteht überwiegend eine Parallele zum bereits soeben dargelegten Rücktrittsrecht[43].

a) Die mangelhafte Leistung als Pflichtverletzung

Auch für einen Anspruch auf Schadensersatz statt der Leistung ist zunächst erforderlich, dass eine Pflichtverletzung in Form der nicht oder nicht wie geschuldeten Leistungserbringung vorliegen muss. Die mangelhafte Leistung i.R.e. Kaufvertrags führt also auch hier grundsätzlich zur Bejahung dieser Tatbestandsvoraussetzung.

---

39 Reinicke/Tiedtke, Rn. 389.

40 Vgl. hierzu sogleich in diesem Kap. im Punkt C.

41 Looschelders, SR AT, § 42 Rn. 830.

42 BGH, NJW 2008, 911; Grüneberg, in: Palandt, Einf. v. § 346 Rn. 6; Looschelders, SR AT, § 42 Rn. 830.

43 Für eine ausführliche Darstellung der Voraussetzungen vgl. oben Kap. 2, B, I, 2, a – c, die für den Schadensersatzanspruch aus §§ 280, 281 BGB eins zu eins gelten.

b) Die Fristsetzung zur Leistung bzw. ihre Entbehrlichkeit

Zudem setzt ein Schadensersatzanspruch auch voraus, dass der Gläubiger dem Schuldner eine angemessene Frist zur Leistung gesetzt hat und diese erfolglos verstrichen ist.

Eine solche Fristsetzung ist äquivalent zu den Entbehrlichkeitsgründen des § 323 BGB dann entbehrlich, wenn der Schuldner die Leistung ernsthaft und endgültig verweigert (§ 281 Abs. 2 Alt. 1 BGB) oder wenn besondere Umstände vorliegen, die unter Abwägung der beiderseitigen Interessen die sofortige Geltendmachung des Schadensersatzanspruches rechtfertigen (§ 281 Abs. 2 Als. 2 BGB). Das relative Fixgeschäft ist anders als in § 323 Abs. 2 BGB i.R.v. § 281 BGB kein Entbehrlichkeitsgrund und gewährt dem Gläubiger keinen sofortigen Schadensersatzanspruch.[44]

c) Vertretenmüssen des Schuldners

Der Anspruch aus §§ 280 Abs. 1, Abs. 3, 281 Abs. 1 BGB setzt, anders als das Rücktrittsrecht, auch voraus, dass der Schuldner die Pflichtverletzung zu vertreten hat. Das Vertretenmüssen richtet sich dabei nach den allgemeinen Grundsätzen der §§ 276, 278 BGB, wobei sich aus der Negativformulierung des § 280 Abs. 1 Satz 2 BGB eine Verschuldensvermutung ergibt. Es liegt also beim Schuldner, sein grundsätzlich vermutetes Vertretenmüssen zu widerlegen.

d) Keine Ausschlussgründe

Auch der Anspruch auf Schadensersatz statt der Leistung unterliegt als schwerwiegender Eingriff in die vertraglichen Beziehungen Einschränkungen hinsichtlich seiner Ausübung. Die nachfolgend genannten Einschränkungen schließen im Falle ihres Vorliegens den Schadensersatzanspruch aber nicht vollumfänglich aus, sondern begrenzen diesen auf den Mangelunwert, also den unmittelbar aus dem Mangel resultierenden Schaden. Ausgeschlossen wird also nur die Rechtsfolge, Schadensersatz statt der ganzen Leistung zu fordern.

aa) Erheblichkeit der Pflichtverletzung, § 281 Abs. 1 Satz 3 BGB

Schadensersatz statt der ganzen Leistung i.S.v. § 281 BGB kann der Gläubiger bei einer Schlechtleistung nur dann verlangen, wenn es sich nicht um einen geringfügigen Mangel handelt. Bzgl. der erforderlichen Erheblichkeitsprüfung gilt das zu § 323 Abs. 5 Satz 2 BGB Gesagte,[45] insbesondere sind vor allem die Intensität

44 Ernst, in: MK, § 281 Rn. 59; Grüneberg, in: Palandt, § 281 Rn. 15.

45 Vgl. Kap. 2, B, I, 2, c, cc.

des Mangels und der für die Mängelbeseitigung erforderliche Aufwand zu berücksichtigen.

bb) Mangel an einer abgrenzbaren Teilleistung, § 281 Abs. 1 Satz 2 BGB

Resultierend aus der Formulierung „soweit" in § 281 Abs. 1 Satz 1 BGB kann der Gläubiger in dem Fall, dass der Schuldner nur einen Teil der Leistung bewirkt hat und der andere Teil auch nach Fristsetzung ausbleibt, zunächst nur hinsichtlich des ausbleibenden Teils Schadensersatz verlangen.[46] Nur unter der weiteren Voraussetzung, dass der Gläubiger an der erbrachten Teilleistung kein Interesse hat, kann Schadensersatz statt der ganzen Leistung verlangt werden. Ansonsten schließt § 281 Abs. 1 Satz 2 BGB einen Schadensersatzanspruch statt der ganzen Leistung bei erbrachter Teilleistung aus.

cc) Problem Abgrenzung Schlechtleistung und Teilleistung im Kaufrecht

Ebenso wie bei den Ausschlussgründen des § 323 BGB stellt sich auch i.R.v. § 281 BGB die Problematik um die Abgrenzung von Teilleistung und Schlechtleistung im Kaufrecht, die aus der Gleichstellung der Zuwenigleistung mit dem Sachmangel gemäß § 434 Abs. 3 BGB resultiert. Denn je nach Einordnung wäre die Zuweniglleistung entweder § 281 Abs. 1 Satz 2 oder Satz 3 BGB zuzuordnen. Wie i.R.v. § 323 BGB schon argumentativ begründet, gilt die Gleichstellung der Mankolieferung mit einer Schlechtleistung über die kaufrechtlichen Gewährleistungsbestimmungen hinaus auch für das allgemeine Leistungsstörungsrecht, soweit der Anwendungsbereich des § 434 Abs. 3 BGB eröffnet ist.[47]

e) Rechtsfolge

Die Ersatzpflicht aus den §§ 280 Abs. 1, Abs. 3, 281 Abs. 1 BGB umfasst grundsätzlich das sog. Erfüllungsinteresse und tritt an die Stelle der Primärleistung. Der Anspruch ist damit auf den Ersatz des positiven Interesses gerichtet. Der Gläubiger ist also so zu stellen, wie er bei ordnungsgemäßer Vertragserfüllung des Schuldners im Augenblick der Geltendmachung des Ersatzanspruchs gestanden hätte.[48] Dabei ist bei der Nicht- oder Schlechterfüllung zwischen dem kleinen und dem großen Schadensersatz zu unterscheiden.

---

46 Looschelders, SR AT, § 29 Rn. 625.

47 Für die ausführliche Problemauseinandersetzung vgl. Kap. 2, B, I, 2, c, ee.

48 BGH, NJW 1998, 2901; NJW 2006, 1582; Westermann, in: Erman, § 281 Rn. 23; Grüneberg, in: Palandt, § 281 Rn. 17.

Schäden, die nicht im Mangel der Leistung selbst liegen, aber gerade durch die mangelhafte Leistung als Pflichtverletzung an sonstigen Rechtsgütern des Gläubigers entstanden sind, betreffen nicht das Erfüllungs-, sondern vielmehr das Integritätsinteresse (sog. Integritäts- oder Mangelfolgeschäden).[49] Die Anspruchsgrundlage einer Ersatzfähigkeit solcher Schäden leitet sich indessen nicht aus der Eigenschaft als Mangel- oder Mangelfolgeschaden ab, sondern differenziert sich danach, ob der Schaden auch bei einer ordnungsgemäßen Nacherfüllung im spätestmöglichen Zeitpunkt noch vermieden worden wäre.[50] Wäre der Schaden auch bei einer ordnungsgemäßen Nacherfüllung im spätestmöglichen Zeitpunkt nicht entfallen, ist der Schaden demzufolge über den Schadensersatz neben der Leistung nach § 280 Abs. 1 BGB alleine ersatzfähig. Hätte eine solche Nacherfüllung den Schadenseintritt hingegen vermieden, ist der Schaden vom Schadensersatz statt der Leistung nach §§ 280 Abs. 1, Abs. 3, 281 Abs. 1 BGB umfasst.[51] Damit schließt die Ersatzpflicht aus den §§ 280 Abs. 1, Abs. 3, 281 Abs. 1 BGB solche Folgeschäden ein, die zeitlich nach dem Schadensersatzverlangen des Gläubigers eintreten und im Zusammenhang mit dem Mangel stehen, da diese durch eine rechtzeitige Nacherfüllung vermieden worden wären.

aa) Kleiner Schadensersatz

Beim Schadensersatz statt der Leistung ist der Regelfall der sog. kleine Schadensersatz. Dies ergibt sich aus dem Wort „soweit“ in § 281 Abs. 1 Satz 1 BGB. Dabei behält der Gläubiger die mit einem Mangel behaftete Sache und liquidiert den Schaden, der sich auf den vom Schuldner nicht geleisteten Teil bezieht oder als Ausgleich für die Schlechterfüllung berechnet wird. Dieser kann nach dem mangelbedingten Minderwert im Verkehr oder den Mangelbeseitigungskosten berechnet werden.[52]

bb) Großer Schadensersatz

Der große bzw. der Schadensersatz statt der ganzen Leistung bezieht sich hingegen auf die Gesamtleistung. Hier gibt der Gläubiger die empfangene Teilleistung

---

49 Oetker/Maultzsch, § 2 Rn. 282; Westermann, in: MK, § 437 Rn. 30.

50 BGH, NJW 2013, 2959, 2960; NJW-RR 2012, 268 Rn. 12; Reinicke/Tiedtke, Rn. 506 f.; Ernst, in: MK, § 280 Rn. 67; Lorenz, NJW 2002, 2497, 2500; Faust, in: BeckOK Bamberger/Roth, § 437 Rn. 60; Tiedtke/Schmitt, BB 2005, 615, 618.

51 Beckmann, in: Staudinger – Eckpfeiler des Zivilrechts, N Rn. 122; Reinicke/Tiedtke, Rn. 507 ff.; Ernst, in: MK, § 280 Rn. 67; Tiedtke/Schmitt, BB 2005, 615, 618; Canaris, in: Karlsruher Forum 2002, S. 5, 42.

52 Westermann, in: Erman, § 281 Rn. 30 f.; Grüneberg, in: Palandt, § 281 Rn. 45.

oder die mangelhafte Leistung an den Schuldner zurück und verlangt Ersatz für die Nichterfüllung des ganzen Vertrages. Dieser soll dem Gläubiger nur bei besonderem Interesse gewährt werden.[53] Um das Schuldverhältnis trotz einer erbrachten teilweisen oder mangelhaften Leistung komplett rückabzuwickeln, darf die Pflichtverletzung für den Gläubiger daher nicht ohne Bedeutung sein. Entsprechend regelt § 281 Abs. 1 Satz 2 und 3 BGB, dass die besondere Bedeutung des Gläubigers an einer Gesamtabwicklung entweder in dem fehlenden Interesse an der erbrachten Teilleistung oder der Erheblichkeit des Mangels begründet sein muss.

4. *Der Schadensersatzanspruch gem. §§ 280 Abs. 1, Abs. 3, 283 bzw. § 311a Abs. 2 BGB*

Für unbehebbare Mängel existiert zudem noch der spezielle Schadensersatzanspruch wegen Unmöglichkeit. Je nachdem ob es sich dabei um eine nachträgliche oder anfängliche Unmöglichkeit handelt, gilt diesbzgl. der Anspruch des § 283 BGB bzw. des § 311a Abs. 2 BGB. Die Rechtsfolgen richten sich sodann nach den Grundsätzen des § 281 BGB, sodass auf das Vorstehende verwiesen wird.

5. *Der Ausschlussgrund der Unmöglichkeit nach § 275 Abs. 1 BGB*

Kann die Leistung aus tatsächlichen oder rechtlichen Gründen nicht erbracht werden, entfällt die primäre Leistungspflicht unter den Voraussetzungen des § 275 Abs. 1 BGB. Erforderlich dafür ist, dass ein Leistungshindernis vorliegt, das der Schuldner bei allen denkbaren Anstrengungen nicht überwinden kann, und die Aufrechterhaltung der Leistungspflicht entsprechend keinen Sinn mehr macht.[54] Die Leistungspflicht ist nach § 275 Abs. 1 BGB nicht nur dann ausgeschlossen, wenn die Leistung für jedermann aus physischen oder rechtlichen Gründen unmöglich ist. Es genügt vielmehr auch, dass insbesondere der Schuldner nicht in der Lage ist, die Leistung zu bewirken.[55] Auf ein eventuelles Verschulden desselben kommt es an dieser Stelle aber nicht an. Eine Berufung auf das Leistungshindernis ist nicht erforderlich. Die Leistungspflicht entfällt im Fall einer Unmöglichkeit kraft Gesetzes.[56]

---

53 Otto/Schwarze, in: Staudinger, § 281 C 24.

54 Looschelders, SR AT, § 23 Rn. 456.

55 Looschelders, SR AT, § 23 Rn. 465; Schmidt-Kessel, in: PWW, § 275 Rn. 7.

56 Stadler, in: Jauernig, § 275 Rn. 31; Looschelders, SR AT, § 23 Rn. 456; Lorenz, in: BeckOK Bamberger/Roth, § 275 Rn. 19; Caspers, in: Staudiner, § 275 Rn. 79.

6. *Der Einwand der Unverhältnismäßigkeit nach § 275 Abs. 2 BGB*

Im allgemeinen Leistungsstörungsrecht steht den Parteien auch der Schuldbefreiungsgrund nach § 275 Abs. 2 BGB zu. Bei § 275 Abs. 2 BGB handelt es sich um ein Leistungsverweigerungsrecht des Schuldners, das eng auszulegen und daher nur in Extremfällen anwendbar ist.[57] Dies ergibt sich nicht zuletzt aus dem Wortlaut des § 275 Abs. 2 BGB, wonach der für die Leistung erforderliche Aufwand in einem „groben Missverhältnis" zum Leistungsinteresse des Gläubigers stehen muss. Ziel der Prüfung ist letztlich also die Feststellung, ob das Erfüllungsverlangen des Gläubigers rechtsmissbräuchlich ist.[58] Die Feststellung des Missverhältnisses erfordert dabei einen Vergleich zwischen dem Aufwand, den der Schuldner für die Erfüllung seiner Leistungspflicht erbringen müsste, und dem Nutzen, den die Leistung für den Gläubiger hätte.[59] Der Aufwand des Schuldners ist also allein in Relation zum Leistungsinteresse des Gläubigers zu beurteilen. Bei der Bemessung des Leistungsinteresses des Gläubigers sind vor allem wirtschaftliche Interessen von Bedeutung; im Einzelfall können aber auch immaterielle Interessen berücksichtigt werden.[60] Mit Schuldneraufwand meint das Gesetz den für die Beschaffung oder Herstellung des geschuldeten Gegenstandes erforderlichen Aufwand. Gemeint sind damit vor allem der wirtschaftliche Aufwand, also die erforderlichen Kosten und das aufzuwendende Material, sowie sonstige vorzunehmende Tätigkeiten.[61] Immaterielle Belastungen dürfen hingegen nicht berücksichtigt werden, da die persönliche Unzumutbarkeit in § 275 Abs. 3 BGB eigenständig geregelt ist.[62]

Der Einwand nach § 275 Abs. 2 BGB ist vorliegend vor allem deshalb von besonderer Bedeutung, weil er mit dem § 439 Abs. 3 BGB aus dem besonderen Mangelgewährleistungsrecht konkurriert, soweit die speziellen kaufrechtlichen Mangelgewährleistungsrechte Anwendung finden.[63] So soll § 275 Abs. 2

---

57 Canaris, JZ 2001, 499, 502 ; Grüneberg, in: Palandt, § 275 Rn. 27; BGH, NJW 2009, 1660, 1662; Looschelders, SR AT, § 23 Rn. 474; Stadler, in: Jauernig, § 275 Rn. 26.

58 Canaris, JZ 2004, 214, 223; Mückl, Jura 2005, 809, 812; Looschelders, SR AT, § 23 Rn. 475.

59 BGH, NJW 2010, 2341, 2342; Looschelders, SR AT, § 23 Rn. 475.

60 Löwisch/Caspers, in: Staudinger, § 275 Rn. 92; Ernst, in: MK, § 275 Rn. 80; Stadler, in: Jauernig, § 275 Rn. 25; Looschelders, SR AT, § 23 Rn. 475.

61 Löwisch/Caspers, in: Staudinger, § 275 Rn. 93; Stadler, in: Jauernig, § 275 Rn. 25.

62 Schmidt-Kessel, in: PWW, § 275 Rn. 21; Looschelders, SR AT, § 23 Rn. 475.

63 Grüneberg, in: Palandt, § 275 Rn. 28; BGH, NJW-RR 2002, 661, 663; für eine detaillierte Abgrenzung und Auseinandersetzung mit dem Verhältnis von § 275 II und § 439 III vgl. in diesem Kap. unter C, II, 1, b, aa.

BGB gegenüber kaufrechtlichen Nacherfüllungsansprüchen wegen § 439 Abs. 3 BGB praktisch ohne Bedeutung sein. Darüber hinaus stellt sich aber die Frage, ob § 275 Abs. 2 BGB außerhalb des klassischen Anwendungsbereichs des § 439 Abs. 3 BGB dessen fehlende Anwendung adäquat kompensieren kann oder ob nicht zur Vermeidung von Wertungswidersprüchen eine Erweiterung des § 439 Abs. 3 BGB auch auf „vor Übergabe" geboten erscheint. Ob und in welchem Umfang die speziellen kaufrechtlichen Mangelgewährleistungsrechte auch schon vor dem im Regelfall geltenden Eingreifzeitpunkt zur Anwendung kommen sollten, wird im Laufe dieser Arbeit noch zu klären sein.[64]

7. *Die allgemeine Verjährung nach §§ 195, 199 BGB*

Weiterhin von Bedeutung ist die allgemeine Verjährung nach den §§ 194 ff. BGB, weil sie bzgl. Mangelansprüchen des Käufers Sonderregeln unterliegt. Die Verjährung ist ein bestimmter Zeitablauf, der den Verpflichteten berechtigt, die Leistung nach § 214 Abs. 1 zu verweigern. Sie greift nur gegenüber Ansprüchen und führt zur Begründung eines Leistungsverweigerungsrechts.[65] Gemäß §§ 195, 199 BGB beträgt die regelmäßige Verjährungsfrist drei Jahre und erfasst alle Ansprüche, sofern nicht das Gesetz oder die Parteien eine kürzere oder längere Frist bestimmen. Für Mangelansprüche im Kaufrecht enthält § 438 BGB eine solche Sonderregelung. Diesbzgl. wird aber auch hier wieder die Frage nach dem Entstehungszeitpunkt der speziellen kaufrechtlichen Mangelrechte relevant. Denn solange das allgemeine Leistungsstörungsrecht Anwendung findet, gilt die regelmäßige Verjährungsfrist von drei Jahren und nicht die verkürzte Regelung des § 438 BGB.[66]

II. Das besondere kaufrechtliche Mangelgewährleistungsrecht

Neben dem allgemeinen Leistungsstörungsrecht enthält das BGB für einige Vertragstypen auch spezielle vertragsspezifische Mangelrechte. Für den Kaufvertrag sind diese in den §§ 437 ff. BGB geregelt. Gegenstand des Kaufvertrages ist unmittelbar nur der Kauf von Sachen, jedoch ist über § 453 Abs. 1 BGB die entsprechende Anwendung der Regeln zum Sachkauf auch auf den Kauf von Rechten und sonstigen Gegenständen angeordnet. Zudem wurde im Zuge der Schuldrechtsmodernisierungsreform der Anwendungsbereich des Kaufrechts

---

64 Vgl. dazu sogleich in diesem Kap. unter C, III.

65 Ellenberger, in: Palandt, Überbl v § 194 Rn. 5; Henrich, in: BeckOK Bamberger/Roth, § 194 Rn. 3.

66 Ellenberger, in: Palandt, § 195 Rn. 10.

durch die Einführung der Verweisung auf das Kaufrecht in § 651 BGB für herzustellende oder zu erzeugende bewegliche Sachen stark erweitert.

Die Regelungen der §§ 437 ff. BGB, und dabei insbesondere die Regelungen zum Rücktritt und den Schadensersatz in § 437 Nr. 2 und 3 BGB, verweisen wiederum ihrerseits in das allgemeine Leistungsstörungsrecht zurück. Diese Verweise machen deutlich, dass die spezielle kaufrechtliche Mängelhaftung jedenfalls in enger Verbindung zum Leistungsstörungsrecht zu betrachten ist; auf die Frage ob es noch ein eigenständiges Gewährleistungsrecht gibt, kommt es nicht an.[67]

Neben dem Verweis auf die Regeln des allgemeinen Leistungsstörungsrechts gewährt die Regelung über die kaufrechtlichen Mangelrechte in den §§ 437 ff. BGB dem Käufer darüber hinaus ein Recht auf Nacherfüllung und Minderung. Die Rechte aus § 437 Nr. 1–3 BGB bestehen grundsätzlich unabhängig voneinander, allerdings ergibt sich aus der Reihenfolge in § 437 BGB und den Voraussetzungen der einzelnen Mangelrechte ein Stufenverhältnis. Der Käufer kann regelmäßig erst, wenn er erfolglos eine angemessene Frist zur Nacherfüllung gesetzt hat, nach seiner Wahl vom Vertrag ganz oder teilweise zurücktreten, den Kaufpreis mindern oder Schadensersatz statt der Leistung bzw. Ersatz seiner vergeblicher Aufwendungen fordern.[68] Es besteht demnach stets ein Vorrang der Nacherfüllung.

1. Der Nacherfüllungsanspruch nach §§ 437 Nr. 1, 439 BGB

Der Nacherfüllungsanspruch aus § 439 BGB ist bei Sach- und Rechtsmängeln der dem Käufer primär zustehende Anspruch, vgl. § 437 Nr. 1 BGB. Es setzt einzig voraus, dass die Kaufsache mangelhaft ist.

a) Mangelhafte Kaufsache

Ausweislich von § 433 Abs. 1 Satz 2 BGB hat der Verkäufer die Pflicht, dem Käufer die Sache frei von Sach- oder Rechtsmängeln zu leisten. Ob die Sache einen Sachmangel aufweist, bestimmt sich nach § 434 BGB. Demzufolge ergibt sich folgende Struktur bei der Bestimmung, ob ein Sachmangel vorliegt:

---

67 So aber Grüneberg, in: Palandt, Vorb v § 275 Rn. 12; Weidenkaff, in: Palandt, § 437 Rn. 48; Lorenz, NJW 2002, 2497; ders., NJW 2005, 1321 f.; anders Westermann, in: MK, § 437 Rn. 1; Huber, in: Huber/Faust, Kap. 13 Rn. 45; Grigoleit/Herresthal, JZ 2003, 118, 120.

68 BGH, NJW 2005, 1348; NJW 2006, 1195; Weidenkaff, in: Palandt, § 437 Rn. 4; Westermann, in: MK, § 437 Rn. 4; Berger, in: Jauernig, § 437 Rn. 4.

- Zunächst ist die Sache frei von Sachmängeln, wenn sie ausgehend von einer ausdrücklichen oder konkludenten Beschaffenheitsvereinbarung bei Gefahrübergang die vereinbarte Beschaffenheit aufweist, § 434 Abs. 1 Satz 1 BGB.
- Fehlt eine solche Beschaffenheitsvereinbarung, ist sodann danach zu fragen, ob sie sich für die nach dem Vertrag vorausgesetzte Verwendung eignet, § 434 Abs. 1 Satz 2 Nr. 1 BGB.
- Fehlt es auch an einer vertraglichen Vereinbarung hinsichtlich einer Verwendung, so ist die Sache mangelhaft, wenn sie sich nicht für die gewöhnliche Verwendung eignet und nicht eine Beschaffenheit aufweist, die bei Sachen der gleichen Art üblich ist und die der Käufer nach der Art der Sache erwarten kann, § 434 Abs. 1 Satz 2 Nr. 2 BGB.
- Der Fall einer fehlerhaften Montage oder Montageanleitung wird überdies in § 434 Abs. 2 BGB geregelt.
- Schließlich steht es einem Sachmangel gleich, wenn der Verkäufer eine andere Sache oder eine zu geringe Menge liefert, § 434 Abs. 3 BGB.

Als Sachmangel bezeichnet man im Ergebnis jede negative Abweichung der Ist- von der Soll-Beschaffenheit bei Gefahrübergang. Was die Soll-Beschaffenheit ist, richtet sich hinsichtlich Inhalt, Art und Umfang danach, was die Vertragsparteien vereinbart oder bei Vertragsabschluss gemeinsam vorausgesetzt haben.[69] Die Soll-Beschaffenheit ist also ein wesentlicher Anknüpfungspunkt bei der Bestimmung eines Sachmangels.

aa) Beschaffenheit

Für den Begriff Beschaffenheit existiert jedoch keine allgemeingültige Definition, insbesondere sagt das Gesetz nicht, was zur Beschaffenheit der Kaufsache zählt. Von Seiten des Gesetzgebers wurde ausweislich der Gesetzesbegründung bewusst auf eine Definition verzichtet.[70] Dies ist aber nicht unproblematisch, da für die Grenzziehung zwischen den §§ 434 ff. BGB und dem allgemeinen Leistungsstörungsrecht der Begriff der Mangelhaftigkeit von wesentlicher Bedeutung ist mit der Folge, dass eine kurze Auseinandersetzung mit der Problematik um den Beschaffenheitsbegriff geboten erscheint.

Unstreitig unter den Begriff der Beschaffenheit fallen sämtliche physische Eigenschaften der Sache wie z.B. Größe, technische Merkmale, Material, Qualität

69 Weidenkaff, in: Palandt, § 434 Rn. 15.

70 BT-Drucks. 14/6040 S. 213.

etc.[71] Resultierend aus dem Fehlen einer einheitlichen Definition hat der Gesetzgeber aber offen gelassen, ob der Begriff der Beschaffenheit nur Eigenschaften umfasst, die der Sache unmittelbar physisch anhaften oder ob auch Umstände bzw. Beziehungen der Kaufsache zur Umwelt heranzuziehen sind, mithin also solche Eigenschaften, die außerhalb der Sache liegen. Beispiele für derartige Eigenschaften der Kaufsache sind z.B. die aus der Bewirtschaftung eines bebauten, vermieteten Grundstücks erzielten Mieterträge und die aufzuwendenden Betriebskosten,[72] die Fabrikneuheit eines Fahrzeugs[73] oder die öffentlich-rechtliche Baubeschränkung.[74] Konkret geht es aber im Wesentlichen nicht mehr um die Frage, ob Beziehungen der Sache zu ihrer Umwelt überhaupt unter den Begriff der Beschaffenheit gefasst werden können. Da mit der Schuldrechtsreform sicher nicht der Anwendungsbereich des Gewährleistungsrechts verkleinert werden sollte, besteht darüber jedenfalls seit der Reform Einigkeit.[75] Vielmehr ist heute überwiegend nur noch umstritten, inwieweit diese Umweltbeziehungen einen Bezug zum physischen Zustand der Kaufsache aufweisen müssen.[76]

So wird vertreten, dass Beziehungen der Kaufsache zur Umwelt nicht nur dann unter den Begriff der Beschaffenheit i.S.v. § 434 Abs. 1 Satz 1 BGB gefasst werden können, wenn sie an physische Merkmale der Kaufsache anknüpfen. Sie sollen darüber hinaus auch hierunter fallen, wenn sie in keiner oder nur marginaler Weise mit dem sachlichen Zustand der Kaufsache zusammenhängen. Aber auch die Vertreter dieses weiten Beschaffenheitsbegriffs fordern jedenfalls, dass irgendein Bezug zu der Kaufsache bestehen muss mit der Folge, dass die sich gegenüberstehenden Meinungen darüber einig sind, dass wenigstens Umstände, die außerhalb der Sache liegen, also keinerlei Bezug zur Kaufsache haben, nicht Inhalt einer Beschaffenheitsvereinbarung werden können.[77] Zugunsten der

71 Vgl. für Viele nur Faust, in: BeckOK Bamberger/Roth, § 434 Rn. 19; Reinicke/Tiedtke, Rn. 300; Berger, in: Jauernig, § 434 Rn. 6.

72 BGH, NJW 2011, 1217 Rn. 12.

73 BGH, NJW 2004, 160.

74 BGH, NJW 1978, 1429, 1430.

75 BGH, NJW 2011, 1217, 1218; Redeker, NJW 2012, 2471, 2472; Weidenkaff, in: Palandt, § 434 Rn. 12; Faust, in: BeckOK Bamberger/Roth, § 434 Rn. 21; Matusche-Beckmann, in: Staudinger, § 434 Rn. 51; Westermann, in: MK, § 434 Rn. 8; Grunewald, in: Erman, § 434 Rn. 4; Schellhammer, MDR 2002, 243.

76 Aber wohl immer noch nur an den Streit anknüpfend, ob ausschließlich physische Merkmale oder auch Umweltbeziehungen zur Beschaffenheit gezählt werden können: Emmerich, § 4 Rn. 14; Berger, in: Jauernig, § 434 Rn. 7.

77 Berger, in: Jauernig, § 434 Rn. 7; ders., JZ 2004, 276, 278; Reinicke/Tiedtke, Rn. 307; Schröcker, ZGR 2005, 63, 76 f.; Looschelders, SR BT, § 3 Rn. 38; Schmidt, BB 2005, 2763,

Vertreter des weiten Beschaffenheitsbegriffs wird angeführt, dass die Parteien basierend auf dem subjektiven Fehlerbegriff jegliche Umstände zu Beschaffenheitsmerkmalen machen können, die außerhalb einer Sache liegen, soweit sie sich in irgendeiner Weise auf die Sache beziehen.[78] Zudem könnte man ausgehend von der Gleichstellung von Sach- und Rechtsmängeln hinsichtlich ihrer Rechtsfolgen dafür plädieren, dass ein weiter Beschaffenheitsbegriff anzuwenden ist. Da Rechtsmängel im Regelfall an die physische Beschaffenheit der Kaufsache allenfalls lose anknüpfen, aber weitestgehend dieselben Folgen wie Sachmängel nach sich ziehen, scheint ein Festhalten am Kriterium der Anhaftung an den sachlichen Zustand der Kaufsache beim Sachmangel nicht gerechtfertigt.

Demgegenüber wird votiert, dass als Beschaffenheit i.S. des § 434 Abs. 1 Satz 1 BGB nur solche Eigenschaften in Betracht kommen können, die zumindest an den sachlichen Zustand der Kaufsache anknüpfen.[79] Dies wird zum einen damit begründet, dass nur so die Differenzierung zwischen Mängeln und sonstigen Pflichtverletzungen gerechtfertigt werden könne, wonach insbesondere bei Sachmängeln die verschuldensunabhängige Erfüllungspflicht gelte, während bei sonstigen Pflichtverletzungen nach Maßgabe der §§ 280 ff. BGB gehaftet würde. Die besondere Verantwortlichkeit des Verkäufers in Form der verschuldensunabhängigen Haftung für Sachmängel basiere dabei auf einem besonderen Kontroll- und Informationsvorsprung des Verkäufers, der aber nur bei einer zumindest mittelbaren Anknüpfung des betreffenden Umstandes an die physische Beschaffenheit der Kaufsache bestehe.[80] Darüberhinaus sei die kurze Verjährungsfrist des § 438 BGB nur gerechtfertigt, wenn der Käufer einen etwaigen Mangel innerhalb dieser Zeitspanne zumindest typischerweise entdecken könne. Demzufolge könne aber auch nur das zur Beschaffenheit der Kaufsache zählen, was der Käufer bei einer physischen Überprüfung der Kaufsache auch bemerken kann.[81]

Aus meiner Sicht spricht wohl mehr dafür, den Beschaffenheitsbegriff weit auszulegen und damit alle tatsächlichen, wirtschaftlichen oder rechtlichen

2764; Emmerich, § 4 Rn. 15; Redeker, NJW 2012, 2471, 2473 f.; Schmidt, in: PWW, § 434 Rn. 17; Roth, NJW 2004, 330, 331; Matusche-Beckmann, in: Staudinger, § 434 Rn. 54.

78 Reinicke/Tiedtke, Rn. 307; Redeker, S. 207 ff.; ders., NJW 2012, 2471, 2474.

79 Faust, in: BeckOK Bamberger/Roth, § 434 Rn. 23; Grunewald, Kaufrecht, § 7 Rn. 5; dies., in: Erman, § 434 Rn. 3; Canaris, in: Karlsruher Forum 2002, S. 5, 61; Grigoleit/Herresthal, JZ 2003, 118, 122; Oetker/Maultzsch, § 2 Rn. 52; Westermann, in: MK, § 434 Rn. 9; Kindl, WM 2003, 409, 410.

80 Grigoleit/Herresthal, JZ 2003, 118, 124; Oetker/Maultzsch, § 2 Rn. 52.

81 Grunewald, Kaufrecht, § 7 Rn. 4.

Beziehungen einer Kaufsache zu seiner Umwelt als erfasst anzusehen, sofern zumindest ein Bezug zur Kaufsache besteht. Eine Differenzierung danach, ob man die Eigenschaft in Bezug zur physischen Beschaffenheit der Kaufsache setzen kann oder nicht, führt zu unpraktischen und sachlich nicht gerechtfertigten Ergebnissen. Bspw. ist die Qualifikation einer bauplanungsrechtlichen Genehmigungsfähigkeit eines Grundstücks als vereinbarungsfähige Beschaffenheit in dem von *Reinicke/Tiedtke*[82] sehr anschaulich gewählten Beispielsfall davon abhängig, aus welchen Gründen diese verneint wird. Liegt die Ursache der Verneinung in der Lage des Grundstücks oder dessen Bodenverseuchung, so besteht ein Bezug zum physischen Zustand der Sache und die Genehmigungsfähigkeit ist eine vereinbarungsfähige Beschaffenheit. Demgegenüber stellt eine auf politischen Gründen beruhende negative Ermessensentscheidung des zuständigen Entscheidungsträgers mangels physischen Bezugs keine vereinbarungsfähige Beschaffenheit dar. Für die Schutzbedürftigkeit des Käufers kann dies aber keinen Unterschied machen.[83] Der vom Käufer gezahlte Kaufpreis stellt letztlich auch ein Äquivalent für die vom Verkäufer zugesicherte Genehmigungsfähigkeit dar mit der Folge, dass mit dem Fehlen derselben eine Störung des Äquivalenzinteresses einhergeht. Solche Störungen soll aber das Mangelgewährleistungsrecht gerade wieder beseitigen. Für den Käufer kann es dabei aber keinen Unterschied machen, aus welchen Gründen die Genehmigungsfähigkeit versagt wird. Vielmehr wird durch das Festhalten an einem Bezug zum physischen Zustand der Sache hier nur der Verkäufer begünstigt, der aber überhaupt nicht schutzwürdig ist. Denn letztendlich hat er eine Gegenleistung bekommen, deren Höhe auch auf der vereinbarten Genehmigungsfähigkeit basiert.

Der Vorteil eines weiten Beschaffenheitsbegriffs zeigt sich auch am Beispiel unrichtiger Bilanzangaben oder Umsatzzahlen i.R.e. Unternehmenskaufs. Gemeint ist genauer gesagt der Fall, dass ein Käufer ein fremdes Unternehmen in seiner Gesamtheit aufgrund der vorliegenden Bilanzangaben und Umsatzzahlen kauft und in der Folge weiteres Geld in das Unternehmen investiert. Stellt sich dann heraus, dass die Bilanzangaben bzw. die Unternehmenszahlen falsch waren, erkennt der Käufer folgerichtig, dass er zu viel für das Unternehmen bezahlt hat, da die angegebenen Unternehmensergebnisse und -kennzahlen des zu erwerbenden Unternehmens der Ermittlung des Ertragswertes dienen und damit die Grundlage für die Kaufpreisbildung darstellen. Es stellt sich daher für den Käufer die Frage, welche Rechte er gegenüber dem Verkäufer geltend machen kann.

---

82 Reinicke/Tiedtke, Rn. 309.

83 Reinicke/Tiedtke, Rn. 309.

Diese Frage ist insbesondere vor dem Hintergrund bedeutsam, dass der Käufer nicht zuletzt aufgrund seiner getätigten Investitionen weiterhin ein Interesse an dem erworbenen Unternehmen haben kann und deshalb lediglich den zu viel gezahlten Kaufpreis erstattet haben möchte.

Nach früherer Rechtslage vor der Schuldrechtsreform wurden fehlerhafte Bilanzen und Unternehmenskennzahlen teilweise den Gewährleistungsvorschriften des alten Kaufrechts zugewiesen,[84] während andere diese Fälle der Haftung wegen culpa in contrahendo zuordneten.[85] Ansatzpunkt für die unterschiedliche Zuordnung war u.a., dass das alte Kaufrecht keine zufriedenstellenden Rechte zur Verfügung stellte und dass nach altem Fehlerbegriff gegenwärtige und der Sache auf eine gewisse Dauer anhaftende Umstände notwendig waren.[86] Durch die Reformierung des Kaufrechts ist Ausgangspunkt für eine rechtliche Einordnung zunächst, dass ein Unternehmen als sonstiger Kaufgegenstand in Betracht kommt, wenn nicht nur einzelne, sondern die Gesamtheit der Wirtschaftsgüter des Unternehmens (asset deal) oder der Anteile der unternehmenstragenden Gesellschaft (share deal) Bestandteil des Kaufvertrages sein sollen.[87] Auf einen solchen Unternehmenskauf sind sodann gemäß § 453 Abs. 1 BGB die Vorschriften über den Sachkauf entsprechend anzuwenden, sodass auch ein Unternehmen frei von Sachmängeln ist, wenn es bei Gefahrübergang die vereinbarte Beschaffenheit hat. Maßgeblich für die Frage nach der Zuordnung der Fälle von fehlerhaften Unternehmenskennzahlen ist fortan die Reichweite des i.R.d. Schuldrechtsreform eingefügten Beschaffenheitsbegriffs. Ist der Begriff der Beschaffenheit eng zu verstehen, so fallen Bilanzangaben und Unternehmenskennzahlen nicht darunter, weil sie nicht an den sachlichen Zustand des Unternehmens anknüpfen. Danach ist eine Zuordnung dieser Fälle unter die Sachmängelhaftung nicht möglich, sondern es bleibt bei der Haftung wegen culpa in contrahendo. Versteht man den Beschaffenheitsbegriff hingegen so, dass alle tatsächlichen, wirtschaftlichen oder rechtlichen Beziehungen einer Kaufsache zu seiner Umwelt erfasst sind, sofern zumindest ein Bezug zur Kaufsache besteht, werden auch Bilanzangaben und Unternehmenskennzahlen

84 BGH, WM 1970, 132 f.; NJW 1977, 1538 f.; NJW 1995, 1547 f.

85 BGH, NJW 1970, 653; NJW 1990, 1659; NJW-RR 1996, 429.

86 BT-Drucks. 14/6040, S. 242; Beckmann, in: Staudinger (2004), § 453 Rn. 29.f.; Faust, in: BeckOK Bamberger/Roth, § 453 Rn. 29.

87 BT-Drucks. 14/6040, S. 242; BGH, NJW 2002, 1042, 1043; Lorenz, in: FS Heldrich (2005), S. 305, ; Oetker/Maultzsch, § 2 Rn. 14 f.

von der Sachmängelhaftung umfasst.[88] Das hat den Vorteil, dass für die Fälle der fehlerhaften Bilanzangaben und Unternehmenskennzahlen die unpassende c.i.c. nicht bemüht werden muss, die wegen des nicht passenden Verschuldenserfordernisses und der unterschiedlichen Verjährung nicht immer befriedigende Ergebnisse erzeugt. Nicht die c.i.c. bemühen zu müssen, ist zudem deshalb vorteilig, weil man der Diskussion entgehen kann, ob über den Schadensersatz aus c.ic. der Effekt einer Minderung in dogmatisch korrekter Weise begründet werden kann. So gehen Vertreter der Literatur davon aus, dass dies nicht der Fall sei, weil für die Erzeugung eines Minderungseffekts über die c.i.c. i.V.m. § 249 Satz 1 BGB ein Nachweis eines hypothetischen Vertragsabschlusses notwendig sei.[89] Dem wird von der Rechtsprechung entgegengehalten, dass ein solcher Nachweis zur Begründung des Minderungseffekts nicht notwendig sei, weil es lediglich um die Bemessung eines Vertrauensschadens und nicht um die Anpassung des Vertrages gehe.[90] Davon unabhängig ist es aber jedenfalls unstreitig, dass der getäuschte Käufer, insbesondere wenn er bereits Investitionen in das gekaufte Unternehmen getätigt hat, ein gesteigertes Interesse an dem Minderungseffekt hat. Über eine Zuordnung dieser Fälle unter die Sachmängelhaftung infolge der Annahme eines weiten Beschaffenheitsbegriffs wird dieser Effekt am einfachsten erreicht.

Ferner lässt sich als abschließendes Argument für einen weiten Beschaffenheitsbegriff schon der Wortlaut des § 434 Abs. 1 Satz 1 BGB anführen, der auf keine begriffliche Einschränkung der Beschaffenheit schließen lässt. Vielmehr gibt der Wortlaut „Beschaffenheitsvereinbarung" Anlass dazu, dem privatautonomischen Gestaltungsspielraum, der sich hinter dem Begriff der Vereinbarung verbirgt, ein größeres Gewicht zuzusprechen. Entsprechend sollen die Parteien bei der Vereinbarung der Beschaffenheit i.S. des § 434 Abs. 1 Satz 1 BGB nicht auf einen physischen Bezugspunkt zur Sache beschränkt sein.[91]

bb) Abweichung von vereinbarter Beschaffenheit, § 434 Abs. 1 Satz 1 BGB

In erster Linie kommt es für die Feststellung eines Sachmangels auf eine Beschaffenheitsvereinbarung an. Weicht die gelieferte Kaufsache zu Lasten des Käufers in ihrer Beschaffenheit von der Soll-Beschaffenheit ab, also der zwischen den

---

88 So Westermann, in: MK, § 453 Rn. 31; Lorenz, in: FS Heldrich (2005), ; Hönig, ZGS 2010, 302, 308; Kleinhenz/Junk, JuS 2009, 787, 792; einschränkend Faust, in: BeckOK Bamberger/Roth, § 453 Rn. 30; a.A. OLG München, Urt. v. 26.07.2006–7 U 2128/06; Huber, AcP 202, 179, 224; Wertenbruch, in: Dauner-Lieb/Konzen/Schmidt, S. 504.f.

89 Lorenz, NJW 1999, 1001, 1002; Krebs, in: NK-BGB, § 311 Rn. 86 f.

90 BGH, NJW 2006, 3139, 3141 Tz. 22 m.W.N.; NJW 2012, 846, 847 Tz. 12.

91 Ähnlich Schmidt, in: PWW, § 434 Rn. 17; Reinicke/Tiedtke, Rn. 310.

Parteien vereinbarten Beschaffenheit, so ist die Sache mangelhaft. Die Beschaffenheitsvereinbarung kann grundsätzlich durch ausdrückliche oder konkludente Willenserklärungen getroffen werden,[92] wobei stets aber eine zumindest schlüssige zustimmende Reaktion einer Partei notwendig ist.

Was unter dem Begriff der Beschaffenheit zu verstehen ist, wurde soeben[93] dargelegt, nämlich: Darunter sind alle tatsächlichen, wirtschaftlichen oder rechtlichen Beziehungen einer Kaufsache zu ihrer Umwelt als erfasst anzusehen, sofern zumindest ein Bezug zur Kaufsache besteht. Infolge einer wirksam getroffenen Beschaffenheitsvereinbarung bestimmt sich mithin der vertraglich geschuldete Erfolg nicht nur allein nach der zur Erreichung vereinbarten Qualität und Ausführungsart, sondern auch danach, welche Funktion die Kaufsache nach dem Willen der Parteien erfüllen soll. Demzufolge ist die Kaufsache auch dann nicht mangelfrei, wenn sie zwar der vereinbarten und zu erwartenden Qualität entspricht, jedoch darüber hinausgehende, weitere ausdrücklich oder konkludent vereinbarte Zwecke nicht erreicht werden können.

cc) Fehlende Eignung zur vorausgesetzten Verwendung, § 434 Abs. 1 Satz 2 Nr. 1 BGB

Fehlt es in Bezug auf die Kaufsache an einer Beschaffenheitsvereinbarung, kommt es für die Bestimmung eines Sachmangels gemäß § 434 Abs. 1 Satz 2 Nr. 1 BGB auf die vertraglich vereinbarte Verwendbarkeit der Kaufsache an. Abzustellen ist in diesem Punkt also auf die Funktion der Kaufsache. Für die vertragliche Voraussetzung eines Verwendungszwecks ist keine ausdrückliche Vereinbarung nötig, sondern es genügt, dass die Verwendung dem Verkäufer bei Vertragsschluss erkennbar war und der Verkäufer dieser zumindest konkludent zustimmt.[94]

Differenziert beurteilt wird der praktische Anwendungsbereich der vertraglichen Verwendungsvereinbarung gemäß § 434 Abs. 1 Satz 2 Nr. 1 BGB, wenn zugleich auch eine Beschaffenheitsvereinbarung vorliegt. Dieser hängt maßgeblich davon ab, wie man das Verhältnis der vertraglichen Verwendungsvereinbarung zu der Variante der vertraglich vereinbarten Beschaffenheit bestimmt.

---

92 Weidenkaff, in: Palandt, § 434 Rn. 17; Westermann, in: MK, § 434 Rn. 12; Reinicke/Tiedtke, Rn. 315.

93 Vgl. dazu den Punkt aa) unmittelbar zuvor.

94 Weidenkaff, in: Palandt, § 434 Rn. 22; Berger, in: Jauernig, § 434 Rn. 13; Grigoleit/Herresthal, JZ 2003, 233, 235; Reinicke/Tiedtke, Rn. 321; siehe auch Art. 2 Abs. 2 lit b VerbGüterKRL.

So wird teilweise angenommen, dass eine vertraglich vorausgesetzte Verwendungsvereinbarung häufig gleichzeitig auch eine Beschaffenheitsvereinbarung darstelle und ihr deshalb nur ein geringer Anwendungsbereich zukomme.[95] Dem ist jedenfalls dann zuzustimmen, wenn schon die Beschaffenheitsvereinbarung und die vertraglich vorausgesetzte Verwendung im Einklang stehen. Widerspricht die Verwendungsvereinbarung hingegen der Beschaffenheitsvereinbarung inhaltlich, stellt sich die Frage, ob und wem Vorrang einzuräumen ist. Damit ist der Fall gemeint, dass die Kaufsache entweder die vereinbarte Beschaffenheit aufweist, aber gerade deswegen nicht für die vertraglich vorausgesetzte Verwendung geeignet ist, oder andersherum. Die verkaufte Trockenanlage soll Räume bis zu einer Größe von 500 qm von Feuchtigkeitsschäden bereinigen können; die daraufhin vom Verkäufer empfohlene und ausdrücklich vertraglich vereinbarte Trockenleistung der Anlage reicht jedoch nur für das Trocknen von Räumen bis 250 qm aus.[96] Hier ist dann durch Auslegung festzustellen, welche der beiden Vereinbarungen Vorrang einzuräumen ist.[97] Ausgehend von der Intention der VerbrGüterKRL und deren Umsetzung im deutschen Kaufrecht, nämlich den Verbraucher besonders zu schützen,[98] ist bei der Auslegung insbesondere maßgeblich zu berücksichtigen, von wem die Beschaffenheitsvereinbarung im Hinblick auf die vorgesehene Verwendung ausging. Hat der Käufer lediglich eine bestimmte Verwendung vorausgesetzt und der Verkäufer daraufhin eine scheinbar geeignete Sache individualisiert, deren Beschaffenheit sodann vereinbart wurde, ist die Sache selbst bei Einhaltung der vereinbarten Beschaffenheit dann als mangelhaft anzusehen, wenn die vertraglich vorausgesetzte Verwendung nicht ermöglicht wird. Mithin kann die Auslegung in dem genannten Fall einen Vorrang der Verwendungsvereinbarung ergeben, weil dem vorgetragenen Anliegen des Käufers, nämlich ihm das Trocknen von Räumen bis 500 qm zu ermöglichen, ausgehend vom Verbraucherschutzgedanken der Vorzug zu gewähren ist.[99] Anders verhält es sich entsprechend, wenn der Käufer basierend

95 Grunewald, in: Erman, § 434 Rn. 14; Canaris, in: Karlsruher Forum 2002, S. 5, 57; Westermann, in: MK, § 434 Rn. 18.

96 Vgl. dieses Beispiel ausführlich: Looschelders, SR BT, § 3 Rn. 47; ein ähnliches Beispiel bei Reinicke/Tiedtke, Rn. 324.

97 Faust, in: BeckOK Bamberger/Roth, § 434 Rn. 48; Haas, in: Das neue Schuldrecht, Kap. 5 Rn. 104; Westermann, in: MK, § 434 Rn. 21; Reinicke/Tiedtke, Rn. 324.

98 Vgl. Art. 8 Abs. 2 der Richtlinie 1999/44/EG des europäischen Parlaments und Rates vom 25. Mai 1999.

99 Looschelders, SR BT, § 3 Rn. 47; Faust, in: BeckOK Bamberger/Roth, § 434 Rn. 48; Reinicke/Tiedtke, Rn. 324.

auf der intendierten Verwendung eine Beschaffenheitsvereinbarung initiiert, also bspw. wenn der Käufer die Trockenleistung der Anlage als Beschaffenheit vereinbaren will in der Annahme, sie reiche für eine Trocknung von Räumen bis 500 qm aus. Dann geht die Beschaffenheitsvereinbarung auf den Käufer zurück, was einen Vorrang gegenüber der Verwendungsvereinbarung rechtfertigt mit der Folge, dass die Sache mangelfrei ist, wenn sie die vereinbarte Beschaffenheit (Trockenleistung) hat, auch wenn die angestrebte Verwendung (Trocknen von Räumen bis 500 qm) nicht ermöglicht wird.

dd) Fehlende Eignung zur gewöhnlichen Verwendung und übliche Beschaffenheit, § 434 Abs. 1 Satz 2 Nr. 2 BGB

Fehlt es auch an einer vertraglichen Verwendungsvereinbarung, kommt es auf die Eignung zur gewöhnlichen Verwendung und die übliche sowie die zu erwartende Beschaffenheit an. Die Eignung zur gewöhnlichen Verwendung und die übliche Beschaffenheit müssen dabei kumulativ vorliegen, damit die Sache mangelfrei ist.[100] Was die gewöhnliche Verwendung ist und als übliche Beschaffenheit angesehen werden kann, beurteilt sich nach der Verkehrsanschauung am Erwartungshorizont eines vernünftigen Durchschnittskäufers, der die gekaufte Sache mit anderen Stücken der gleichen Gattung vergleicht.[101] Im Hinblick auf die übliche Beschaffenheit kommt dabei einer Unterscheidung zwischen neuen und gebrauchten Sachen Bedeutung zu.[102] Hinsichtlich der zu erwartenden Beschaffenheit kommt es auf die objektiv berechtigte Käufererwartung an, die sich in Ermangelung abweichender Anhaltspunkte jedenfalls im Regelfall an der üblichen Beschaffenheit gleichartiger Sachen orientiert.[103] Zu beachten gilt aber, dass nicht die tatsächliche Erwartung des betroffenen Käufers maßgeblich ist, sondern die Erwartung die er bei Anwendung der verkehrserforderlichen Sorgfalt hätte.[104]

---

100 Faust, in: BeckOK Bamberger/Roth, § 434 Rn. 53; Schmidt, in: PWW, § 434 Rn. 45.

101 BT-Drucks. 14/6040, S. 214; BGH, NJW 2011, 2872, 2873; NJW 2009, 2807, 2808; Looschelders, SR BT, § 3 Rn. 48; Reinicke/Tiedtke, Rn. 327; Faust, in: BeckOK Bamberger/Roth, § 434 Rn. 58.

102 BT-Drucks. 14/6040, S. 214; Faust, in: BeckOK Bamberger/Roth, § 434 Rn. 58.

103 BGH, NJW 2011, 2872, 2873; Weidenkaff, in: Palandt, § 434 Rn. 30.

104 BGH, NJW 2009, 2056, 2057; Grunewald, in: Erman, § 434 Rn. 21; Looschelders, SR BT; § 3 Rn. 49.

ee) Fehlerhafte Montage oder Montageanleitung, § 434 Abs. 2 BGB

Ein Sachmangel liegt nach § 434 Abs. 2 Satz 1 BGB auch vor, wenn der Verkäufer oder seine Erfüllungsgehilfen die vereinbarte Montage unsachgemäß durchführen. Die Vorschrift ist direkt aber nur anwendbar, wenn die Montage nicht den Schwerpunkt der vertraglich geschuldeten Leistung darstellt. Steht dagegen die Montage im Vordergrund, werden mögliche Abgrenzungsprobleme zum Werkvertrag häufig über die Verweisungsvorschrift des § 651 BGB gemildert, wonach § 434 Abs. 2 Satz 1 BGB auch bei Verträgen über die Lieferung herzustellender oder zu erzeugender beweglicher Sachen Anwendung findet.[105] Der Begriff „Montage" ist weit zu verstehen mit der Folge, dass alle zum vertraglich vorausgesetzten Gebrauch der Kaufsache notwendigen Handlungen erfasst sind, insbesondere der Zusammenbau, der Anschluss, der Einbau der Kaufsache selbst, aber auch die Verbindung der Kaufsache mit anderen Sachen des Käufers.[106]

Darüber hinaus liegt ein Sachmangel nach § 434 Abs. 2 Satz 2 BGB auch dann vor, wenn die Montageanleitung mangelhaft ist, es sei denn, die Sache ist fehlerfrei montiert worden. Die Montageanleitung ist grundsätzlich mangelhaft, wenn sie jedenfalls nicht den durchschnittlichen, mit Grundfertigkeiten ausgestatteten Teil der voraussichtlichen Käufer in die Lage versetzt, die Kaufsache auf Anhieb fehlerfrei zu montieren.[107] Wirkt sich die fehlerhafte Montageanleitung nicht aus, indem der Käufer trotz des Fehlers aufgrund eigener Sachkenntnis oder mit Hilfe eines hinzugezogenen Fachmanns die Sache fehlerfrei montiert, so ist kein Sachmangel gegeben, § 434 Abs. 2 Satz 2 Hs. 2 BGB.

ff) Lieferung einer anderen Sache oder der Sache in zu geringer Menge, § 434 Abs. 3 BGB

Einem Sachmangel ist es schließlich auch gleichgestellt, wenn der Verkäufer eine andere als die geschuldete Sache oder die Sache in einer zu geringen Menge liefert. Wann eine Falschlieferung vorliegt, hängt davon ab, ob ein Stück- oder ein Gattungskauf vorliegt. Jedenfalls ist es aber zunächst Grundvoraussetzung für eine Einstufung als Falschlieferung, dass der Verkäufer zwecks Erfüllung des

---

105 Looschelders, SR BT, § 3 Rn. 59; Faust, in: BeckOK Bamberger/Roth, § 434 Rn. 90.

106 Faust, in: BeckOK Bamberger/Roth, § 434 Rn. 89; Weidenkaff, in: Palandt, § 434 Rn. 42.

107 Looschelders, SR BT, § 3 Rn. 62; Reinicke/Tiedtke, Rn. 343; darüber hinausgehend auf einen erheblichen Teil der Kunden abstellend Faust, in: BeckOK Bamberger/Roth, § 434 Rn. 97; Weidenkaff, in: Palandt, § 434 Rn. 49.

Kaufvertrags geliefert und damit die Erfüllung versucht hat.[108] Beim Stückkauf liegt eine Falschlieferung vor, wenn nicht genau die ihrer Identität nach bezeichnete und geschuldete Sache geliefert wird, wohingegen beim Gattungskauf ein Aliud vorliegt, wenn die gelieferte Sache nicht diejenigen Eigenschaften aufweist, die sie zu einer Sache der geschuldeten Gattung machen, sog. Qualifikationsaliud.[109]

Ob eine Lieferung von zu geringer Menge ist, richtet sich in erster Linie nach Stück und Gewicht.[110] Die Menge der erbrachten Leistung muss von dem vertraglich geschuldeten Umfang abweichen. Um die Gleichstellung einer Zuweniglieferung mit einem Sachmangel zu erreichen, ist es hingegen Voraussetzung, dass die Lieferung ausgehend von der Tilgungsbestimmung des Verkäufers die ganze Verbindlichkeit erfüllen soll.[111] Demzufolge gilt § 434 Abs. 3 Alt. 2 BGB nur für die verdeckte Mankolieferung. Hat der Käufer die Leistung des Verkäufers als Teilleistung angenommen, finden hinsichtlich des übrigen Teils die Regeln des allgemeinen Leistungsstörungsrechts Anwendung.[112]

b) Kein Ausschluss

Weitere Voraussetzung für die Geltendmachung des Nacherfüllungsanspruchs ist, dass dieser nicht ausgeschlossen ist. Neben dem Ausschlussgrund des § 442 Abs. 1 BGB wegen Kenntnis des Käufers von dem Mangel bei Vertragsschluss sind vor allem die Fälle des § 275 BGB und des § 439 Abs. 3 BGB relevant.

aa) Ausschluss wegen § 275 BGB

Als Regelung des allgemeinen Leistungsstörungsrechts gilt § 275 Abs. 1 BGB auch für den Anspruch aus § 439 BGB, sodass der Anspruch ausgeschlossen ist, wenn beide Arten der Nacherfüllung unmöglich sind. Ist nur eine Art der Nacherfüllung unmöglich, so beschränkt sich der Anspruch des Käufers aus § 439 Abs. 1 BGB auf die andere noch mögliche Form.[113]

---

108 Weidenkaff, in: Palandt, § 434 Rn. 52; Canaris, in: Karlsruher Forum 2002, S. 5, 66 ff; OLG Hamm, BeckRS 2011, 01504; Faust, in: BeckOK Bamberger/Roth, § 434 Rn. 109.

109 Faust, in: BeckOK Bamberger/Roth, § 434 Rn. 104; Weidenkaff, in: Palandt, § 434 Rn. 52a.

110 Westermann, in: MK, § 434 Rn. 42.

111 Weidenkaff, in: Palandt, § 434 Rn. 53b; Berger, in: Jauernig, § 434 Rn. 24; Looschelders, SR BT, § 3 Rn. 76.

112 Looschelders, § 434 Rn. 76; Faust, in: BeckOK Bamberger/Roth, § 434 Rn. 113.

113 Berger, in: Jauernig, § 439 Rn. 22; Looschelders, SR BT, § 4 Rn. 93.

Darüber hinaus sind auch die Regelungen der § 275 Abs. 2 und 3 BGB anwendbar, wie § 439 Abs. 3 Satz 1 BGB explizit klarstellt. Die praktische Bedeutung dieser beiden allgemeinen Leistungsverweigerungsrechte ist aber nicht besonders hoch. § 439 Abs. 3 Satz 1 BGB stellt selbst eine dem § 275 Abs. 2 inhaltlich entsprechende Regelung auf, wobei allerdings dessen Voraussetzungen hinter den Anforderungen des § 275 Abs. 2 BGB zurückbleiben, indem, anders als bei § 275 Abs. 2 BGB, kein grobes Missverhältnis erforderlich ist.[114] Dies hat zur Konsequenz, dass bei einer Verneinung des § 439 Abs. 3 BGB das Leistungsverweigerungsrecht des § 275 Abs. 2 BGB erst recht nicht angenommen werden kann, wohingegen bei Annahme des § 439 Abs. 3 BGB ein Eingehen auf § 275 Abs. 2 BGB dahingestellt bleiben kann.[115] Auch der Anwendungsbereich des § 275 Abs. 3 BGB ist i.R.v. § 439 BGB sehr begrenzt, weil er sich nur auf persönliche Leistungspflichten bezieht; eine persönliche Unzumutbarkeit dürfte bei der Nacherfüllung wegen mangelhafter Kaufsache aber regelmäßig nicht einschlägig sein.[116]

bb) Ausschluss wegen § 439 Abs. 3 BGB

Entscheidendes Ausschlusskriterium bei der Nacherfüllung dürfte daher meist sein, ob der Verkäufer die vom Käufer gewählte Art der Nacherfüllung wegen unverhältnismäßiger Kosten verweigern kann, § 439 Abs. 3 BGB. Die Einrede der Unverhältnismäßigkeit kann sich sowohl gegenüber der konkret vom Käufer gewählten Art der Nacherfüllung, sog. relative Unverhältnismäßigkeit, als auch gegenüber jeder Art der Nacherfüllung ergeben, sog. absolute Unverhältnismäßigkeit.[117] Da sich demzufolge die relative Unverhältnismäßigkeit durch den Vergleich der beiden Nacherfüllungsarten bestimmt, stellt sich die Frage der relativen Unverhältnismäßigkeit nicht, wenn sowieso nur eine Art der Nacherfüllung möglich ist.[118] Die absolute Unverhältnismäßigkeit ergibt sich demgegenüber aus dem Vergleich zwischen den Nacherfüllungskosten für eine Form der Nacherfüllung und dem Interesse des Käufers an der Nacherfüllung. Die absolute Unverhältnismäßigkeit ist mithin für jede Form der Nacherfüllung getrennt zu prüfen.[119]

---

114 BT-Drucks. 14/6040, S. 232; Medicus, in: FS Schmidt (2009), 1153, 1156.

115 Looschelders, SR BT, § 4 Rn. 93; Reinicke/Tiedtke, Rn. 443; Westermann, in: MK, § 439 Rn. 26.

116 Westermann, in: MK, § 439 Rn. 27; Looschelders, SR BT, § 4 Rn. 93.

117 Faust, in: BeckOK Bamberger/Roth, § 439 Rn. 38.

118 Faust, in: BeckOK Bamberger/Roth, § 439 Rn. 40.

119 Looschelders, SR BT, § 4 Rn. 95; Oetker/Maultzsch, § 2 Rn. 217.

Allerdings ist der Anwendungsbereich der absoluten Unverhältnismäßigkeit seit der EuGH-Entscheidung vom 16.6.2011[120] insoweit begrenzt, als der Ausschluss der einzig möglichen oder verbleibenden Form der Nacherfüllung wegen absoluter Unverhältnismäßigkeit i.R.v. Verbrauchsgüterkäufen (B2C-Geschäfte) richtlinienwidrig und damit nicht mehr zulässig ist. Möglich ist es demnach lediglich, den Anspruch des Verbrauchers auf einen Betrag zu begrenzen, der dem Wert der Kaufsache in vertragsgemäßem Zustand und der Bedeutung der Vertragswidrigkeit angemessen ist. Der BGH hat diese Vorgaben dann auch mit einer richtlinienkonformen Rechtsfortbildung durch teleologische Reduktion des § 439 Abs. 3 Satz 3 Hs. 2 BGB umgesetzt mit der Konsequenz, dass das in § 439 Abs. 3 Satz 2 Hs. 2 BGB vorgesehene Recht des Verkäufers, die Nacherfüllung wegen absoluter Unverhältnismäßigkeit zu verweigern, auf das Recht beschränkt wird, den Käufer auf die Kostenerstattung i.H.e. angemessenen Betrags zu verweisen.[121] Leider wurde es im Zuge der Umsetzung des Gesetztes zur Umsetzung der Verbraucherrechterichtlinie mit Wirkung vom 13.06.2014 versäumt, eine ausdrückliche Sonderregelung zu § 439 Abs. 3 BGB für den Fall des Verbrauchsgüterkaufs zu normieren, sodass es weiterhin des Rückgriffs auf die vom BGH gewählte und auch kontrovers[122] gesehene Methode der richtlinienkonformen Rechtsfortbildung bedarf.[123] Im Ergebnis ist ein Ausschluss des Nacherfüllungsrechts wegen absoluter Unverhältnismäßigkeit bei nur einer möglichen Art der Nacherfüllung i.S.v. § 439 Abs. 3 Satz 3 Hs. 2 BGB bei Verbrauchsgüterkäufen aber nicht mehr möglich.

Kaufverträge, die nicht als Verbrauchsgüterkäufe und damit nicht als B2C-Geschäfte zu qualifizieren sind, sind von dieser Rechtsprechung nicht betroffen. Der BGH hat ausdrücklich klar gestellt, dass sich die richtlinienkonforme Auslegung des § 439 Abs. 3 BGB auf Verbrauchsgüterkäufe beschränkt und damit nicht auf Kaufverträge zwischen Unternehmern (B2B-Geschäfte), zwischen

---

120 EuGH Urt. v. 16.6.2011 - C 65/09, C-87/09 = NJW 2011, 2269, 2274.

121 BGH, NJW 2012, 1073, 1076 ff.

122 Ein nicht unerheblicher Teil der Literatur geht von der Unzulässigkeit einer richtlinienkonformen Auslegung oder Rechtsfortbildung aus; vgl. Lorenz, in: Medicus/Lorenz, SchuldR BT Rn. 137; Lorenz, NJW 2011, 2241, 2244.

123 Zwar enthielt der Referentenentwurf des BMJ zur Umsetzung der Verbraucherrechterichtlinie eine ausdrückliche Regelung bzgl. der Ein- und Ausbauproblematik sowie der Beschränkung des § 439 Abs. 3 BGB, indem die Einfügung eines § 474a BGB vorgeschlagen wurde, vgl. Ref.-Entwurf des BMJ, S. 22.
Diese Regelung wurde im Regierungsentwurf vom 19.12.2012 jedoch gestrichen, vgl. BT-Drucks. 17/12637, S. 69 f.

Verbrauchern (C2C-Geschäfte) oder dem Kauf eines Unternehmers von einem Verbraucher (C2B-Geschäfte) zu erstrecken ist.[124]

c) *Rechtsfolgen*

Die Nacherfüllung ist die endgültige Erfüllung der Pflicht aus § 433 Abs. 1 Satz 2 BGB durch den Verkäufer. Es handelt sich um eine Modifizierung des ursprünglichen Erfüllungsanspruchs aus § 433 Abs. 1 BGB, der nur bis zum Gefahrübergang besteht und sich ab diesem Zeitpunkt in Form des Anspruchs aus § 439 Abs. 1 BGB fortsetzt.[125] Die Nacherfüllung kann gemäß § 439 Abs. 1 BGB nach Wahl des Käufers durch Nachbesserung oder durch Nachlieferung erfolgen. Bei der Nachbesserung besteht die Verpflichtung des Verkäufers, sämtliche Mängel an der Kaufsache zu beseitigen. Demgegenüber hat eine Nachlieferung zur Folge, dass der Verkäufer eine andere mangelfreie Sache liefern muss. Verlangt der Käufer Nachlieferung, so kann der Verkäufer vom Käufer aber gemäß § 439 Abs. 4 BGB die Rückgewähr der mangelhaften Sache nach den §§ 346 ff. BGB verlangen.

2. *Der Rücktritt gemäß §§ 437 Nr. 2, 440, 323, 326 Abs. 5, 346 Abs. 1 BGB*

Der Käufer kann auch gemäß §§ 437 Nr. 2, 440, 323, 326 Abs. 5, 346 Abs. 1 BGB von dem Vertrag zurücktreten.

a) *Mangelhafte Kaufsache*

Das Rücktrittsrecht i.R.v. § 437 BGB im besonderen kaufrechtlichen Mangelgewährleistungsrecht setzt zunächst auch voraus, dass die Kaufsache mangelhaft ist. Diesbzgl. ist auf die obigen Ausführungen in diesem Kapitel verwiesen.[126]

b) *Fristsetzung*

Der Vorrang der Nacherfüllung bewirkt zudem, dass der Käufer dem Verkäufer eine angemessene Frist zur Nacherfüllung gesetzt hat und diese fruchtlos abgelaufen ist.

In Ausnahmefällen kann die Fristsetzung aber auch entbehrlich sein. Neben dem Entbehrlichkeitsgrund des § 323 Abs. 2 BGB gilt für den Rücktritt i.R.d.

124 BGH, NJW 2013, 220.

125 BT-Drucks. 14/6040, S. 221; BGH, NJW 2008, 2837, 2838; Oetker/Maultzsch, § 2 Rn. 181; Faust, in: BeckOK Bamberger/Roth, § 439 Rn. 6.

126 Vgl. hierzu in diesem Kap. unter B, II, 1, a.

besonderen kaufrechtlichen Mangelgewährleistungsrechte auch der Entbehrlichkeitsgrund des § 440 BGB. Demnach ist die Fristsetzung neben § 323 Abs. 2 BGB auch dann entbehrlich, wenn der Verkäufer beide Arten der Nacherfüllung endgültig verweigert oder die dem Käufer zustehende Art der Nacherfüllung fehlgeschlagen oder unzumutbar ist, § 440 Satz 1 BGB.

c) Kein Ausschluss und Rechtsfolgen

Auch auf den Rücktritt gemäß §§ 437 Nr. 2, 440, 323, 326 Abs. 5, 346 Abs. 1 BGB finden die Ausschlussgründe des Rücktritts nach allgemeinem Leistungsstörungsrecht Anwendung, sodass auf die oben stehenden Ausführungen verwiesen werden kann.[127]

Für die Rechtsfolgen gilt das schon in Punkt B, I, 2, d in diesem Kapitel Gesagte, sodass auch hier auf die obigen Darlegungen verwiesen werden kann.

3. Die Minderung gemäß §§ 437 Nr. 2, 441 BGB

Statt zurückzutreten kann der Käufer auch gemäß §§ 437 Nr. 2, 441 BGB die vereinbarte Vergütung mindern. Ausgehend von dem Wort „statt" ist die Minderung unter denselben Voraussetzungen wie der Rücktritt möglich. Der einzige Unterschied ergibt sich aus § 441 Abs. 1 Satz 2 BGB, wonach der Ausschlussgrund des § 323 Abs. 5 Satz 2 BGB nicht gilt, sodass auch bei einem unerheblichen Mangel eine Minderung möglich ist.

4. Der Schadensersatz gemäß §§ 437 Nr. 3, 440, 280, 281, 283 und 311a BGB

Außerdem kann der Käufer gemäß §§ 437 Nr. 3, 440, 280, 281, 283 und 311a BGB Schadensersatz und alternativ gemäß §§ 437 Nr. 3, 284 BGB Aufwendungsersatz verlangen. Wie schon beim Rücktritt verweist § 437 Nr. 3 BGB auch beim Schadens- bzw. Aufwendungsersatz auf die Regeln des allgemeinen Leistungsstörungsrechts mit der Konsequenz, dass bzgl. der grundsätzlichen Voraussetzungen und Rechtsfolgen auf den Punkt I, 3 bzw. 4 in diesem Kapitel verwiesen werden kann. Demzufolge bedarf es einer mangelhaften Kaufsache, des erfolglosen Ablaufs einer zur Nacherfüllung gesetzten Frist und eines Verschuldens.

Diese Fristsetzung ist gemäß § 281 Abs. 2 BGB entbehrlich, wenn der Verkäufer die Leistung ernsthaft und endgültig verweigert oder Umstände vorliegen, die unter Abwägung beiderseitiger Interessen die sofortige Geltendmachung des

---

127 Vgl. hierzu in diesem Kap. unter B, I, 2, c.

Schadensersatzanspruches rechtfertigen. Zusätzlich gilt auch hier § 440 BGB, wonach die Fristsetzung auch dann entbehrlich ist, wenn der Verkäufer beide Arten der Nacherfüllung endgültig verweigert oder die dem Käufer zustehende Art der Nacherfüllung fehlgeschlagen oder unzumutbar ist.

I.R.v. § 283 bzw. 311a BGB besteht schon tatbestandlich kein Fristsetzungserfordernis. Zudem ist bei § 311a BGB anstelle eines Verschuldens auf die Kenntnis bzw. Unkenntnis vom Leistungshindernis abzustellen.

5. *Die Verjährung nach § 438 BGB*

Im besonderen kaufrechtlichen Mangelgewährleistungsrecht unterliegen die Ansprüche des § 437 BGB der Sonderregelung des § 438 BGB. Für die Gestaltungsrechte Rücktritt und Minderung besteht demgegenüber die Besonderheit, dass sie wegen der Beschränkung der Verjährung auf Ansprüche selbst nicht verjähren können. Für sie gilt über § 438 Abs. 4 und Abs. 5 BGB die Regelung des § 218 BGB, wonach für eine zeitliche Einschränkung der Geltendmachung ersatzweise auf die Verjährung des Leistungs- oder Nacherfüllungsanspruchs abgestellt wird. § 438 BGB ist eine Spezialregelung gegenüber den allgemeinen Verjährungsregelungen der §§ 195 ff. BGB, die nur insoweit zur Anwendung kommen, als § 438 BGB keine andere Regelung enthält.[128] Eine eigenständige Regelung trifft § 438 BGB sowohl im Hinblick auf die Verjährungsfristen als auch auf deren Beginn.

a) *Verjährungsfrist*

Neben der dreißigjährigen Verjährungsfrist für Mängel an dinglichen Rechten und der fünfjährigen Frist für mit Bauwerken in Verbindung stehende Mängel, ist vor allem die allgemeine kaufrechtliche Verjährungsfrist von zwei Jahren von Bedeutung. Diese begünstigt regelmäßig den Verkäufer, da durch die Anwendung des § 438 Abs. 1 Nr. 3 BGB im Kaufrecht die regelmäßige Verjährungsfrist aus den §§ 195 ff. BGB um ein Jahr verkürzt wird.[129]

b) *Verjährungsbeginn*

Darüber hinaus unterscheidet sich auch der Verjährungsbeginn von den allgemeinen Regeln der §§ 195 ff. BGB. Während nach den allgemeinen Verjährungsvorschriften die Verjährung gemäß § 199 BGB nicht beginnt, bevor der Käufer von den relevanten Umständen Kenntnis erlangt oder ohne grobe Fahrlässigkeit erlangen musste, bestimmt § 438 Abs. 2 BGB bei Grundstücken die Übergabe,

---

128 Faust, in: BeckOK Bamberger/Roth, § 438 Rn. 1; Reinicke/Tiedtke, Rn. 655.
129 Grunewald, § 10 Rn. 44.

im Übrigen die Ablieferung der Sache als maßgeblichen Zeitpunkt für den Verjährungsbeginn. Im Gegensatz zu den allgemeinen Verjährungsvorschriften normiert § 438 Abs. 2 BGB mithin einen objektiven Verjährungsbeginn.[130]

c) *Anwendung des § 438 BGB bei Mangelfolgeschäden*

Diskutiert wird schließlich, ob die kurze Verjährung des § 438 BGB auch für solche Schadensersatzansprüche gilt, die aufgrund des Mangels an anderen Rechtsgütern, Rechten und Interessen des Käufers entstehen, mithin für Mangelfolgeschäden. Da dies dazu führen kann, dass solche Schadensersatzansprüche des Käufers verjähren, noch bevor der Schaden überhaupt eingetreten und der Anspruch so entstanden ist, wird eine Begrenzung der kurzen Verjährung auf Mangelschäden erwogen.[131]

Ausweislich des Wortlauts des § 438 BGB ist der Gesetzgeber dieser Ansicht nicht gefolgt. Denn erfasst sind ohne Einschränkung die in § 437 Nr. 1 und 3 BGB bezeichneten Ansprüche, was auch solche Mangelfolgeschäden erfasst, die über §§ 437 Nr. 3, 280 ff. BGB hergeleitet werden.[132] Zu beachten ist jedoch, dass dem Käufer bei Mangelfolgeschäden stets auch der deliktische Schadensersatzanspruch aus § 823 Abs. 1 BGB zusteht, der aber der regelmäßigen Verjährung der §§ 195, 199 BGB unterliegt mit dem Resultat, dass sich der Nachteil der kurzen Verjährung nicht auswirkt und im Ergebnis den Käufer auch nicht unangemessen benachteiligt.[133]

6. *Zwischenergebnis*

Im Gegensatz zu den Rechten aus dem allgemeinen Leistungsstörungsrecht setzen alle kaufrechtlichen Mangelrechte die Mangelhaftigkeit der Kaufsache voraus. Mangelhaft ist die Kaufsache, wenn die Ist- von der Soll-Beschaffenheit, also von der vertraglich vereinbarten Beschaffenheit, der nach dem Vertrag vorausgesetzten oder der gewöhnlichen Verwendung, abweicht. Vorrangig steht dem Käufer in diesem Fall dann der Nacherfüllungsanspruch aus §§ 437 Nr. 1, 439 Abs. 1 BGB sowie dem Verkäufer ein Nacherfüllungsrecht zu. Wurde zu diesem Zweck vom Käufer eine im Ergebnis fruchtlos abgelaufene Frist zur Nacherfüllung gesetzt oder war eine solche Fristsetzung entbehrlich, stehen dem Käufer

---

130 Reinicke/Tiedtke, Rn. 655; Berger, in: Jauernig, § 438 Rn. 4.

131 Canaris, ZPR 2001, 329, 335; Brüggemeier, WM 2002, 1376, 1382; Leenen, JZ 2001, 552, 554 ff.

132 Reinicke/Tiedtke, Rn. 658.

133 Looschelders, SR BT, § 6 Rn. 162; Reinicke/Tiedtke, Rn. 659.

gleichrangig das Rücktrittsrechts gemäß §§ 437 Nr. 2, 440, 323 BGB, das Recht auf Minderung aus §§ 437 Nr. 2, 441 BGB und schließlich ein Anspruch auf Schadensersatz statt der Leistung gemäß §§ 437 Nr. 3, 440, 280, 281 BGB zu. Zudem enthalten die besonderen kaufrechtlichen Mangelrechte in § 439 Abs. 3 BGB ein Leistungsverweigerungsrecht, das geringerer Voraussetzungen bedarf als das des § 275 BGB im allgemeinen Leistungsstörungsrecht. Schließlich gilt auch eine besondere Verjährung, wobei insbesondere die allgemeine Verjährung von drei auf zwei Jahre gekürzt ist, § 438 Abs. 1 Nr. 3 BGB.

III. Ergebnis Teil B

Zwar gewährt das besondere kaufrechtliche Mangelgewährleistungsrecht dem Käufer das Nacherfüllungsrecht und das Minderungsrecht, jedoch verweist es bzgl. der Voraussetzungen und Rechtsfolgen des Rücktritts und des Schadensersatzes auf das allgemeine Leistungsstörungsrecht. Eine Abgrenzung zwischen allgemeinem und besonderem Leistungsstörungsrecht weist im Hinblick auf die gewährten Rechte auf den ersten Blick daher nur unwesentliche Unterschiede auf. Wesentliche Unterschiede ergeben sich hingegen bei den Leistungsverweigerungsrechten, die dem Verkäufer zugute kommen. Neben solchen aus § 275 BGB normiert das besondere Gewährleistungsrecht noch § 439 Abs. 3 BGB, wobei dessen Anforderungen an die Unzumutbarkeit gegenüber denen des korrespondierenden § 275 Abs. 2 BGB geringer sind. Darüber hinaus statuiert § 439 Abs. 1 BGB für den Käufer ein Wahlrecht hinsichtlich der Nacherfüllung und die regelmäßige Verjährungsfrist wird um ein Jahr auf zwei Jahre gekürzt.

Es stellt sich aber die Frage, ab wann denn eigentlich jeweils die allgemeinen und besonderen kaufrechtlichen Mangelgewährleistungsrechte entstehen. Dies ist nicht nur vor dem Hintergrund interessant, ab wann dem Käufer die zusätzlichen Rechte der §§ 437 ff. BGB zustehen, sondern weiterhin auch für die Frage, ab wann dem Verkäufer der § 439 Abs. 3 BGB als zusätzliches Leistungsverweigerungsrecht zugute kommt. In diesem Zusammenhang kann in Frage gestellt werden, ob es wirklich der Übergabe der Kaufsache bedarf, bevor dem Käufer das Wahlrecht hinsichtlich der Nacherfüllung zustehen soll. Es lässt sich insoweit überlegen, ob der bisher von der überwiegenden Meinung vertretene Zeitpunkt des Gefahrübergangs der richtige Entstehungszeitpunkt der §§ 437 ff. BGB ist oder ob nicht eine generelle Abkehr von diesem Zeitpunkt geboten und durch die rechtliche Ausgangslage sowie das praktische Bedürfnis gerechtfertigt erscheint.

C. Die Frage nach dem Entstehungszeitpunkt der kaufrechtlichen Mangelrechte des BGB

Bei der Frage nach dem Entstehungszeitpunkt der kaufrechtlichen Mangelrechte des BGB ist zwischen den allgemeinen Leistungsstörungsrechten und den besonderen Mangelgewährleistungsrechten zu differenzieren.

I. Entstehungszeitpunkt der allgemeinen Leistungsstörungsrechte

1. Grundsatz

Die allgemeinen Leistungsstörungsrechte knüpfen im Grundsatz an die Verletzung einer gegenwärtigen Pflicht an. Demzufolge beginnt der zeitliche Anwendungsbereich der allgemeinen Leistungsstörungsrechte im Regelfall erst mit bzw. nach dem Fälligkeitszeitpunkt des Erfüllungsanspruchs, da dem Schuldner grundsätzlich erst ab diesem Zeitpunkt eine Pflichtverletzung angelastet werden kann. Für die allgemeinen Leistungsstörungsrechte Schadensersatz und Rücktritt ergibt sich dieser Grundsatz weiterhin aus ihren Voraussetzungen nach § 323 Abs. 1 bzw. § 281 Abs. 1 BGB, wonach die Verletzung einer fälligen Pflicht erforderlich ist. Ist bei Kaufverträgen diesbzgl. nichts Abweichendes vereinbart oder ergibt sich nichts aus den Umständen, so gilt die Regel des § 271 Abs. 1 BGB, wonach die Fälligkeit sofort eintritt, also mit Vertragsschluss. Da aber insbesondere auch Werklieferungsverträge über § 651 Satz 1 BGB dem Kaufrecht zugeordnet sind, können auch vertraglich vereinbarte Fristen und Fertigstellungstermine Abweichendes festlegen.

2. Ausnahme des § 323 Abs. 4 BGB zugunsten eines Rücktrittsrechts

Von diesem Grundsatz abweichend normiert § 323 Abs. 4 BGB eine Ausnahme. Diese gewährt dem Gläubiger auch vor Fälligkeit ein Rücktrittsrecht, wenn sich bereits klar abzeichnet, dass dem Gläubiger mit Fälligkeit ein Rücktrittsrecht zusteht. Um dem Gläubiger in einem solchen Fall das Abwarten einer Vertragsverletzung nicht zuzumuten, hat der Gesetzgeber die Wertungen des Art. 72 Abs. 1 UN-Kaufrecht übernommen und in § 323 Abs. 4 BGB statuiert.[134]

Die Norm zielt vor allem auf die Fälle der Erfüllungsverweigerung vor Fälligkeit ab, wenn der Schuldner ernsthaft und endgültig erklärt, er werde

134 Schmidt, in: BeckOK Bamberger/Roth, § 323 Rn. 6; Voit, BauR 2011, 1063, 1066; Grüneberg, in: Palandt, § 323 Rn. 23.

nicht vertragsgemäß leisten.[135] Zudem sind auch alle sonstigen Fälle erfasst, in denen es offensichtlich ist, dass es nicht zur ordnungsgemäßen Erfüllung kommen wird, ohne dass der Schuldner die Erfüllung verweigert hätte. Die Erfüllungsgefährdung wird demzufolge zu einem eigenen Störungstatbestand.[136]

Voraussetzung für den Rücktritt vor Fälligkeit nach § 323 Abs. 4 BGB ist, dass ein Rücktrittsrecht offensichtlich später entstehen wird. Für die Offensichtlichkeit ist eine Prognose erforderlich, der zufolge mit dem Ausbleiben der Leistung jedenfalls mit an Sicherheit grenzender Wahrscheinlichkeit zu rechnen ist.[137] Fraglich dürfte aber regelmäßig sein, auf welcher Grundlage die Annahme basiert, dass die Voraussetzungen des Rücktritts „offensichtlich" vorliegen werden. In der Praxis dürfte zwar der Gläubiger aufgrund der erkannten Abweichungen von dem vertragsgemäßen Zustand befürchten, dass er die Kaufsache oder das Werk nicht wie geschuldet erhalten wird, der Schuldner wird ihn aber berechtigterweise darauf verweisen, den Fälligkeitstermin abzuwarten.[138] Schließlich ist der Schuldner, egal ob Verkäufer oder Werkunternehmer, bis zum Fälligkeitstermin grundsätzlich in der Disposition frei, wann und wie er den vertragsgemäßen Zustand erreicht. Selbst wenn der Gläubiger also mit hoher Wahrscheinlichkeit mit seiner Befürchtung richtig liegt, so wird es vielfach aber noch nicht offensichtlich sein, dass die erkannten Abweichungen von der geschuldeten Soll-Beschaffenheit zum Zeitpunkt der Fälligkeit nicht beseitigt sein werden.[139] Die hohen Anforderungen an die „Offensichtlichkeit" dürften nämlich oftmals nicht erfüllt sein.[140]

---

135 BT-Drucks. 14/6040, S. 186; Otto/Schwarze, in: Staudinger, § 323 Rn. B 163; Schmidt, in: BeckOK Bamberger/Roth, § 323 Rn. 6; Voit, BauR 2011, 1063, 1066; Medicus/Stürner, in: PWW, § 323 Rn. 6; Kindl, WM 2002, 1313, 1322.

136 Ernst, in: MK, § 323 Rn. 132; Medicus/Stürner, in: PWW, § 323 Rn. 6.

137 Otto/Schwarze, in: Staudinger, § 323 Rn. B 162; Grüneberg, in: Palandt, § 323 Rn. 23; Schwarze, Das Recht der Leistungsstörungen, § 15 Rn. 35; Stadler, in: Jauernig, § 323 Rn. 15; andere sogar „sicher zu erwarten ist", vgl. Ernst, in: MK, § 323 Rn. 134; Medicus/Stürner, in: PWW, § 323 Rn. 7.

138 Voit, in: FS Koeble (2010), S. 225, 229.

139 Voit, in: FS Koeble (2010), S. 225, 229.

140 Vgl. nur Ernst, in: MK, § 323 Rn. 134 („sicher zu erwarten"); Otto/Schwarze, in: Staudinger, § 323 Rn. B 162 („kein vernünftiger Zweifel" bzw. „mit an Sicherheit grenzender Wahrscheinlichkeit").

Um diese Fälle besser handhaben zu können, wird teilweise in der Literatur für ein sog. Leistungserklärungsverfahren plädiert.[141] Das Verfahren ist internationalen Regelungen im CISG nachempfunden[142] und solle in abgewandelter Form auch im BGB sinnvoll sein.[143] Demnach solle der Gläubiger, der berechtigte Bedenken an der Leistungsfähigkeit oder Leistungsbereitschaft des Schuldners habe, diesem eine Frist setzen können, innerhalb derer der Schuldner über seine Leistungsbereitschaft und -fähigkeit aufzuklären habe. Komme er dieser Erklärung nicht oder nicht schlüssig genug nach, so solle sich die anfängliche Besorgnis des Gläubigers zu einer Offensichtlichkeit mit der Folge erhärten, dass die Voraussetzungen des § 323 Abs. 4 BGB bejaht werden können.[144]

Dieses Verfahren kann im Einzelfall durchaus dazu geeignet sein, die Rücktrittsvoraussetzungen des § 323 Abs. 4 BGB zu eröffnen, nämlich wenn die Antwort des Schuldners die Ungeeignetheit seiner Maßnahmen zur Erfolgsherbeiführung deutlich macht. Problematisch ist es jedoch, wenn sich der Schuldner nicht oder nur vage erklärt. Zum einen ist es zweifelhaft, ob allein aus dem Fehlen einer klaren Antwort darauf geschlossen werden kann, dass im Zeitpunkt der Fälligkeit ein Rücktrittsrecht bestehen wird.[145] Zum anderen widerspricht die Tatsache, dass der Gläubiger den Schuldner vor Fälligkeit zu einer solch detaillierten Erklärung bewegen kann, indem der Schuldner sich bei dessen Unschlüssigkeit einem Rücktrittsrecht ausgesetzt sehen muss, der Dispositionsfreiheit des Schuldners. Der Schuldner soll darin frei sein, auf welche Art und Weise er den geschuldeten Erfolg zum Fälligkeitstermin herbeiführt, denn Ansprüche sollen dem Gläubiger grundsätzlich erst ab Fälligkeit zustehen. Indem man aber das Rücktrittsrecht des § 323 Abs. 4 BGB an die Unschlüssigkeit einer Leistungserklärung des Schuldners koppelt, wird der Schuldner faktisch in seiner Dispositionsfreiheit beschränkt, weil letztlich die Art und Weise seiner Erfolgsherbeiführung oftmals schon vor Fälligkeit einer Bewertung unterliegt. Im Ergebnis wird damit der Grundsatz, dass dem Schuldner vor Fälligkeit keine Pflichtverletzung angelastet werden kann, zu einer Ausnahme verkehrt. Deshalb ist ein solches Leistungserklärungsverfahren abzulehnen.

---

141 Ernst, in: MK, § 323 Rn. 135; Gsell, in: Soergel, § 323 Rn. 72, 139; Weidt, Antizipierter Vertragsbruch, S. 144 ff.

142 Vgl. Art. 72 Abs. 2 CISG.

143 Ernst, in: MK, § 323 Rn. 135; Gsell, in: Soergel, § 323 Rn. 139.

144 Ernst, in: MK, § 323 Rn. 135; Gsell, in: Soergel, § 323 Rn. 72, 139.

145 Voit, in: FS Koeble (2010), 225, 230; ders., BauR 2011, 1063, 1067.

3. *Ausnahme des § 323 Abs. 4 BGB analog zugunsten eines Rücktrittsrechts*

Steht also bereits fest, dass zukünftig ein Rücktrittsgrund gegeben sein wird, so erlaubt § 323 Abs. 4 BGB den Rücktritt auch schon vor Fälligkeit. Nicht geregelt ist hingegen die Situation, dass zwar ein zukünftiges Rücktrittsrecht nicht sicher feststeht, dem Gläubiger aber das Abwarten bis zur Fälligkeit aus anderen Gründen nicht zumutbar ist. So könnten massive Mängel oder die, wenn auch zunächst nicht endgültige, Weigerung, diese zu beseitigen, zu einem massiven Vertrauensverlust beim Gläubiger führen, woraus ein Interesse an der Beendigung des bestehenden Vertrags resultieren kann.[146] Dies ist insbesondere bei Mängeln nachvollziehbar, deren Schwere eine Beseitigung bis zum Fertigstellungstermin oder deren Vielzahl die Einhaltung der geschuldeten vertraglichen Bauzeit unmöglich macht. Diese Fälle dürften insbesondere bei Werk- und Werklieferungsverträgen relevant sein.[147] Ebenso können auch bei einem reinen Kaufvertrag die drohende Zerstörung der Kaufsache durch unsachgemäße Lagerung bis zum Versand[148] oder wiederholt falsche Angaben des Verkäufers dazu führen, dass der Käufer die Nicht- oder Schlechterfüllung des Vertrages seitens des Schuldners ernstlich befürchten muss und ihm ein Festhalten am Vertrag daher nicht zumutbar ist.

Insoweit wird überlegt, ob man für solche Fälle ein Rücktrittsrecht aus § 324 BGB begründen kann. Dieses Rücktrittsrecht greift bei vertraglichen Nebenpflichtverletzungen i.S.v. § 241 Abs. 2 BGB. Demzufolge ist man zur Rücksicht auf die Rechte, Rechtsgüter und Interessen des anderen Teils verpflichtet, wozu dem Grunde nach auch die Pflicht zählen kann, die zukünftige Leistung nicht zu gefährden oder zu vereiteln.[149] Davon ausgehend wird argumentiert, dass der Schuldner die Nebenpflicht habe, während der Ausführungsphase vor Fälligkeit vertragsgemäß zu arbeiten, damit die zukünftige Leistung im Fälligkeitszeitpunkt wie geschuldet erbracht werden könne. Indem er sich weigere, Mängel während der Ausführungsphase zu beseitigen, begehe der Schuldner sodann eine Nebenpflichtverletzung mit der Folge, dass der Gläubiger zum Rücktritt

---

146 Voit, BauR 2011, 1063, 1067.

147 Auch wenn die Problematik regelmäßig wohl eher im werkvertraglichen Bereich relevant wird, soll sie der Vollständigkeit halber bereits an dieser Stelle dargelegt werden.

148 Vgl. BGH, NJW 2003, 1600 f.

149 Sutschet, in: BeckOK Bamberger/Roth, § 241 Rn. 46; Voit, BauR 2011, 1063, 1067; Roth/Bachmann, in: MK, § 241 Rn. 51.

berechtigt sei.[150] Dagegen spricht jedoch, dass der Gesetzgeber nur nicht leistungsbezogene Nebenpflichten unter § 241 Abs. 2 BGB verstanden wissen wollte, mithin einzig integritätsschützende Pflichten.[151] Entsprechend sind leistungsbezogene Nebenpflichten nicht unter § 324 BGB zu fassen, sondern beurteilen sich nach § 323 BGB.[152]

Das eigentliche Problem ergibt sich jetzt aber daraus, dass für die oben genannten Fälle, nämlich dass ein Abwarten aus anderen Gründen für den Gläubiger unzumutbar ist, erst einmal keine Norm verbleibt, aus der ein Rücktrittsrecht für den Gläubiger abgeleitet werden kann. § 324 BGB erfasst lediglich den Rücktritt bei Verletzung nicht leistungsbezogener Nebenpflichten i.S.v. § 241 Abs. 2 BGB, wohingegen § 323 Abs. 4 BGB, bedingt durch seine Formulierung, allein den Rücktritt vor Fälligkeit behandelt, wenn das Vorliegen des Rücktrittsgrundes zum Fälligkeitszeitpunkt bereits feststeht. Dies hat letztlich zur Konsequenz, dass bei Verletzung einer integritätsschützenden, also nicht leistungsbezogenen Nebenpflicht ein Rücktritt möglich wäre, während bei Verletzung von leistungssichernden, mithin leistungsbezogenen Nebenpflichten keine Rücktrittsmöglichkeit bestünde, sofern die Nebenpflichtverletzung nicht zugleich zu einer Leistungspflichtverletzung führt und auch nicht der Sondertatbestand des § 323 Abs. 4 BGB einschlägig ist. In allen Fällen einer leistungsbezogenen Nebenpflichtverletzung, in denen nicht zugleich die Verletzung einer Leistungspflicht oder der Sondertatbestand des § 323 Abs. 4 BGB vorliegt, besteht im Hinblick auf ein Rücktrittsrecht ergo eine Regelungslücke.

Ausgehend von dieser Regelungslücke wird in der Literatur vertreten, dass zur Lösung des Problems § 324 BGB entsprechend herangezogen werden soll.[153] Dagegen spricht jedoch, dass § 324 BGB an die Verletzung einer Pflicht aus § 241 Abs. 2 BGB, mithin an die Verletzung nicht leistungsbezogener Nebenpflichten anknüpft. Es weicht den Anwendungsbereich des § 324 BGB auf, wenn neben den integritätsschützenden Nebenpflichten auch ein Leistungsinteresse vor Fälligkeit des Gläubigers geschützt wird. Dafür besteht aber auch gar keine Notwendigkeit, da eine sachliche Anknüpfung an § 323 Abs. 4 BGB vor dem

---

150 Voit, BauR 2011, 1063, 1067.

151 BT-Drucks. 14/6040, S. 138, 141, 187; BT-Drucks. 14/7052, S. 182, 186, 192; Otto/Schwarze, in: Staudinger, § 324 Rn. 10; Gröschler, in: FS Konzen (2006), 109, 114 f.; Grüneberg, in: Palandt, § 241 Rn. 6.

152 BT-Drucks. 14/6040, S. 141, 187; BT-Drucks. 14/7052, S. 182, 186, 192; BGH, NJW 2010, 2503, 2505; Zimmer, NJW 2002, 1, 6; Otto/Schwarze, in: Staudinger, § 323 Rn. B 4, B 168 f.

153 Gröschler, in: FS Konzen (2006), 109, 124 f.

Hintergrund sinnvoller erscheint, dass auch schon der Gesetzgeber hier bewusst auf die Leistungsgefährdung vor Fälligkeit abstellt.[154] Der vorweggenommene Vertragsbruch ist in § 323 Abs. 4 BGB jedenfalls schon teilweise geregelt.[155]

Andere wiederum wollen den Weg über eine analoge Anwendung des § 323 Abs. 1 BGB gehen, wonach sich ein Rücktrittsrecht unter den Voraussetzungen ergeben solle, dass der Gläubiger berechtigte Zweifel an der Leistungsbereitschaft oder Leistungsfähigkeit habe und sich der Schuldner auf eine diesbzgl. Erklärungsaufforderung des Gläubigers nicht ausreichend erkläre.[156] Dieser Weg hat jedoch den Nachteil, dass wieder auf eine gesetzlich nicht geregelte Leistungserklärungspflicht zurückgegriffen werden muss.[157] Eine solche ist aber aus den schon oben in diesem Kapitel genannten Erwägungen problematisch.[158]

Anknüpfend an die Regelungslücke bietet sich daher am vorzugwürdigsten eine Lösung dieses Problems über eine analoge Anwendung des § 323 Abs. 4 BGB an. Es handelt sich bei § 323 Abs. 4 BGB nicht um eine abschließende Regelung, da der Gesetzgeber nur besonders wichtige Fälle des antizipierten Vertragsbruchs regulieren wollte, ohne aber andere Fälle auszuschließen.[159] Allerdings ist diese Regelung unvollständig, weil es an der Berücksichtigung anderer Fallgestaltungen fehlt, in denen das weitere Abwarten unzumutbar ist. Dass aber gerade auch solche Fälle von § 323 Abs. 4 BGB erfasst werden sollen, wird aus der Gesetzesbegründung deutlich, wonach der Gesetzgeber dem Gläubiger ein unzumutbares Abwarten gerade ersparen möchte.[160] Eine Unzumutbarkeit liegt aber notwendigerweise nicht erst dann vor, wenn die Gefährdung der Leistung offensichtlich und der Eintritt der Rücktrittsvoraussetzungen offenkundig ist. Wie oben bereits exemplarisch genannt, können auch andere Erfüllungsgefährdungen oder der Verlust des Vertrauens in die Leistungsfähigkeit oder -bereitschaft zu einer Unzumutbarkeit führen, den Zeitraum bis zur Fälligkeit abzuwarten. Entsprechend gilt die Intention des Gesetzgebers auch für alle anderen Fälle, in denen dem Gläubiger ein Abwarten unzumutbar ist.

---

154 Vgl. BT-Drucks. 14/6040, S. 186, wo ausdrücklich auf die ernsthafte Erfüllungsverweigerung als Form des vorweggenommenen Vertragsbruchs abgestellt wird.

155 Voit, BauR 2011, 1063, 1069.

156 Weidt, Antizipierter Vertragsbruch, S. 146.

157 Voit, in: FS Koeble (2010), 225, 232.

158 Vgl. hierzu Kap. 2, C, I, 2.

159 BGH, Urt. v. 08.03.2012 – VII ZR 118/10 = NJW-RR 2012, 596, 598; Otto/Schwarze, in: Staudinger, § 323 Rn. B 160, B 168; Jaensch, ZGS 2004, 134; Schwarze, Das Recht der Leistungsstörungen, § 15 Rn. 36.

160 BT-Drucks. 14/6040, S. 186.

Im Ergebnis liegt daher sowohl die für eine Analogie erforderliche Regelungslücke als auch die erforderliche vergleichbare Interessenlage vor. Denn zum einen fehlt die Berücksichtigung anderer als der in § 323 Abs. 4 BGB geregelten Fälle, in denen ein weiteres Abwarten unzumutbar ist. Zum anderen ist es nicht nachvollziehbar, wieso ein Rücktritt für den Gläubiger wegen Unzumutbarkeit der weiteren Vertragsgebundenheit infolge der Verletzung nicht leistungsbezogener Nebenpflichten i.S.v. § 241 Abs. 2 BGB möglich sein soll, eine Unzumutbarkeit infolge der Verletzung leistungsbezogener Nebenpflichten hingegen keinen Rücktritt nach sich ziehen kann. Was für die Verletzung von nicht leistungsbezogenen Nebenpflichten gilt, muss per argumentum a minori ad maius für die Verletzung von leistungsbezogenen Nebenpflichten gelten.[161] Eine Analogie des § 323 Abs. 4 BGB ist demzufolge die vorzugswürdigste Lösung.

Zu beachten gilt es jedoch, dass die für § 323 Abs. 4 BGB erforderlichen Anforderungen in ihrer Höhe nach keine Entwertung erfahren. Das bedeutet, dass nicht jede drohende Erfüllungsgefährdung durch Zweifel an der Leistungsbereitschaft oder Leistungsfähigkeit zu einer analogen Anwendung des § 323 Abs. 4 BGB führt. Es müssen vielmehr Unzumutbarkeitsgründe auf Seiten des Gläubigers vorliegen, die ihrer Schwere nach mit solchen Erfüllungsgefährdungsgründen vergleichbar sind, die in direkter Anwendung des § 323 Abs. 4 BGB ein Rücktrittsrecht vor Fälligkeit gewähren, weil das Eintreten der Rücktrittsvoraussetzungen vor Fälligkeit offensichtlich ist. Erst wenn z.B. die schon in der Ausführungsphase zu erkennenden Mängel gravierend sind, wird dem Vertrag die Vertrauensgrundlage entzogen, was wiederum eine analoge Anwendung des § 323 Abs. 4 BGB rechtfertigt.[162] Als Anhaltspunkt dafür, ob die Unzumutbarkeit eine vergleichbare Schwere aufweist, bietet sich ein Vergleich mit solchen Kriterien an, die bei einer Geltendmachung von Mangelrechten nach Fälligkeit eine Fristsetzung zur Mangelbeseitigung entbehrlich machen. Liegen nämlich Fälle vor, die es im Stadium nach Fälligkeit rechtfertigen würden, dass der Schuldner sich nicht auf sein Recht zur zweiten Andienung berufen könnte, so kann grundsätzlich davon ausgegangen werden, dass in diesen Fällen auch vor Fälligkeit ein Festhalten am Vertrag für den Gläubiger unzumutbar ist.[163] Für den Schuldner macht es schließlich keinen Unterschied, ob der Gläubiger aufgrund einer Unzumutbarkeit erst nach Fälligkeit, ohne eine Frist setzen zu müssen, vom Vertrag zurücktritt oder dies bereits vor Fälligkeit kann. In beiden Fällen ist es für den

---

161 So auch Voit, BauR 2011, 1063, 1069.

162 Im Ergebnis so auch BGH Beschluss v. 05.08.2008 – VII ZR 201/07 = NZBau 2008, 576 = NJW-RR 2008, 1052.

163 Voit, in: FS Koeble (2010), 225, 233; ders., BauR 2011, 1063, 1069.

Gläubiger unzumutbar, die mangelfreie Erbringung der vertraglich geschuldeten Leistung durch den Schuldner abzuwarten. Vielmehr ist der frühzeitige Rücktritt wenigstens noch insoweit für den Schuldner vorteilig, als er sich Aufwendungen auf die Sache erspart, die er ansonsten umsonst tätigen würde, weil er sie nach dem Rücktritt weder ersetzt bekommt noch sie sich amortisieren würden.

Mithin ist dem von *Voit* aufgestellten Grundsatz zuzustimmen, dass ein Rücktrittsrecht vor Fälligkeit neben den Fällen des § 324 BGB und denen des § 323 Abs. 4 BGB dann durch eine analoge Anwendung des § 323 Abs. 4 BGB gegeben ist, wenn ein Sachverhalt vorliegt, der für den Gläubiger nach Fälligkeit eine Fristsetzung unzumutbar macht.[164]

4. *Ausnahme des § 323 Abs. 4 BGB analog zugunsten des Schadensersatzes statt der Leistung*

Anders als beim Rücktritt normiert das BGB für den Schadensersatz statt der Leistung keine gesetzliche Regelung, die dem Gläubiger eine Geltendmachung vor Fälligkeit ermöglicht. Aus der fehlenden Regelung im Zuge der Schuldrechtsmodernisierung jedoch den Schluss zu ziehen, dies sei vom Gesetzgeber so gewollt, ist unzutreffend. Vielmehr war schon im alten Schuldrecht ohne gesetzliche Grundlage anerkannt, dass unter den Voraussetzungen eines Rücktritts vor Fälligkeit, dem Gläubiger auch das Recht gegeben wurde, Schadensersatz statt der Leistung zu verlangen.[165] Dass der Gesetzgeber durch die Schuldrechtsmodernisierungsreform hiervon abweichen wollte, ist nicht ersichtlich. Die in der Gesetzesbegründung erfolgte Bezugnahme auf die Regelungen des UN-Kaufrechts[166] lässt hingegen eher die Annahme zu, dass sich der Gesetzgeber bewusst gegen eine ausdrückliche Abkehr von dem schon vor der Schuldrechtsmodernisierung angewendeten Rechtszustand entschieden hat, da auch das UN-Kaufrecht dem Gläubiger in solchen Fällen zusätzlich neben dem Rücktritt einen Schadensersatzanspruch gewährt.[167] Zudem weist der Gesetzgeber selbst ausdrücklich auf die schon lange von Rechtsprechung und Literatur befürwortete Rechtslage hin,[168] sodass die Annahme naheliegt, dass der Gesetzgeber seine Intention lediglich unzureichend umgesetzt hat, indem nur das Rücktrittsrecht festgeschrieben wurde.

---

164 Voit, in: FS Koeble (2010), 225, 233; ders., BauR 2011, 1063, 1069.
165 BGHZ 11, 80, 84 f.; BGH, BauR 1989, 626, 627 f.
166 BT-Drucks. 14/6040, S. 186.
167 Vgl. Art. 45 Abs. 1 lit. b, 61 Abs. 1 lit. b, 72, 74 ff. UN-Kaufrecht.
168 BT-Drucks. 14/6040, S. 186.

Ausgehend davon muss festgestellt werden, dass neben der sich aus der Gleichstellung von Unzumutbarkeit des Festhaltens am Vertrag und der Regelung in § 323 Abs. 4 BGB ergebenden Regelungslücke, die oben bereits dargelegt wurde, eine weitere Regelungslücke vorliegt. Es fehlt zunächst jedenfalls an einer Schadensersatznorm für solche Fälle, die von der direkten Anwendung des § 323 Abs. 4 BGB umfasst sind. Dass dem Gläubiger für diese Fälle neben dem Rücktrittsrecht auch ein Schadensersatzanspruch zustehen muss, wird daher überwiegend anerkannt.[169] Dem ist auch zuzustimmen, da ansonsten die bestehende Rechtslage Widersprüchen ausgesetzt wäre. Zum einen beruht die Normierung eines Rücktrittsrechts vor Fälligkeit in § 323 Abs. 4 BGB auf dem Gedanken, dass dem Gläubiger ein weiteres Abwarten bis zum Fälligkeitszeitpunkt nicht zugemutet werden soll.[170] Derselbe Gedanke greift aber auch beim Schadensersatzanspruch, wenn feststeht, dass dessen Voraussetzungen im Fälligkeitszeitpunkt offensichtlich eintreten werden.[171] Insoweit ist es nicht verständlich, warum der Gläubiger, um seinen Schadensersatz statt der Leistung geltend machen zu können, trotz Unzumutbarkeit am Vertrag festhalten müsste. Zum anderen hat der Gesetzgeber in § 325 BGB die Möglichkeit der parallelen Geltendmachung von Rücktritt und Schadensersatz statuiert. Kann der Gläubiger nun vor Fälligkeit nur zurücktreten, so muss er sich zwischen dem Rücktritt und dem Schadensersatz entscheiden. Dies widerspricht aber der in § 325 BGB normierten Intention des Gesetzgebers, nämlich dass sich der Gläubiger gerade nicht zwischen diesen beiden Rechtsbehelfen entscheiden muss.

Aus dem soeben Gesagten ergibt sich sodann, dass der Gläubiger neben der Rücktrittsmöglichkeit des § 323 Abs. 4 BGB Schadensersatz statt der Leistung durch eine analoge Anwendung des § 323 Abs. 4 BGB verlangen kann, wenn offensichtlich ist, dass bei Fälligkeit die Voraussetzungen für einen Anspruch auf Schadensersatz statt der Leistung entstehen werden.

---

169 Grüneberg, in: Palandt, § 281 Rn. 8a; Jaensch, NJW 2003, 3613, 3615; Ramming, ZGS 2002, 412, 416; Weidt, Antizipierter Vertragsbruch, S. 202 ff.; Jansen, Mangelrechte vor Abnahme, S. 15; Voit, BauR 2011, 1063, 1070; Otto/Schwarze, in: Staudinger, § 281 Rn. B 182; einschränkend aber Ernst, in: MK, § 281 Rn. 62, 66, der ein Schadensersatzanspruch vor Fälligkeit ausdrücklich nur für die Fälle der Erfüllungsverweigerung vor Fälligkeit anerkennt. Ob dies auch für die übrigen der in § 323 Abs. 4 BGB genannten Fälle gilt, in denen es offensichtlich ist, dass die Rücktrittsvoraussetzungen eintreten werden, wird von ihm angezweifelt, sei aber wenn überhaupt nur auf § 282 BGB zu stützen.

170 BT-Drucks. 14/6040, S. 186.

171 Jansen, Mangelrechte vor Abnahme, S. 15.

Da sich die Gleichstellung von Rücktritt und Schadensersatz statt der Leistung vor Fälligkeit insbesondere aus der Vergleichbarkeit der auf Seiten des Gläubigers bestehenden Interessenlage ergibt und demzufolge die Geltendmachung des Schadensersatzes statt der Leistung im Stadium vor Fälligkeit in den identischen Situationen und unter denselben Voraussetzungen möglich ist, erscheint es nur konsequent, auch die übrigen zum Rücktritt angestellten Überlegungen auf den Schadensersatz statt der Leistung zu übertragen. Aus dem zum Rücktritt Gesagten folgt mithin, dass der Gläubiger generell auch dann vor Fälligkeit Schadensersatz statt der Leistung verlangen kann, wenn es ihm unzumutbar ist, weiter abzuwarten und am Vertrag festzuhalten. Im Ergebnis läuft dies auf eine doppelte Analogie des § 323 Abs. 4 BGB hinaus.[172]

5. *Zwischenergebnis*

Grundsätzlich können die sich aus dem allgemeinen Leistungsstörungsrecht ergebenden Mangelrechte erst ab Fälligkeit des Erfüllungsanspruchs, beim Kaufvertrag also des Anspruchs auf Übergabe und Übereignung der Kaufsache aus § 433 Abs. 1 Satz 1 BGB, geltend gemacht werden. Ausnahmsweise kann der Gläubiger aber auch schon vor Fälligkeit nach § 323 Abs. 4 BGB zurücktreten, wenn offensichtlich ist, dass die Rücktrittsvoraussetzungen im Fälligkeitszeitpunkt vorliegen werden. Über eine Analogie des § 323 Abs. 4 BGB gilt dies auch für sämtliche andere Fälle, in denen dem Gläubiger die weitere Vertragsbindung unzumutbar ist. Eine Geltendmachung vor Fälligkeit dürfte daher regelmäßig bei gravierenden und die Erfüllung gefährdenden Mängeln möglich sein. Infolge einer einfachen bzw. ggf. doppelten Analogie des § 323 Abs. 4 BGB i.V.m. den §§ 280 ff. BGB gilt das soeben Gesagte auch für den Schadensersatz statt der Leistung.

II. Meinungsstand bzgl. des Entstehungszeitpunkts der speziellen kaufrechtlichen Mangelrechte

Umstritten ist auch, ab welchem Zeitpunkt die §§ 437 ff. BGB eingreifen und deshalb das allgemeine Leistungsstörungsrecht durch das besondere kaufrechtliche Gewährleistungsrecht ersetzt wird. Der Gesetzeswortlaut trifft selbst keine eindeutige und ausdrückliche Regelung hinsichtlich des zeitlichen Anwendungsbereichs der speziellen kaufrechtlichen Mangelrechte. Entsprechend haben sich verschiedene Ansichten zu der Frage herausgebildet, wann denn genau die

172 Voit, BauR 2011, 1063, 1070.

allgemeinen Regeln des Leistungsstörungsrechts durch das besondere kaufrechtliche Mangelgewährleistungsrecht verdrängt werden. Neben den zusätzlichen Mangelrechten, die dem Käufer durch § 437 BGB zustehen, ist diese Frage auch im Hinblick auf die speziellen Leistungsverweigerungsrechte des § 439 Abs. 3 BGB und die Verjährung nach § 438 BGB entscheidend, da § 437 BGB insoweit gleichzeitig als Anknüpfungspunkt für diese kaufrechtlichen Sonderbestimmungen dient.

1. Der Gefahrübergang als entscheidender Zeitpunkt

Ein großer Teil der Literatur sieht den Zeitpunkt des Gefahrübergangs als entscheidenden Zeitpunkt für die Anwendung der kaufrechtlichen Mangelrechte gemäß §§ 437 ff. BGB an.[173] Danach kommen die speziellen Regeln der §§ 437 ff. BGB nur dann zur Anwendung, wenn ein Gefahrübergang i.S.d. §§ 446, 447 BGB stattgefunden hat. Dies ergebe sich zunächst daraus, dass durch die Anknüpfung an den Gefahrübergang ein Gleichlauf zwischen dem besonderen kaufrechtlichen Gewährleistungsrecht und der Feststellung der Mangelhaftigkeit der Kaufsache erzeugt werden könne.[174] Denn alle speziellen kaufrechtlichen Mangelrechte der §§ 437 ff. BGB sollen ausweislich des Wortlauts „mangelhaft" das Vorliegen eines Mangels i.S.v. § 434 BGB voraussetzen. Ein Mangel wird dort wiederum als negative Abweichung der Ist- von der Sollbeschaffenheit bei Gefahrübergang definiert mit der Folge, dass der Gefahrübergang mithin auch die Mangelfreiheit der Kaufsache festlege. Entsprechend sei es konsequent, wenn man hinsichtlich der Frage, ab wann die besonderen kaufrechtlichen Mangelrechte anwendbar seien, auf den gleichen Zeitpunkt abstelle, ab dem die Mangelhaftigkeit der Kaufsache eine Pflichtverletzung darstelle.[175] Darüber hinaus sei ein Abstellen auf die Annahme der Erfüllung i.S.v. § 363 BGB als Anknüpfungspunkt ungeeignet, weil der Gefahrübergang dem Begriff der „Lieferung" aus Art. 3 Abs. 1 VerbGKRL

173 Lorenz, NJW 2013, 1341, 1343; Berger, in: Jauernig, § 437 Rn. 2; Grüneberg, in: Palandt, § 280 Rn. 17; Weidenkaff, in: Palandt, § 437 Rn. 49; Schmidt, in: PWW, § 437 Rn. 3; Westermann, in: MK, § 437 Rn. 6; Grunewald, § 9 Rn. 2 ff.; dies., in: Erman, § 437 Rn. 9, § 439 Rn. 1; Huber, NJW 2002, 1004, 1005; ders., in: Huber/Faust, Kap. 13 Rn. 45; Haas, in: Das neue Schuldrecht, Kap. 5 Rn. 145 f.; Canaris, in: Karlsruher Forum 2002, S. 5, 72; Matusche-Beckmann, in: Staudinger, § 437 Rn. 20; Oechsler, Vertragliche Schuldverhältnisse, § 2 Rn. 75; Büdenbender, in: NK-BGB, § 439 Rn. 2; Emmerich, SR BT, § 5 Rn. 4.

174 Westermann, in: MK, § 437 Rn. 6; Canaris, in: Karlsruher Forum 2002, S. 5, 72; Grunewald, § 9 Rn. 2.

175 Oechsler, Vertragliche Schuldverhältnisse, § 2 Rn. 75; Schmidt, in: PWW, § 437 Rn. 3.

am ehesten gerecht werde. Das in der Heranziehung von § 363 BGB enthaltene Element der Billigung der Kaufsache als im wesentlichen vertragsgemäße Erfüllung soll hingegen kaum noch als „Lieferung“ verstanden werden können,[176] zudem sei es für die Verdrängung des allgemeinen Leistungsstörungsrechts nicht praktikabel.[177]

2. Die Annahme als Erfüllung als entscheidender Zeitpunkt

Dagegen wird die Auffassung vertreten, die Modifikation der allgemeinen Leistungsstörungsrechte zugunsten der speziellen kaufrechtlichen Mangelgewährleistungsrechte erfolge erst, wenn der Käufer die Sache als (teilweise) Erfüllung i.S.v. § 363 BGB angenommen habe.[178] Zum Teil wird auch davon gesprochen, dass die Lieferung maßgeblicher Zeitpunkt sei,[179] wobei aber in der Folge „Lieferung“ als Annahme der Kaufsache unter Billigung der Erfüllung der Verkäuferpflicht definiert wird.[180] Es handelt sich trotz der verschiedenen Bezeichnungen aber um Vertreter derselben Meinung. Im Ergebnis soll nach dieser Meinung also das besondere kaufrechtliche Mangelgewährleistungsrecht nur bei Annahme der Sache als Erfüllung zur Anwendung kommen. Werde die Sache hingegen zurückgewiesen, verbleibe es bei der Anwendung des allgemeinen Leistungsstörungsrechts. Zur Begründung wird angeführt, dass sich ein Abstellen auf den für die Bestimmung der Mangelhaftigkeit relevanten Zeitpunkt des Gefahrübergangs nicht eigne, da dort eine andere Sachfrage beurteilt werde. Während es dort darum gehe, wen das Risiko zufälliger Verschlechterungen der Kaufsache treffe, sei vorliegend zu entscheiden, ab wann der Kaufvertrag so weit durchgeführt worden sei, dass es gerechtfertigt sei, das kaufrechtliche Gewährleistungsrecht i.S. des § 437 BGB eingreifen zu lassen.[181] Genau das sei aber die gleiche Frage, die § 363 BGB dadurch regle, dass er ab Annahme der Sache als Erfüllung die Beweislast auf den Käufer verlagere.[182] Darin sei das Prinzip der Rechtsbeständigkeit als allgemeiner Rechtsgedanke enthalten, der auch in den

176 Schmidt, in: PWW, § 437 Rn. 3.
177 Westermann, in: MK, § 437 Rn. 6.
178 Faust, in: BeckOK Bamberger/Roth, § 437 Rn. 6; Reinicke/Tiedtke, Rn. 399; Oetker/Maultzsch, § 2 Rn. 145; ebenso auch Matusche-Beckmann, in: Staudinger, § 439 Rn. 1, die sich aber hinsichtlich ihrer eigenen Ausführungen in Staudinger, § 437 Rn. 20 selbst zu widersprechen scheint.
179 Oetker/Maultzsch, § 2 Rn. 145; Bachmann, AcP 211, 395, 406.
180 Vgl. nur Oetker/Maultzsch, § 2 Rn. 147.
181 Faust, in: BeckOK Bamberger/Roth, § 437 Rn. 6; Reinicke/Tiedtke, Rn. 400.
182 Westermann, in: MK, § 434 Rn. 48.

§§ 437 ff. BGB zum Ausdruck komme. Denn erst ab Verlagerung der Beweislast auf den Käufer sei es gerechtfertigt, den Käufer den Restriktionen des Gewährleistungsrechts zu unterwerfen.[183] Die Frage nach dem Entstehungszeitpunkt der kaufrechtlichen Gewährleistungsrechte sei daher von dem Zeitpunkt des Gefahrübergangs zu unterscheiden.

3. *Der Vertragsschluss als entscheidender Zeitpunkt*

Schließlich gibt es auch die Auffassung, dass es überhaupt keinen festen Zeitpunkt gebe, ab dem der Käufer generell auf die besonderen kaufrechtlichen Gewährleistungsrechte verwiesen sei.[184] Die §§ 437 ff. BGB seien demnach von vornherein ab Vertragsschluss anwendbar, sofern sich nicht aus dem jeweiligen Tatbestand selbst eine zeitliche Komponente ergebe. Diese Meinung wird von ihren Vertretern aber auf unterschiedliche Argumente gestützt. So begründet *Bachmann* seine Auffassung damit, dass viele Gewährleistungsregeln überhaupt kein zeitliches Anknüpfungselement enthielten, während solche, die ein zeitliches Moment aufwiesen, jedenfalls nicht an den „Gefahrübergang", sondern an die „Lieferung" anknüpften. Das Eingreifen der besonderen kaufrechtlichen Gewährleistungsrechte an die „Lieferung" zu binden, hält er hingegen für umständlich, da zunächst ein einheitlicher Lieferbegriff definiert werden müsse, der aber für die Rechte, die eine Anwendung vor Lieferung geböten, stets wieder durchbrochen werde. So kommt *Bachmann* schließlich nach einer teleologischen Betrachtung mit Einzelanalyse der Ratio der Gewährleistungsregeln zu dem Ergebnis, dass es eleganter, flexibler und letztlich auch methodisch ehrlicher sei, die Gewährleistungsrechte von Anfang an zur Anwendung zu bringen, soweit sich nicht aus ihrem Tatbestand eine zeitliche Komponente ergebe, an die das jeweilige Recht sodann anzuknüpfen sei.[185]

Ernst hingegen führt zunächst an, dass infolge der Schuldrechtsmodernisierung ein einheitlicher Regelungskomplex für Sachmängel geschaffen werden solle, der zur Vereinheitlichung und Vereinfachung der gesetzlichen Regelungen führe. Insofern sei es unverständlich, die althergebrachte Konkurrenzproblematik mitzunehmen. Darüber hinaus sollten die besonderen kaufrechtlichen Gewährleistungsbestimmungen die allgemeinen Vorschriften hinsichtlich einer

---

183 Faust, in: BeckOK Bamberger/Roth, § 437 Rn. 6; ähnlich Oechsler, Vertragliche Schuldverhältnisse, § 2 Rn. 75 ff.

184 Ernst, in: FS Huber (2006), S. 165, 189; Harke, AcP 205, 67, 76.; Bachmann, AcP 211, 395, 410 ff. u. 422; Ernst, in: MK, § 323 Rn. 23; Gsell, in: Soergel, Vor § 320 Rn. 51 ff.

185 Bachmann, AcP 211, 395, 422.

bestimmten Art von Pflichtverletzung – nämlich des Sachmangels i.S.v. § 434 BGB – ergänzen, nicht aber die allgemeinen Regeln für eine bestimmte Phase des Vertragsvollzugs modifizieren.[186] Schließlich sei es unvorstellbar, dass der Vollzug des Kaufvertrages in einen bestimmten Stand Auswirkungen darauf habe, dass etwa die Ausschlusstatbestände der §§ 440 und 442 ff. BGB in Bezug auf einen Sachmangel bei Anwendung der allgemeinen Regeln nicht gelten, aber bei einem Sachmangel nach Gefahrübergang auf einmal Geltung entfalten sollten. Nur weil ein zeitliches Ereignis zum Tatbestand einer Norm gemacht worden sei, bedeute das nicht, dass die Norm infolge einer Normkonkurrenz unanwendbar sei.[187]

Harke wiederum sieht die Anknüpfung an den Zeitpunkt des Gefahrübergangs als Resultat eines Übersetzungsfehlers des BGB-Gesetzgebers im Jahr 1900, der unglücklicherweise auch die Schuldrechtsreform überstanden habe. Unrichtigerweise sei davon ausgegangen worden, dass auch die ädilizischen Rechtsbehelfe im römischen Recht mit dem Gefahrübergang verbunden gewesen seien. Da vor der Schuldrechtsreform allerdings mangels ausdrücklich geregelter Nacherfüllungspflicht und mangels ausdrücklich geregeltem Nacherfüllungsrecht noch eine gewisse Berechtigung für die Anknüpfung der Sachmängelhaftung an den Gefahrübergang infolge des Übersetzungsfehlers bestanden habe, indem so dem Verkäufer zur Abwehr drohender Gewährleistungsrechte die Möglichkeit der freiwilligen Mangelbeseitigung gegeben worden sei, sei nun infolge der Zuerkennung eines Nacherfüllungsanspruchs für dieses Konstrukt kein Platz mehr.[188]

4. *Die Fälligkeit des vertraglichen Erfüllungsanspruchs als entscheidender Zeitpunkt*

Zu erwähnen ist an dieser Stelle abschließend auch noch die Möglichkeit, den Zeitpunkt der Fälligkeit des vertraglichen Erfüllungsanspruchs als entscheidenden Zeitpunkt für die Anwendung der kaufrechtlichen Mangelrechte gemäß §§ 437 ff. BGB anzusehen. Im Ergebnis können demzufolge die allgemeinen und die besonderen Mangelgewährleistungsrechte grundsätzlich von vornherein parallel geltend gemacht werden. Diese Möglichkeit kann zwar zeitlich mit der Meinung zugunsten des Vertragsschlusses als maßgeblichen Zeitpunkt zusammenfallen. Das ist aber nicht zwangsläufig so, da zum einen auch bei Kaufverträgen der Anspruch aus § 433 Abs. 1 BGB nicht sofort fällig sein muss und zum

186 Vgl. für den Absatz Ernst, in: FS Huber (2006), S. 165, 186.
187 Ernst, in: FS Huber (2006), S. 165, 187 f.
188 Vgl. für vorstehenden Absatz eingehender Harke, AcP 205, 65, 75 f.

anderen gerade bei den Werklieferungsverträgen, die über § 651 Satz 1 BGB dem Kaufrecht zugeordnet werden, die Leistung aufgrund des dem Vertrag zugrundeliegenden Erfordernis der Herstellung regelmäßig nicht schon ab Vertragsschluss fällig sein kann und wird.

III. Kritische Würdigung der verschiedenen Ansichten und eigene Stellungnahme

Wie soeben gezeigt wurde, werden in der juristischen Literatur völlig unterschiedliche Ansichten zu der Frage vertreten, von welchem Zeitpunkt an dem Käufer die besonderen kaufrechtlichen Mangelgewährleistungsrechte zustehen. Um eine sachgerechte Lösung dieser Frage zu entwickeln, soll zunächst ein Überblick über die Vor- und Nachteile der dargelegten Meinungen gegeben werden. In einem zweiten Schritt ist sodann anhand einer Auslegung der gesetzlichen Regelung nach Wortlaut, Historie, Systematik und Teleologie zu untersuchen, welche Ansicht am ehesten den §§ 437 ff. BGB gerecht wird.

1. Vor- und Nachteile der dargelegten Meinungen

a) Zeitpunkt des Gefahrübergangs

aa) Vorteile

Ein Vorteil der Meinung, die an den Zeitpunkt des Gefahrübergangs anknüpft, besteht darin, dass durch die Anknüpfung an den Gefahrübergang ein Gleichlauf zwischen dem besonderen kaufrechtlichen Gewährleistungsrecht und der Feststellung der Mangelhaftigkeit der Kaufsache erzeugt werden kann. Bei konsequenter Einhaltung wird mit Feststellung des Vorliegens eines Mangels i.S.v. § 434 BGB damit gleichzeitig die Anwendbarkeit der §§ 437 ff. geklärt, und weitere zeitliche Differenzierungen sind nicht erforderlich. Zugleich wird dem Käufer so die Möglichkeit gegeben, den Gefahrübergang durch Zurückweisung einer nicht vertragsgemäßen Sache abzuwenden, während eine nicht berechtigte Zurückweisung zu einem dem Gefahrübergang gleichstehenden Annahmeverzug führt. Ist die Sache also mangelhaft und hat der Käufer dies erkannt, so kann er durch Annahme oder Zurückweisung der Sache Einfluss darauf nehmen, ob nur die allgemeinen oder auch die besonderen kaufrechtlichen Mangelrechte gelten sollen. Der Käufer erfährt demnach den ihn schützenden Vorteil, dass er die für ihn günstigeren Regelungen „wählen" kann. Schließlich ist der Punkt des Gefahrübergangs ein fester und einheitlicher Zeitpunkt, der eine Abgrenzung klar und einsichtig macht.

bb) Nachteile

Nachteilig ist jedoch, dass ein Abstellen ohne Modifikationen auf den auch für § 434 BGB maßgeblichen Zeitpunkt des Gefahrübergangs zu Widrigkeiten führt. Denn jedenfalls bei einem Gattungskauf ist eine fehlerhafte Sache nicht konkretisierungstauglich, weil die ausgewählte und angebotene Sache nicht dem Vertrag entspricht und der Verkäufer somit nicht das seinerseits Erforderliche getan hat.[189] Da die Lieferung einer fehlerhaften Gattungssache daher an sich nicht zum Gefahrübergang,[190] insbesondere nicht zu dem für § 434 BGB maßgeblichen Übergang der Preisgefahr i.S.d. §§ 446, 447 BGB führen würde, wird i.R. des § 434 BGB auf den hypothetischen Gefahrübergang abgestellt, d.h. auf den Zeitpunkt des Gefahrübergangs bei unterstellter Mangelfreiheit der Sache.[191] Führt man diesen Gedanken aber konsequent weiter, so ergibt sich das Problem, dass auch eine berechtigte Zurückweisung einer mangelhaften Sache durch den Käufer zu einem Gefahrübergang führt. Denn die Annahme der hypothetischen Mangelfreiheit der Sache als Ausgangsposition zur Festsetzung des Gefahrübergangs lässt folgerichtig eine Zurückweisung des Käufers unberechtigt erscheinen und versetzt ihn sodann in einen dem Gefahrübergang gleichstehenden Annahmeverzug.[192] Da dem Käufer so selbst in dem Fall des Erkennens eines Mangels die Möglichkeit genommen wird, das Eingreifen der speziellen kaufrechtlichen Bestimmungen zu vermeiden, wird dieses Ergebnis aber von vielen Vertretern der hier betrachteten Meinung als unbillig empfunden. Bei erkennbar erfüllungsuntauglichen Sachen soll daher eine Zurückweisung durch den Käufer

---

189 Grüneberg, in: Palandt, § 243 Rn. 5; Oetker/Maultzsch, § 2 Rn. 144.

190 Bei einer Gattungsschuld trägt der Verkäufer die Leistungsgefahr, also die Gefahr trotz Untergangs des Kaufgegenstands die versprochene Leistung weiterhin zu bewirken, grds. bis zur Konkretisierung. Da eine mangelhafte Sache nicht vertragsgemäß ist und der Verkäufer somit nicht i.S.v. § 243 Abs. 2 BGB das seinerseits Erforderlich getan hat, geht die Leistungsgefahr bei Lieferung einer fehlerhaften Gattungssache nicht über.
Ist aber die Leistungsgefahr noch nicht übergegangen, kann auch die Preisgefahr nicht übergehen. Denn die Preisgefahr wird erst dann relevant, wenn der Verkäufer von seiner Leistungspflicht wegen eines nicht von ihm verschuldeten Untergangs frei wird. Dies ist aber bei einer Gattungsschuld grds. erst dann der Fall, wenn sich die Pflicht des Verkäufers bereits durch Konkretisierung auf die untergegangene Sache beschränkt hat.

191 Faust, in: BeckOK Bamberger/Roth, § 434 Rn. 35; Huber, NJW 2002, 1004, 1005; Westermann, in: MK; § 434 Rn. 44; Oetker/Maultzsch, § 2 Rn. 144; Fahl, DRiZ 2004, 58, 61.

192 Bachmann, AcP 211, 395, 399.

nicht den Annahmeverzug und damit auch nicht den Gefahrübergang eintreten lassen.[193] Letztlich bedeutet das nichts anderes, als dass eine Ausnahme geschaffen wird, die im Fall einer erkennbar erfüllungsuntauglichen Sache ein Abstellen auf den tatsächlichen Gefahrübergang ermöglicht.

Neben der Problematik, dass zur Verhinderung von unbilligen Ergebnissen Ausnahmen geschaffen werden müssen, die wiederum die zuvor getroffene Modifikation des Gefahrübergangs beseitigen, stellt sich als Resultat der Ausnahme die weitere Schwierigkeit, was denn eigentlich als erkennbar erfüllungsuntauglich zu bezeichnen ist bzw. genauer, wie denn die Erkennbarkeit zu beurteilen ist. Zum einen kann für die Erkennbarkeit auf den Durchschnittskäufer und den an diesen zu stellenden Sorgfaltsanforderungen abgestellt werden, zum anderen ist eine individuelle Einzelfallbetrachtung für jeden Käufer möglich. Eine Einzelfallbetrachtung benachteiligt aber diejenigen Käufer, die trotz Anwendung der gebotenen Sorgfalt die Mangelhaftigkeit der Sache nicht erkannt haben. Der Käufer, der den Mangel mit Glück oder wegen einer über das gebotene Maß hinausausgehenden Sorgfalt entdeckt, profitiert demgegenüber zufällig. Hingegen benachteiligt ein Abstellen auf den Durchschnittskäufer den besonders aufmerksamen oder glücklichen Käufer, der trotz eigentlich nicht für Jedermann erkennbarer Erfüllungsuntauglichkeit diese erkennt, aber dennoch in Annahmeverzug gerät. Eine Definition hinsichtlich der Frage, wann eine Erfüllungsuntauglichkeit erkennbar ist, erscheint daher schwierig. Die Befürworter dieser Untermeinung kommen mithin nicht zu klaren Ergebnissen. Die Vertreter, die in einer solchen Ausnahme für erkennbar erfüllungsuntaugliche Mängel eine nicht zu rechtfertigende Schlechterstellung des Käufers bei versteckten Mängeln sehen und sie deshalb als unbillig empfinden, bleiben demgegenüber bei der ursprünglichen Modifikation des Gefahrübergangs und knüpfen ausnahmslos an den hypothetischen Gefahrübergang an. Entsprechend müssen sie zu dem konsequenten Ergebnis kommen, dass auch eine eigentlich berechtigte Zurückweisung zu einem Gefahrübergang führt.

Ein weiterer Nachteil bei der Anknüpfung an den Gefahrübergang besteht darin, dass eine Differenzierung zwischen Hol- und Bringschuld auf der einen und der Schickschuld auf der anderen Seite erforderlich ist. Denn anders als bei den beiden anderen Varianten ist bei der Schickschuld eine Zurückweisung der mangelhaften Kaufsache und damit ein Verhindern des Gefahrübergangs nicht ohne Weiteres möglich, weil Letzterer mit Ablieferung der Sache an

193 BGH, NJW 2013, 1365; Weidenkaff, in: Palandt, § 434 Rn. 8a u. § 437 Rn. 49; Oechsler, NJW 2004, 1825; Lorenz/Riehm, Lehrb. zum neuen SR, Rn. 493.

die Transportperson erfolgt. Da auch dieses Ergebnis nicht von allen als billig empfunden wird, soll beim Versendungskauf das Eingreifen der §§ 437 ff. BGB ausnahmsweise nicht an dem Gefahrübergang anknüpfen, sondern an dem Zeitpunkt, an dem der Käufer erstmals die Möglichkeit zur Überprüfung der Sache hat.[194]

Schließlich gilt als nachteilig zu berücksichtigen, dass die Annahme der Gefahrübergangsregel nicht stringent durchgehalten werden kann.[195] So wird allgemein vertreten, dass einzelne spezielle kaufrechtliche Gewährleistungsregeln bereits vor Gefahrübergang ihre Wirkung entfalten können sollen, weil es insbesondere bei nicht behebbaren Mängeln oder wenn der Verkäufer die Mängelbeseitigung bereits endgültig verweigert hat, unsinnig wäre, für die Geltendmachung der besonderen Mangelgewährleistungsrechte zunächst die Übergabe verlangen zu müssen.[196] Auch hier wird letztlich wieder eine Ausnahme von der Regel geschaffen, um günstige Ergebnisse erzielen zu können.

b) Zeitpunkt der Annahme als Erfüllung

aa) Vorteile

Die Meinung, die an den Zeitpunkt der Annahme als Erfüllung anknüpft, unterscheidet sich im Wesentlichen von der vorherigen Meinung darin, dass zusätzlich zu der reinen Übergabe das Element der Billigung verlangt wird. Dadurch, dass erst die billigende Inempfangnahme der Sache durch den Käufer zur Anwendung der §§ 437 ff. BGB führen soll, gelingt es aber teilweise die oben als Nachteile der vorherigen Meinung kritisierten Abgrenzungsschwierigkeiten zu vermeiden. Zum einen wird eine berechtigte Zurückweisung durch das zusätzliche Element der Billigung u.U. zwar nach wie vor zum Gefahrübergang i.S.d. §§ 446 f. BGB führen, aber nicht mehr zur Anwendung der besonderen kaufrechtlichen Mangelrechte. Der Käufer kann sich also bewusst für oder gegen die Anwendung der zusätzlichen Rechte der §§ 437 ff. BGB entscheiden. Auch die Problematik um den Versendungskauf wird entschärft, da es auf die Billigung als zusätzliches Element ankommt und dem Käufer so die Möglichkeit zur Begutachtung gewährt wird.[197] Die §§ 437 ff. BGB greifen nicht mehr ein, ohne dass

---

194 Grunewald, § 9 Rn. 4; dies., in: FS Huber (2006), 291, 293; Kandler, Kauf und Nacherfüllung, S. 331, 333.

195 Deutlich zugegeben von Westermann, in: MK, § 434 Rn. 4 und 45.

196 Grunewald, in: Erman, § 434 Rn. 67; Westermann, in: MK, § 434 Rn. 45; Saenger, in: Hk-BGB, § 437 Rn. 22 m.w.N.

197 Bachmann, AcP 211, 395, 407.

der Käufer die Sache gesehen hat oder eine Ausnahme von der Regel geschaffen werden muss.

bb) Nachteile

Auch wenn diese Meinung zwar manche Abgrenzungsschwierigkeiten zu beseitigen vermag, so schafft sie aber gleichzeitig neue Schwierigkeiten. Besonders schwerwiegend wirkt die Tatsache, dass die Anknüpfung an die Billigung einen starken subjektiven Charakter in die Abgrenzung von allgemeinen und besonderen Leistungsstörungsrechten bringt, was stets gleichzeitig die Berücksichtigung der Schutzbedürftigkeit solcher Gruppen nach sich zieht, die in Bezug auf diese subjektive Fähigkeit eingeschränkt sind. So kann sich bei einer mangelhaften Sache nur derjenige frei zwischen den allgemeinen und speziellen kaufrechtlichen Rechtsbehelfen entscheiden, der den Mangel auch erkennt. Nur dann kann der Käufer die bewusste Entscheidung treffen, ob er die Sache zur Wahrung der allgemeinen Rechte berechtigterweise zurückweist oder unter Versagung der Billigung annimmt, oder ob er die mangelhafte Sache unter Vorbehalt der Mangelrechte annimmt mit der Folge, dass ihm die Rechte der §§ 437 ff. BGB offen stehen. Diejenigen Käufer, die aber die Mangelhaftigkeit der Sache aus nicht zu vertretenden persönlichen oder sachlichen Gründen nicht erkennen können, sind nicht in der Lage, eine bewusste und freie Entscheidung zwischen den Rechtsbehelfen zu treffen. Obwohl diese der Billigung entgegenstehenden Gründe den Käufer jedoch als besonders schutzbedürftig gelten lassen, kommt man nach dieser Ansicht zu dem ungerechten und widersprüchlichen Ergebnis, dass der besonders Schutzbedürftige schlechter steht, als derjenige, der weder durch persönliche Gründe noch durch einen besonders findigen Verkäufer an der Erkennbarkeit des Mangels gehindert ist.[198]

Des Weiteren gilt es zu beachten, dass das Erfordernis der Übergabe nach dieser Meinung nicht wegfällt, sondern die Billigung nur als zusätzliches Element hinzutritt. Demzufolge ist es für die Geltendmachung der §§ 437 ff. BGB neben der Billigung erforderlich, dass man die Sache übergeben bekommt. Dies erscheint aber insbesondere dann sinnlos, wenn von vornherein schon klar ist, dass der Käufer Rechtsbehelfe ergreifen möchte, die eine Rückgabe der Sache an den Verkäufer beinhalten.

Fragwürdig lässt diese Meinung schließlich ebenfalls erscheinen, dass das subjektive Element der Billigung mit der Abnahme aus dem Werkvertrag identisch ist. Letztlich wird hier also eine Regelung aus dem Werkvertrag ins Kaufrecht

198 Fahl, DRiZ 2004, 58 f.; Bachmann, AcP 211, 395, 408.

übertragen. Dies erscheint vor dem Hintergrund problematisch, dass das Erfordernis einer Abnahme im Werkvertrag darauf beruht, dass der Besteller oftmals bei Vertragsschluss die Sache nicht sehen kann und erst bei Übergabe mit dieser konfrontiert wird.[199] Im Kaufrecht hingegen wird der Käufer die Sache regelmäßig vorher begutachtet oder jedenfalls die Möglichkeit dazu gehabt haben.[200] Zwar kann man dieses Argument entkräften, indem man darauf abstellt, dass durch den Verweis des § 651 BGB für die Herstellung beweglicher Sachen der Käufer auch im Kaufrecht teilweise die Sache vorher nicht sehen kann und erst später mit dem Ergebnis konfrontiert wird. Allerdings wäre es aber dann nur konsequent, wenn man auch alle sonstigen an die Abnahme anknüpfenden und mit ihr in Verbindung stehenden Regelungen und Instrumente ins Kaufrecht übertrage.[201] *Bachmann* ist daher im Ergebnis zuzugeben, dass diese Übertragung zu einer Vermischung von Kauf- und Werkvertragsrecht führen würde, die ausweislich der vom Gesetz vorgegebenen Typentrennung pauschal sicher nicht gewollt ist.[202]

c) Zeitpunkt des Vertragsschlusses

aa) Vorteile

Eine Anwendung der §§ 437 ff. BGB ab Vertragsschluss erscheint nur vor dem Hintergrund vorteilig, dass der Vertragsschluss gleichzeitig als Fälligkeit des vertraglichen Erfüllungsanspruchs interpretiert wird, was bei reinen Kaufverträgen des Alltags sicherlich auch oftmals der Fall sein dürfte. Denn dann gelten die sogleich unter Punkt d) bezeichneten Vorteile.

bb) Nachteile

Ein reines Abstellen auf den Vertragsschluss, ohne einen Bezug zur Fälligkeit des vertraglichen Erfüllungsanspruchs herzustellen, hat demgegenüber den Nachteil, dass Abgrenzungsschwierigkeiten in keiner Weise beseitigt werden. Durch die Anknüpfung der Anwendung der §§ 437 ff. BGB an den Vertragsschluss kann es nämlich dazu kommen, dass die besonderen Mangelrechte regelmäßig noch vor den allgemeinen Leistungsstörungsrechten geltend gemacht werden könnten. Damit bleibt nach wie vor eine Konkurrenzsituation zwischen den allgemeinen und den besonderen Mangelgewährleistungsrechten bestehen, die nur im

---

199 Bachmann, AcP 211, 395, 410.
200 Bachmann, AcP 211, 395, 410.
201 So Bachmann, AcP 211, 395, 410.
202 Im Ergebnis Recht habend Bachmann, AcP 211, 395, 410.

Fall der zeitlichen Übereinstimmung von Vertragsschluss und Fälligkeit nicht zum Tragen kommt. Die zeitliche Identität dürfte indessen nicht als regelmäßiges Szenario bezeichnet werden, da alle dem Kaufrecht unterliegenden Verträge zu berücksichtigen sind. Diesbzgl. votieren insbesondere die Werklieferungsverträge gegen ein regelmäßiges Zusammenfallen von Vertragsschluss und Fälligkeit des Erfüllungsanspruchs. Selbst wenn man auf dem Standpunkt stünde, dass der überwiegende Teil der nach Kaufrecht zu behandelnden Verträge zu einer solchen Identität von Vertragsschluss und Fälligkeit kommen würden, gereicht dies dieser Meinung nur zum Nachteil. Denn dann muss man jedenfalls für diejenigen Fälle, bei denen die Identität nicht der Fall wäre, Ausnahmen kreieren. Ausnahmen tragen aber nie zur Rechtssicherheit bei und sind daher soweit wie möglich zu vermeiden.

Nachteilig ist darüber hinaus auch die Tatsache, dass eine Anwendung ab Vertragsschluss und vor Fälligkeit wohl die Dispositionsbefugnis des Verkäufers verletzen würde.

d) Zeitpunkt der Fälligkeit des vertraglichen Erfüllungsanspruchs

aa) Vorteile

Der Verzicht auf eine Abgrenzung zwischen allgemeinen und besonderen Mangelgewährleistungsrechten mit der Konsequenz, dass die Normen grundsätzlich von vornherein ab Fälligkeit des Erfüllungsanspruchs nebeneinander stehen, hat zum Vorteil, dass Abgrenzungsschwierigkeiten auf ein Minimum reduziert werden. Die Frage, ob bestimmte Rechte aus Billigkeitserwägungen auch vor dem jeweils bestimmten Abgrenzungszeitpunkt Vorwirkung entfalten können und sollten, beschränkt sich so noch einzig darauf, ob und welche Rechte ausnahmsweise auch vor Fälligkeit geltend gemacht werden können.

Eine Gleichbehandlung beseitigt zudem die Abhängigkeit der Erkennbarkeit eines Mangels von der Frage nach der Anwendung von allgemeinen oder besonderen Mangelrechten. Zum einen wird der aufgrund persönlicher und sachlicher Gründe besonders Schutzbedürftige nicht dadurch benachteiligt, dass er aus unverschuldeten Gründen den Mangel nicht erkennt und entsprechend keine bewusste freie Entscheidung für oder gegen einen der beiden die Gewährleistung regelnden Normenkomplexe treffen kann.[203] Zum anderen ist auch die Problematik um die Fragen entschärft, ob die berechtigte Zurückweisung einer mangelhaften Sache zum Gefahrübergang führt oder ob für den Versendungskauf eine Ausnahme mit Möglichkeit zur Inaugenscheinnahme geschaffen

203 Vgl. oben Kap. 2, C, III, 1, b, bb.

werden muss.[204] Denn ohne die grundsätzliche Anknüpfung an ein zeitliches Moment kommt es für die Frage der Anwendung der §§ 437 ff. BGB hierauf nicht mehr an.

Auch fördert ein solches grundsätzliches Nebeneinander die Rechtssicherheit im Gewährleistungsrecht und dessen Effektivität. Die Parteien können durch einfache Subsumption der jeweiligen Normen herausfinden, ob diese in der jeweiligen Situation anwendbar sind und können so ihr Verhalten danach ausrichten. Dieses Verhalten bedeutet dann aber nicht gleich die umfassende Entscheidung für oder gegen die besonderen Mangelgewährleistungsrechte, sondern der Käufer kann gezielt einzelne, für ihn günstige Normen zur Anwendung bringen, soweit deren Voraussetzungen erfüllt sind. Nur wenn die jeweilige Norm ausweislich ihrer Tatbestandsvoraussetzungen an ein zeitliches Moment anknüpft, ist dies von Bedeutung und dessen Eintreten eine Anwendungsvoraussetzung. Entsprechend sind die Regeln für ihre Anwender klarer und verständlicher.

bb) Nachteile

Die Geltendmachung ab Fälligkeit des vertraglichen Erfüllungsanspruchs kann Abgrenzungsschwierigkeiten nicht vollends beseitigen, da die Frage, ob bestimmte Rechte aus Billigkeitserwägungen auch vor dem jeweils bestimmten Abgrenzungszeitpunkt Vorwirkung entfalten können und sollten, sich so immer noch dahingehend stellt, ob und welche Rechte ausnahmsweise auch vor Fälligkeit geltend gemacht werden können. Als nachteilig stellt sich an dieser Meinung ferner heraus, dass die Bestimmung des Fälligkeitszeitpunktes nicht immer unproblematisch sein muss. Stellt der Fälligkeitstermin aber die maßgebliche Anwendungsgrenze sämtlicher Mangelgewährleistungsrechte dar, so ist dessen Fixierung entscheidend für die davon abhängige Frage der Anwendung mit der Folge, dass etwaige Unklarheiten bzgl. des Fälligkeitstermins größere Auswirkungen auf die Bestimmung des Anwendungszeitpunktes haben.

e) Zwischenergebnis

Die Lösung, die den Gefahrübergang als zeitlichen Anknüpfungspunkt bevorzugt, bedarf mithin verschiedener Ausnahmen, Rückausnahmen und Modifikationen, um zu billigen Ergebnissen zu kommen. Im Ergebnis erscheint der Zeitpunkt des Gefahrübergangs daher doch nicht mehr so fest und einheitlich wie auf den ersten Blick gedacht. Unabhängig davon, ob die einzelnen Ansichten nun konsequent durchweg am hypothetischen Gefahrübergang festhalten,

---

204 Vgl. oben Kap. 2, C, III, 1, a, bb.

zumindest bei berechtigter Zurückweisung auf den tatsächlichen Gefahrübergang abstellen wollen oder schließlich beim Versendungskauf die tatsächliche Übergabe für maßgeblich halten, ist ihnen zudem doch allen die Zulassung von Vorwirkungen der Gefahrübergangsregelung gemein. Zudem wird durch die subjektive Komponente ein Element in die Frage der Anwendbarkeit der §§ 437 ff. BGB gebracht, das für unbillige Ergebnisse empfänglicher ist.

Das Eingreifen der §§ 437 ff. BGB an den Zeitpunkt der erfolgten Annahme als Erfüllung anzuknüpfen, kann demgegenüber zwar gewisse Abgrenzungsschwierigkeiten beseitigen, die eine Anknüpfung an den Gefahrübergang birgt. Jedoch entstehen durch die Einführung des stark subjektiven Elements der Billigung neue Probleme. Dadurch, dass der Billigung der Sache als im Wesentlichen vertragsgemäß ein gewisses Gewicht eingeräumt wird, wird das Eingreifen der besonderen kaufrechtlichen Mangelrechte von Faktoren abhängig gemacht, die individuell an der jeweiligen Person des Käufers festgemacht werden und nicht unbedingt für jedermann möglich sind. Konsequenterweise entsteht daraus eine Schutzbedürftigkeit solcher Käufer, die aus von ihnen nicht zu vertretenden Gründen eine Billigung nicht bewusst vornehmen können, sondern sie aufgrund persönlicher Behinderungen oder aufgrund findiger Verkäufer aufgedrängt bekommen, indem die Mangelhaftigkeit nicht erkannt werden kann. Dieser so erst bedeutsam gewordenen Schutzbedürftigkeit wird sodann aber keine Rechnung getragen, sondern sie wird vielmehr konterkariert, indem im Ergebnis der Schutzbedürftige auch noch schlechter gestellt wird. Ferner übertragen die Vertreter dieser Ansicht letztlich das werkvertragliche Element der Abnahme ins Kaufrecht, was konsequenterweise zu einer nicht gerechtfertigten generellen Vermischung von Kauf- und Werkvertragsrecht führt. Schließlich kann sich auch diese Meinung nicht von der Zulassung von Vorwirkungen freimachen.

Den Vertragsschluss als entscheidenden Zeitpunkt für die Anwendung der §§ 437 ff. BGB zu erklären, führt nur dann zu wünschenswerten Ergebnissen, wenn der Zeitpunkt des Vertragsschlusses und derjenige der Fälligkeit des Erfüllungsanspruchs identisch sind. Fallen diese Zeitpunkte hingegen auseinander, werden keine Abgrenzungsschwierigkeiten beseitigt, sondern lediglich verlagert. Zudem erhält man das eigenartige Ergebnis, dass die besonderen Mangelgewährleistungsrechte regelmäßig noch vor den allgemeinen Leistungsstörungsrechten geltend gemacht werden könnten.

Ein Verzicht auf eine Abgrenzung zwischen allgemeinen und besonderen Mangelgewährleistungsrechten, sodass die Normen grundsätzlich von vornherein ab Fälligkeit des Erfüllungsanspruchs nebeneinander stehen und unter Beachtung ihrer jeweiligen Tatbestandsvoraussetzungen anzuwenden sind, hat hingegen den

Vorteil, dass die Abgrenzungsschwierigkeiten der vorherigen Meinungen auf ein Minimum reduziert werden. Die Anwendung der verschiedenen Rechtsbehelfe ab Fälligkeit des Erfüllungsanspruchs anhand ihrer jeweiligen Tatbestandsvoraussetzungen führt also zu klaren und nachvollziehbaren Ergebnissen und minimiert die Konstruktion von Ausnahmen und künstlich geschaffenen Tatbestandsvoraussetzungen. Der Nachteil eines ggf. streitigen Zeitpunkts der Fälligkeit des Erfüllungsanspruchs scheint dagegen hinnehmbar, da dieser Zeitpunkt ohnehin als Voraussetzung der allgemeinen Leistungsstörungsrechte anerkannt ist.

Davon ausgehend lässt sich nach der Gegenüberstellung von Vor- und Nachteilen der verschiedenen Ansichten feststellen, dass durchaus eine Grundlage und ein Bedürfnis für die Überlegung besteht, ob eine Abgrenzung zwischen der Anwendung der allgemeinen Leistungsstörungsrechte und der besonderen kaufrechtlichen Mangelrechte der §§ 437 ff. BGB nicht aufgegeben und damit insbesondere die Anwendung der §§ 437 ff. BGB an anderen Kriterien als dem Gefahrübergang oder der Annahme als Erfüllung festgemacht werden sollte und ob dies auch von der gesetzlichen Regelung zugelassen wird.

2. Die Auslegung der gesetzlichen Regelung

Nach der soeben vorgenommenen Gegenüberstellung erscheint der Verzicht auf eine Abgrenzung zwischen allgemeinen und besonderen Mangelgewährleistungsrechten mit der Konsequenz, dass die Normen grundsätzlich von vornherein ab Fälligkeit des Erfüllungsanspruchs nebeneinander stehen und nach Maßgabe ihrer jeweiligen Tatbestandsvoraussetzungen anzuwenden sind, am vorteilhaftesten. Zu untersuchen gilt es nun, ob auch die Auslegung der gesetzlichen Regelung ein solches Ergebnis rechtfertigt.

a) Wortlaut

Erster Anknüpfungspunkt für die grammatikalische Auslegung ist § 437 BGB, da dort die speziellen kaufrechtlichen Mangelrechte benannt werden.

aa) § 437 BGB

Der Wortlaut des § 437 BGB lautet:

> „Ist die Sache mangelhaft, kann der Käufer, wenn die Voraussetzungen der folgenden Vorschriften vorliegen und soweit nicht ein anderes bestimmt ist,
>
> 1. nach § 439 Nacherfüllung verlangen,
> 2. nach den §§ 440, 323 und 326 Abs. 5 von dem Vertrag zurücktreten oder nach § 441 den Kaufpreis mindern und

3. nach den §§ 440, 280, 281, 283 und 311a Schadensersatz oder nach § 284 Ersatz vergeblicher Aufwendungen verlangen."

Für die Geltendmachung der Mangelrechte setzt der Wortlaut des § 437 BGB zunächst nur voraus, dass die Sache mangelhaft ist. Da sich die Mangelhaftigkeit auch nach § 434 BGB bestimmt, kann ausgehend vom Wortlaut die Annahme getätigt werden, die Anwendung des § 437 BGB sei erst nach Gefahrübergang möglich, weil § 434 BGB an diesen Zeitpunkt explizit anknüpft mit der Folge, dass erst ab diesem Zeitpunkt ein Mangel i.S.v. § 434 BGB vorliegen kann.

Insoweit kann aber schon der Begriff „bei Gefahrübergang" in § 434 Abs. 1 Satz 1 BGB verschieden verstanden werden. Zum einen kann „bei Gefahrübergang" so interpretiert werden, dass ein Gefahrübergang i.S.v. §§ 446 ff. BGB stattgefunden haben muss, damit die Rechte der §§ 437 ff. Anwendung finden können. Demnach werden Fehlerhaftigkeit und Gefahrübergang als kumulative Voraussetzungen für die Mangelhaftigkeit der Kaufsache in § 434 Abs. 1 Satz 1 BGB gesehen. In der anderen Lesart bedeutet „bei Gefahrübergang" lediglich, dass der Verkäufer nicht nur für die bereits bei Vertragsschluss vorhandenen, sondern auch für die danach bis zum Gefahrübergang auftretenden Mängel der Sache einzustehen hat.[205] Der Begriff „bei Gefahrübergang" soll mithin nur das Risiko der zufälligen Verschlechterung der Kaufsache regeln und stellt keine Voraussetzung der Mangelhaftigkeit dar. Vielmehr ist danach die Sache bei Fehlerhaftigkeit schon ab Vertragsschluss mangelhaft, es sei denn der Mangel wird bis zum Gefahrübergang beseitigt.[206]

Weiterhin kann der Begriff „mangelhaft" dem Wortlautverständnis nach auch als eine Sammelbezeichnung für Sach- und Rechtsmängel verstanden werden.[207] Zwar wird beim Sachmangel i.R.v. § 434 BGB dann auf den Gefahrübergang abgestellt, allerdings ist davon beim Rechtsmangel i.R.v. § 435 BGB nichts zu finden. Demzufolge ist es nicht zwingend, dass „mangelhaft" i.R.v. § 437 BGB als Verweis auf das Erfordernis des Gefahrübergangs gesehen wird. Überzeugender erscheint m.E., dass der Begriff „mangelhaft" i.S.v. „nicht vertragsgemäß" und damit als Sammelbezeichnung für vertragswidrige Zustände zu verstehen ist.

Ferner verweist der Wortlaut des § 437 BGB auch auf die „Voraussetzungen der folgenden Vorschriften und auf andere Bestimmungen". Durch diesen Verweis wird neben den spezifischen kaufrechtlichen Rechtsbehelfen, jedenfalls in

205 Ernst, in: FS Huber (2006), 165, 177, 189; Bachmann, AcP 211, 395, 407.

206 Für die gesamte Gegenüberstellung der zwei Lesarten vgl. nur Bachmann, AcP 211, 395, 423.

207 In diesem Sinne ausdrücklich BT-Drucks. 14/6040, S. 209.

Bezug auf die Mangelrechte Rücktritt und Schadensersatz, auch auf Regelungen des allgemeinen Leistungsstörungsrechts verwiesen. Die allgemeinen Regeln sind jedoch, wie oben bereits dargelegt wurde,[208] grundsätzlich ab Fälligkeit des Erfüllungsanspruchs anwendbar mit der Folge, dass jedenfalls für die besonderen Mangelrechte Rücktritt und Schadensersatz dem Wortlaut nach auch eine Anwendbarkeit ab Fälligkeit des Erfüllungsanspruchs in Frage kommt. Weiterführend kann dann auch gefolgert werden, dass durch den teilweisen Verweis auf die Regeln des allgemeinen Leistungsstörungsrechts eine generelle zeitliche Zäsur der Anwendung sämtlicher besonderer Mangelrechte dahingehend, dass sie erst zu einem späteren Zeitpunkt als dem Fälligkeitstermin des kaufvertraglichen Erfüllungsanspruchs anwendbar sein sollen, nicht möglich ist. Denn dadurch, dass jedenfalls für einige Rechtsbehelfe in § 437 BGB an das allgemeine Leistungsstörungsrecht und damit an dessen Anwendungszeitpunkt angeknüpft wird, kann nicht ein einheitliches, von dem durch die allgemeinen Regeln bestimmten Zeitpunkt abweichendes zeitliches Moment für die Anwendung aller der in § 437 BGB genannten Rechte festgelegt werden.

Durch den Verweis auf die Voraussetzungen der folgenden Vorschriften in § 437 BGB wird zudem deutlich, dass für einzelne Rechte ein anderer Anwendungszeitpunkt gelten kann als für andere. Denn es wird in § 437 BGB ausdrücklich darauf hingewiesen, dass die jeweiligen Rechte eigene Voraussetzungen und ein anderes bestimmen können.

Letztlich lässt der Wortlaut des § 437 BGB jedenfalls keine eindeutige Auslegung zugunsten der Anknüpfung an den Gefahrübergang zu.[209] Jedoch können die hier gefundenen Auslegungsergebnisse wohl dafür ins Feld geführt werden, dass die Mangelrechte der §§ 437 ff. BGB grundsätzlich ab dem Zeitpunkt der Fälligkeit des vertraglichen Erfüllungsanspruches parallel mit den allgemeinen Leistungsstörungsrechten angewendet werden können, soweit nicht die Voraussetzungen der einzelnen Rechte ausdrücklich ein zeitliches Moment normieren.

bb) § 439 Abs. 1 BGB

Der Wortlaut des § 439 Abs. 1 BGB lautet:

> „Der Käufer kann als Nacherfüllung nach seiner Wahl die Beseitigung des Mangels oder die Lieferung einer mangelfreien Sache verlangen.“

---

208 Vgl. hierzu oben Kap. 2, C, I, 1.

209 So selbst auch Vertreter dieser Meinung, vgl. Grunewald, Kaufrecht, § 9 Rn. 2.

Man kann den Wortlaut so auslegen, dass § 439 Abs. 1 BGB lediglich den Inhalt des Nacherfüllungsanspruchs regelt und keine eigenen Voraussetzungen benannt werden. Demnach sind ausschließlich die Voraussetzungen des § 437 BGB maßgeblich, die ausweislich des soeben Gesagten keine definitiven und klaren Rückschlüsse auf eine generelle zeitliche Beschränkung des Anwendungsbereiches der §§ 437 ff. BGB zulassen. Allerdings trägt eine solche grammatische Auslegung nicht den besonderen Begrifflichkeiten des § 439 BGB Rechnung. Der Tatbestand des § 439 BGB spricht von „Nacherfüllung“, was begrifflich eine bereits versuchte Leistungserfüllung voraussetzt. Insoweit ist der Begriff der Nacherfüllung nämlich sinnwahrend zu verstehen. Der Begriff soll den zweiten Versuch des Verkäufers im Hinblick auf seine Pflicht zur vertragsgemäßen Leistung beschreiben, der sich an den ersten Versuch (den sog. Erfüllungsversuch) anschließt. Als Erfüllungsversuch genügt indessen nicht die bloße Nichtleistung im Zeitpunkt der Fälligkeit, sondern es bedarf einer tatsächlichen Erfüllungshandlung, die sodann eben fehlerhaft ist. Für eine solche Erfüllungshandlung ist es dabei nicht zwangsläufig erforderlich, dass der Käufer die Sache annimmt, sondern es genügt auch, dass die in den Augen des Verkäufers vertragsgemäße Sache in einer Weise angeboten wird, die den Käufer zur Verweigerung der Annahme berechtigt. Es macht nämlich für die Unterscheidung zwischen dem ersten Versuch (Erfüllungsversuch) und dem zweiten Versuch zur ordnungsgemäßen Leistung (Nacherfüllung) keinen Unterschied, ob der Käufer beim ersten Versuch die Sache annimmt oder berechtigterweise zurückweist. Es bleibt unabhängig von der Reaktion des Käufers dabei, dass der Verkäufer mit dem ersten Versuch seine Pflicht zur mangelfreien Leistung nicht erfüllen konnte und entsprechend nachzuerfüllen hat. Als Konsequenz ist daraus zu schließen, dass eine Übergabe bzw. ein Leistungstransfer für die Geltendmachung des § 439 Abs. 1 BGB nicht erforderlich ist. Ausreichend ist ein bereits erfolgter Versuch der Leistungserbringung gegenüber dem Käufer.[210] Bis zu diesem Zeitpunkt steht dem Käufer der Erfüllungsanspruch aus § 433 Abs. 1 BGB zu, während ab der Anbietung der fehlerhaften Leistung der Nacherfüllungsanspruch einschlägig ist. Demzufolge stehen Erfüllungs- und Nacherfüllungsanspruch als Ausnahme vom Grundsatz nicht parallel ab Fälligkeit des Erfüllungsanspruchs nebeneinander, sondern es ergibt sich aus dem Tatbestand des § 439 Abs. 1 BGB, dass diese

210 Neuerdings scheint auch der BGH dem Käufer ein Nacherfüllungsrecht trotz Ablehnung der ihm angebotenen Kaufsache zuzugestehen, was der hier vertretenen Meinung entsprechen würde, vgl. BGH, NJW 2013, 1365, 1366 Rn. 11 ff.

beiden Ansprüche hintereinander stehen, zeitlich durch die versuchte Leistungserbringung getrennt.

In Kombination mit § 437 BGB kommt man daher dem Wortlaut nach zu dem Ergebnis, dass aus § 437 BGB keine zeitliche Begrenzung für die Anwendung des § 439 BGB vorgegeben wird, sondern der Tatbestand des § 439 BGB sich eine solche selbst auferlegt. Eine Anwendung des § 439 BGB i.V.m. § 437 Nr. 1 BGB durch einfache Subsumption seiner Tatbestandsmerkmale kommt demzufolge zu dem Schluss, dass die Nacherfüllung i.S.v. § 439 BGB ein besonderes kaufrechtliches Mangelrecht ist, dessen Anwendung an ein zeitliches Moment, nämlich eine versuchte Erfüllung der Leistungspflicht des Verkäufers, anknüpft. Eine generelle zeitliche Zäsur für die Anwendung der §§ 437 ff. BGB lässt sich aber nicht rechtfertigen.

cc) § 440 Satz 1 BGB

Der Wortlaut des § 440 Satz 1 BGB lautet:

> „Außer in den Fällen des § 281 Abs. 2 und des § 323 Abs. 2 bedarf es der Fristsetzung auch dann nicht, wenn der Verkäufer beide Arten der Nacherfüllung gemäß § 439 Abs. 3 verweigert oder wenn die dem Käufer zustehende Art der Nacherfüllung fehlgeschlagen oder ihm unzumutbar ist.“

Der Wortlaut des § 440 BGB gibt eine zweigeteilte Auskunft über eine mögliche zeitliche Anknüpfung hinsichtlich seiner Anwendung. Zum einen gewährt die Norm eine über die allgemeinen Ausnahmen des § 281 Abs. 2 BGB und des § 323 Abs. 2 BGB hinausgehende Fristsetzungserleichterung, wenn der Verkäufer beide Arten der Nacherfüllung verweigert. Eine solche Verweigerung kann der Verkäufer aber auch schon im Vorhinein weit vor Gefahrübergang aussprechen mit der Folge, dass es sich um eine Ergänzung der allgemeinen Regeln handelt, die ab Fälligkeit des Erfüllungsanspruchs Anwendung finden können. Ebenfalls entfällt das Fristsetzungserfordernis, wenn dem Käufer die Nacherfüllung unzumutbar ist. Hier nimmt § 440 BGB wörtlich zwar auf die Nacherfüllung Bezug, jedoch nicht in der Form, dass eine zeitliche Reihenfolge bzw. Abhängigkeit von dieser erzeugt wird. Die Unzumutbarkeit setzt nämlich gerade nicht voraus, dass bereits ein Leistungserfüllungsversuch stattgefunden hat, sondern kann sich unabhängig vom Stadium der Vertragsabwicklung ergeben, insbesondere auch schon vor Gefahrübergang oder Lieferung, sodass der Wortlaut diesbzgl. eine Anwendung nicht auf diese zeitlichen Vertragsstadien begrenzt.[211]

---

211 Bachmann, AcP 211, 395, 419.

Zum anderen enthält die Befreiung vom Fristsetzungserfordernis bei fehlgeschlagener Nacherfüllung begrifflich, dass Nacherfüllungshandlungen stattgefunden haben müssen. Die Nacherfüllung setzt aber voraus, wie soeben i.R.v. § 439 BGB beschrieben wurde, dass überhaupt schon der Versuch einer Leistungserfüllung unternommen wurde. Zeitlich werden also zum einen der Erfüllungsversuch und zum anderen (fehlgeschlagene) Nacherfüllungsversuche vorausgesetzt. Damit wohnt diesem Teil der Fristsetzungserleichterung eine zeitliche Komponente inne.[212]

Eine klare Aussage zugunsten eines Zeitpunkts für die Anwendbarkeit der besonderen kaufrechtlichen Gewährleistungsrechte trifft § 440 BGB also nicht. Egal welchen Zeitpunkt man aber als maßgeblichen Anwendungszeitpunkt festlegt, man wird der Norm nie vollumfänglich gerecht. Am sachgerechtesten erscheint daher eine Anwendung der Norm parallel zu den allgemeinen Regeln ab Fälligkeit des vertraglichen Erfüllungsanspruchs und nach Maßgabe ihrer jeweiligen tatbestandlichen Voraussetzungen. Entsprechend ist jede der drei in § 440 BGB genannten Varianten auf ihre eigenen tatbestandlichen Voraussetzungen hin zu untersuchen. Dabei setzt einzig die zweite Variante (fehlgeschlagene Nacherfüllung) in zeitlicher Hinsicht den Versuch einer Nacherfüllung voraus. D.h. die anderen beiden Varianten können zeitlich auch vor dem Leistungsversuch des Verkäufers, nämlich ab Fälligkeit des kaufvertraglichen Erfüllungsanspruchs, geltend gemacht werden. So kann je nach Fall und einschlägiger Variante der Fristsetzungserleichterung eine sachgerechte Anwendung gewährleistet werden.

dd) § 441 Abs. 1 Satz 1 BGB

Der Wortlaut des § 441 Abs. 1 Satz 1 BGB lautet:

> „Statt zurückzutreten, kann der Käufer den Kaufpreis durch Erklärung gegenüber dem Verkäufer mindern."

Durch die Formulierung „statt zurückzutreten" verweist § 441 Abs. 1 Satz 1 BGB auf dieselben Voraussetzungen wie beim Rücktritt mit der Folge, dass die Minderung unter denselben Voraussetzungen wie der Rücktritt geltend gemacht werden kann. Konsequenterweise gilt dann für die Minderung das oben zum Rücktritt Gesagte, dass aufgrund der Verweisung auf die allgemeinen Regeln eine Anwendung schon ab Fälligkeit des Erfüllungsanspruches in Betracht kommt. Auch lässt der Wortlaut des § 441 BGB keine Rückschlüsse hinsichtlich einer Begrenzung auf die spezielle Pflichtverletzung der §§ 434, 435 BGB zu, sondern

---

212 So auch Bachmann, AcP 211, 395, 419.

spricht allgemein von Rücktritt, dessen Regelungen sich im Wesentlichen aus dem allgemeinen Leistungsstörungsrecht ergeben. Am vorzugswürdigsten ist daher die Lesart, dass dem Käufer das Minderungsrecht ebenso wie das Rücktrittsrecht ab Fälligkeit zusteht. Der Käufer kann also schon vor Gefahrübergang Minderung und damit eine Lieferung zu reduziertem Kaufpreis verlangen. Eine Anknüpfung an den Gefahrübergang ist daher verfehlt.

ee) § 442 Abs. 1 Satz 1 BGB

Der Wortlaut des § 442 Abs. 1 Satz 1 BGB lautet:

> „Die Rechte des Käufers wegen eines Mangels sind ausgeschlossen, wenn er bei Vertragsschluss den Mangel kennt."

Ausweislich des Wortlauts knüpft § 442 Abs. 1 Satz 1 BGB an den Wissensstand des Käufers im Zeitpunkt des Vertragsschlusses an. Auch der Begriff „Mangel" ist hier allgemein als „Vertragswidrigkeit" zu verstehen und nicht als „Mangelhaftigkeit bei Gefahrübergang", sodass kein anderer zeitlicher Anknüpfungspunkt aus dem Wortlaut abzuleiten ist.[213] Mithin lässt sich hinsichtlich einer Anwendung der §§ 437 ff. BGB jedenfalls aus § 442 BGB keine zeitliche Anknüpfung an den Gefahrübergang oder die Lieferung der Sache entnehmen.

ff) Zwischenergebnis

Dem Wortlaut der §§ 437 ff. BGB lässt sich keine eindeutige Regelung zugunsten eines Zeitpunkts für die Anwendbarkeit der besonderen kaufrechtlichen Gewährleistungsrechte entnehmen. Aufgrund der Verweisung in § 437 BGB auf die Regelungen im allgemeinen Leistungsstörungsrecht ist diesbzgl. aber für die kaufrechtlichen Rechtsbehelfe des Rücktritts, des Schadensersatzes und der Minderung zu schließen, dass diese besonderen Mangelrechte grundsätzlich erst, aber auch schon ab Fälligkeit des Erfüllungsanspruches anwendbar sein sollen. Darüber hinaus lässt die Auslegung des Wortlauts des § 437 BGB m.E. die Annahme zutreffend erscheinen, dass „mangelhaft" untechnisch, i.S.e. nicht vertragsgemäßen Leistung ohne zeitliche Anknüpfung, zu verstehen ist. Demzufolge sind für eine Anwendung der besonderen kaufrechtlichen Mangelrechte einzig eine nicht vertragsgemäße Leistung sowie die jeweiligen Voraussetzungen und Bestimmungen der §§ 437 ff. BGB maßgeblich. Ferner ergibt sich ein zweigeteiltes Bild im Hinblick auf die tatbestandliche Anknüpfung an bestimmte Vertragsstadien. So knüpfen Rücktritt, Schadensersatz und Minderung an die allgemeinen

213 BT-Drucks. 14/6040, S. 236.

Leistungsstörungsrechte und damit an die Fälligkeit des Erfüllungsanspruchs an. Demgegenüber enthalten der Nacherfüllungsanspruch in § 439 BGB sowie die zweite Alternative des § 440 BGB ein zeitliches Moment für die Fristsetzungsentbehrlichkeit, welches einen Leistungsversuch des Verkäufers voraussetzt. Auf dieser Grundlage kann dann zumindest keine generelle und einheitliche zeitliche Zäsur sämtlicher der in § 437 BGB genannten Mangelrechte anhand des Gefahrübergangs oder der Lieferung der Sache aus dem Wortlaut gefolgert werden, da jedenfalls für Rücktritt, Minderung und Schadensersatz gemäß der Wortlautauslegung schon ein früherer Zeitpunkt maßgeblich ist. Auch eine Anwendung ab Vertragsschluss kann auf dieser Grundlage nicht pauschal vertreten werden, weil für den Fall einer fehlenden zeitlichen Identität von Vertragsschluss und Fälligkeit des Erfüllungsanspruchs die Rechte Rücktritt, Minderung und Schadensersatz noch früher angewendet könnten, als es der Verweis in § 437 Nr. 2 und 3 BGB ins allgemeine Leistungsstörungsrecht zulässt. Die Ansicht, dass die allgemeinen und die besonderen Mangelgewährleistungsrechte grundsätzlich parallel ab Fälligkeit des Erfüllungsanspruchs geltend gemacht werden können, entspricht hingegen dem Wortlaut. Ergibt sich dann aus dem jeweiligen Wortlaut der anzuwendenden Norm ein tatbestandliches Zeitmoment, wird von diesem Grundsatz individuell abgewichen, was letztlich zur Konsequenz hat, dass die einzelnen Rechtsbehelfe ausweislich ihrer individuellen Voraussetzungen selbst für die Beantwortung der Frage ihrer Anwendbarkeit herangezogen werden können. Jedenfalls eine pauschale Eingrenzung einer Anwendung der §§ 437 ff. BGB auf den Zeitraum ab Gefahrübergang oder Lieferung der Sache ist damit von der Wortlautauslegung nicht gedeckt.

b) Entstehungsgeschichte

Daher ist ferner zu untersuchen, ob auch die Historie der gesetzlichen Vorschriften der §§ 437 ff. BGB für die Annahme streitet, dass im Gegensatz zur bisher von der h.M. durch die Voraussetzung eines Gefahrübergangs vorgenommenen zeitlichen Abgrenzung von allgemeinen und besonderen Mangelrechten ein grundsätzliches zeitliches Nebeneinander von allgemeinen und besonderen Mangelrechten die vorzugswürdigere Meinung ist. Zu diesem Zweck ist zu betrachten, was den Gesetzgeber i.R.d. Schuldrechtsreform zu der Ausgestaltung der §§ 437 ff. BGB in ihrer heutigen Form bewogen hat.

aa) Probleme der bis zum Inkrafttreten des Schuldrechtsmodernisierungsgesetztes am 01.01.2002 bestehenden Regelung

Eine aus der bis zum 01.01.2002 bestehenden Rechtslage resultierende Problematik war die nur unzureichende Verzahnung von allgemeinen Leistungsstörungsrechten und besonderen Gewährleistungsansprüchen. Zwar wurden durch § 440 Abs. 1 BGB a.F. zumindest für Rechtsmängel die besonderen kaufrechtlichen Ansprüche des Käufers in das allgemeine Leistungsstörungsrecht eingefügt, indem auf die allgemeinen Rechte der §§ 320–327 BGB a.F. verwiesen wurde. Für Sachmängel hingegen war in den §§ 459 ff. BGB a.F. ein eigenständiges, von den allgemeinen Regeln losgelöstes Gewährleistungsrecht vorgesehen. Es war anerkannt, dass die §§ 459 ff. BGB a.F. eine abschließende Sonderregelung für die mangelhafte Lieferung darstellten, welche die allgemeinen Regelungen ausschloss mit der Folge, dass im Ergebnis zwei unabhängige Gewährleistungssysteme in Gesetzeskonkurrenz nebeneinander bestanden.[214] Diese beiden Regelungskomplexe waren dabei insofern nicht aufeinander abgestimmt, als das allgemeine Schuldrecht für die Schlechtleistung und die Schutzpflichtverletzung gar keine ausdrücklichen Regelungen enthielt, während die besonderen Gewährleistungsvorschriften demgegenüber nur für bestimmte Fälle der Schlechterfüllung galten.[215] Die dadurch entstehenden Lücken im Gesetz wurden u.a. mit dem gewohnheitsrechtlichen Institut der positiven Vertragsverletzung (pVV) gefüllt. Da aber das Konkurrenzverhältnis der Ansprüche aus pVV zu den gesetzlich geregelten Gewährleistungsansprüchen unklar war, vor allem ob Ansprüche aus pVV auch neben § 463 BGB a.F. zur Anwendung gelangen sollten, kam es regelmäßig zu Streitigkeiten und in der Folge zu einer fast unüberschaubaren Flut von Gerichtsentscheidungen.[216] Nicht zuletzt dadurch hat die Regelung vor der Schuldrechtsreform Verwirrung und Verunsicherung geschaffen, unter denen insbesondere die Übersichtlichkeit und Klarheit der gesetzlichen Regelung litt, was zu großer Rechtsunsicherheit führte.[217]

Zudem wird aus dieser Regelung deutlich, dass vor der Schuldrechtsreform bzgl. der Mängelhaftung streng zwischen Rechts- und Sachmängel abgegrenzt wurde und erheblich unterschiedliche Rechtsfolgen an diese geknüpft wurden. So wurde die Haftung des Verkäufers für Rechtsmängel im ersten kaufrechtlichen

---

214 BGHZ 63, 319, 321 ff.; Honsell, in: Staudinger (1995), Vorbem zu §§ 459 ff. Rn. 16.
215 Looschelders, SR AT, § 22 Rn. 446.
216 BT-Drucks. 14/6040, S. 87.
217 Honsell, in: Staudinger (1995), Vorbem zu §§ 459 ff. Rn. 16.

Regelungsblock (§§ 433–458 BGB a.F.) geregelt, wonach der Käufer die Mangelbeseitigung verlangen und gemäß § 440 Abs. 1 BGB a.F. dreißig Jahre lang die allgemeinen Rechte wegen Leistungsstörungen geltend machen konnte. Die Regeln über die Gewährleistung bei Sachmängeln waren hingegen im zweiten kaufrechtlichen Block (§§ 459–493 BGB a.F.) normiert.[218] Dies hatte zum einen zur Folge, dass für Sachmängel grundsätzlich die besondere Verjährungsregelung des § 477 BGB a.F. von sechs Monaten galt, zum anderen wurde weiterhin innerhalb der §§ 459 ff. BGB a.F. massiv zwischen Gattungs- und Stückkauf unterschieden. Aus der Regelung des § 480 BGB a.F. wird nämlich deutlich, dass die §§ 459–479 BGB a.F. vom Regelfall des Stückkaufs ausgingen, bei dem wiederum die mangelfreie Lieferung der Sache nicht zur Erfüllungspflicht des Verkäufers gerechnet wurde.[219] Beim Gattungskauf gehörte demgegenüber die mangelfreie Lieferung zur Pflicht des Verkäufers mit der Konsequenz, dass auch nur beim Gattungskauf gemäß § 480 BGB a. F. dem Käufer ein Anspruch auf Mängelbeseitigung zustand. Demzufolge führte die Rechtslage vor der Schuldrechtsreform im Ergebnis zu einer massiven Unterscheidung zwischen Sach- und Rechtsmängeln sowie zwischen Gattungs- und Stückkäufen, deren unterschiedliche rechtliche Behandlung aber nicht immer verständlich erschien und Rechtsunsicherheiten und Unklarheiten hervorrief.

bb) Die vom Gesetzgeber intendierte Lösung i.R.d. Schuldrechtsreform

Die Neuregelung des Kaufvertragsrechts im Zuge der Schuldrechtsmodernisierungsreform zielt darauf ab, die aus der bis dahin geltenden Regelung resultierenden Probleme zu lösen, indem die massive Unterscheidung zwischen Sach- und Rechtsmängeln, zwischen Gattungs- und Stückkauf sowie zwischen Kaufvertrag und Werkvertrag beseitigt oder zumindest vermindert wird.[220]

Um dieses Ziel zu erreichen, war es in erster Linie erforderlich, mit der Neuregelung die bisher noch praktizierte Trennung von allgemeinem Leistungsstörungsrecht und den speziellen kaufrechtlichen Mangelrechten aufzuheben.[221] So macht die Gesetzesbegründung ausdrücklich deutlich, dass eine Abkehr von unterschiedlichen Gewährleistungssystemen gewollt ist und ein einziges Gewährleistungssystem entstehen soll, indem auch die Haftung für Sachmängel, wie bereits bei Rechtsmängeln vor der Reform, in das allgemeine

218 Köhler, in: Staudinger (1995), Vorbem zu §§ 433 ff. Rn. 7.
219 Honsell, in: Staudinger (1995), Vorbem zu §§ 459 ff. Rn. 1; BT-Drucks. 14/6040, S. 94.
220 BT-Drucks. 14/6040, S. 94.
221 BT-Drucks. 14/6040, S. 94.

Leistungsstörungsrecht eingegliedert wird. Ein besonderes Gewährleistungssystem soll es nicht mehr geben mit der Konsequenz, dass sich die Folgen für die Verpflichtung des Verkäufers und die Rechte und Ansprüche des Käufers nur noch aus dem allgemeinen Leistungsstörungsrecht ergeben sollen, das durch die §§ 439–441 BGB n.F. lediglich in einzelnen Beziehungen im Hinblick auf die Besonderheiten des Kaufrechts modifiziert wird.[222] Eine Unterscheidung zwischen Sach- und Rechtsmängeln führt demzufolge nicht mehr zu Rechtsunsicherheiten, weil sich die an sie jeweils anknüpfenden Rechtsfolgen aus demselben Gewährleistungssystem ergeben.

Um die Vereinheitlichung zu fördern, wurde die Pflicht des Verkäufers zur mangelfreien Leistung für alle Kaufverträge statuiert, sodass auch beim Stückkauf die Sache frei von Sach- oder Rechtsmängeln zu liefern ist. Damit wird erreicht, dass die Lieferung einer mangelhaften Sache unabhängig von der Art des Kaufs eine Pflichtverletzung darstellt und eine Unterscheidung zwischen Gattungs- und Stückkauf mithin entfallen kann. Zu beachten gilt dabei, dass der Gesetzgeber explizit den Sachmangel als eine Pflichtverletzung bezeichnet, welche die gleichen Rechtsfolgen nach sich zieht wie im allgemeinen Leistungsstörungsrecht.[223] Den Begriff „Pflichtverletzung" bezeichnet er aber zuvor als Mittelpunkt des allgemeinen Leistungsstörungsrechts,[224] sodass durch die Benennung im Zusammenhang mit Sachmängeln zusätzlich deutlich wird, dass Sachmängel nur eine besondere Art der Pflichtverletzung darstellen dementsprechend nicht losgelöst und eigenständig im Gesetz agieren.

Durch ausdrücklichen Verweis auf die Regelungen des UN-Kaufrechts verbunden mit dem Hinweis, die Mängel der bisherigen Rechtslage würden durch dessen Regeln vermieden, wird weiterhin deutlich, dass auch das UN-Kaufrecht Vorbild i.R.d. Schuldrechtsreform sein soll. Auch hier besteht kein eigenständiges Gewährleistungsrecht, und es wird erneut erkennbar, dass der Gesetzgeber nur noch von einem einheitlichen Mangelrecht ausgeht.[225]

Ausgehend von dem feststehenden und nachweisbaren Willen des Gesetzgebers fortan nur noch ein einheitliches Gewährleistungssystem zu statuieren, fällt es demzufolge schwer, eine grundsätzliche zeitliche Abgrenzung von den speziellen kaufrechtlichen Mangelrechten anzunehmen. Durch eine generelle zeitliche Abgrenzung der §§ 437 ff. BGB werden nämlich erneut zwei separat anzuwendende Gewährleistungssysteme geschaffen, sodass damit letztlich wieder

222 BT-Drucks. 14/6040, S. 209 und S. 219.
223 BT-Drucks. 14/6040, S. 94.
224 BT-Drucks. 14/6040, S. 92.
225 BT-Drucks. 14/6040, S. 89.

das erreicht wird, was ausweislich der Gesetzesbegründung nicht gewollt ist. Das Bilden eines einheitlichen Gewährleistungssystems lässt hingegen einen grundsätzlichen einheitlichen Anwendungszeitpunkt sämtlicher Leistungsstörungsrechte naheliegender erscheinen, von dem dann nur abgewichen werden soll, wenn sich aus den individuellen Tatbestandsvoraussetzungen ausdrücklich ein zeitliches Moment hinsichtlich der jeweiligen Anwendung ergibt. Die §§ 437 ff. BGB sollen die im allgemeinen Leistungsstörungsrecht statuierten Regeln nur im Hinblick auf die Besonderheiten des Kaufrechts modifizieren,[226] wobei die Modifikation aber nach dem bisher zum gesetzgeberischen Willen Gesagten nicht als generelle zeitliche Abgrenzung verstanden werden kann.

Aus den Materialien geht aber auch hervor, dass es Überlegungen gab, die Formulierung „bei Gefahrübergang" vollends aus dem § 434 BGB n.F. zu streichen. So hatte die Schuldrechtskommission auf die Festlegung des maßgeblichen Zeitpunkts hinsichtlich einer Mangelfreiheit der Sache verzichten wollen, weil fortan der Verkäufer generell zur mangelfreien Leistung verpflichtet sei und sich daraus bereits ergebe, dass der Verkäufer bis zum Gefahrübergang seine Leistungspflicht nicht erfüllt habe, soweit in diesem Zeitpunkt keine mangelfreie Sache vorliege oder dem Käufer sogar übergeben worden sei.[227] Diesen Ausführungen hat sich der Gesetzgeber auch angeschlossen, indem er sie als „überzeugend" bezeichnete und lediglich „aus Klarstellungsgründen" an der Formulierung festhielt.[228] Diese Aussagen lassen die Deutung zu, dass der Gesetzgeber mit der Formulierung „bei Gefahrübergang" lediglich klarstellen wollte, dass der Verkäufer für die bis zum Gefahrübergang auftretenden Mängel einzustehen hat.[229] Der zeitliche Anwendungsbereich der §§ 437 ff. BGB sollte dadurch hingegen nicht festgelegt werden.

Die Gesetzesbegründung entkräftet schließlich auch das Argument, „mangelhaft" in § 437 BGB sei als Verweis auf § 434 BGB und damit als Erfordernis eines Gefahrübergangs zu verstehen.[230] Der Gesetzgeber geht selbst bei der Verwendung des Begriffs „mangelhaft" in Einzelvorschriften von einer Bedeutung desselben i.S. eines Gesamtbegriffs von Sach- und Rechtsmängeln aus.[231] Damit kann gerade keine Interpretation dahingehend stattfinden, dass speziell auf den

---

226 BT-Drucks. 14/6040, S. 219.

227 Abschlussbericht der Kommission zur Überarbeitung des Schuldrechts (1992), S. 197; BT-Drucks. 14/6040, S. 213.

228 BT-Drucks. 14/6040, S. 213.

229 Bachmann, AcP 211, 395, 424.

230 Für Anhänger dieser Argumentation vgl. oben Fn. 172.

231 BT-Drucks. 14/6040, S. 209.

Mangelbegriff aus § 434 BGB mit seinem Gefahrübergang verwiesen werden soll. Entsprechend kann aus dem Wort „mangelhaft" nicht der Gefahrübergang als zeitliches Anwendungskriterium für die §§ 437 ff. BGB geschlossen werden.

cc) Zwischenergebnis

Infolge der historischen Auslegung kann jedenfalls kein Wille des Gesetzgebers festgestellt werden, der auf eine generelle Abgrenzung von allgemeinen und besonderen kaufrechtlichen Mangelrechten durch ein zeitliches Moment schließen ließe. Vielmehr geht aus der Gesetzesbegründung besonders deutlich hervor, dass der Gesetzgeber ein einheitliches Gewährleistungssystem schaffen wollte, das auf der Grundlage des allgemeinen Leistungsstörungsrechts beruht und durch besondere Vorschriften im Hinblick auf die Besonderheiten des Kaufrechts nur modifiziert wird. Die Annahme eines einzigen einheitlichen Gewährleistungssystems will aber nicht recht mit der Annahme zusammenpassen, dass es zwei grundsätzlich zeitlich unterschiedliche Anwendungsbereiche geben soll. Konsequenter erscheint es vor diesem Hintergrund, die besonderen kaufrechtlichen Mangelrechte grundsätzlich von vornherein parallel zu den allgemeinen Leistungsstörungsrechten anzuwenden und nur, wenn eine besondere Vorschrift ausweislich ihrer Tatbestandsvoraussetzungen eine zeitlich spätere Anwendung gebietet, von einer solchen auszugehen.

Die Auslegung der Entstehungsgeschichte spricht im Ergebnis für eine grundsätzliche Anwendbarkeit der besonderen kaufvertraglichen Regeln zeitlich vor dem bislang von der überwiegenden Meinung favorisierten Gefahrübergang. Zur Festlegung des frühesten Anwendungszeitpunkts muss man sich dabei am allgemeinen Leistungsstörungsrecht orientieren, da dieses ausweislich der Gesetzesbegründung als Grundlage des neuen Gewährleistungssystems gelten soll. Mithin können die allgemeinen und die besonderen Mangelrechte grundsätzlich parallel ab Fälligkeit des Erfüllungsanspruches geltend gemacht werden. Der Theorie, der Gefahrübergang oder die Lieferung sei ein zeitliches Abgrenzungsmoment zwischen den allgemeinen und den besonderen Leistungsstörungsregeln, wird demgegenüber die Substanz genommen. Auch eine Anwendung der besonderen Rechte bereits vor Fälligkeit des Erfüllungsanspruchs, also ab Vertragsschluss, kann mit der historischen Auslegung nicht unterstützt werden. Denn die Auslegung ergibt, dass die Fälligkeit des Erfüllungsanspruchs frühester Anwendungszeitpunkt sein soll.

c) *Gesetzessystematik*

Sowohl der Wortlaut der gesetzlichen Regelung in §§ 437 ff. BGB als auch die historische Auslegung lassen die Annahme zu, dass allgemeine und besondere Mangelrechte von vornherein nebeneinander anwendbar sind. Mithin können die kaufvertraglichen Mangelrechte nach den bisherigen Ausführungen erst, aber gleichzeitig auch schon ab Fälligkeit des Erfüllungsanspruchs geltend gemacht werden. Diese Annahme gilt es ferner durch eine systematische Interpretation der Vorschriften zu unterstützen. Zu diesem Zweck sind die Vorschriften der §§ 437 ff. BGB im Zusammenhang mit den allgemeinen Leistungsstörungsrechten sowie den weiteren Vorschriften des BGB zu betrachten.

aa) Eingliederung in das allgemeine Leistungsstörungsrecht

Wie auch aus der dargelegten Gesetzesbegründung hinsichtlich der Schuldrechtsreform hervorgeht, sind die besonderen kaufvertraglichen Mangelrechte in das allgemeine Leistungsstörungsrecht integriert worden. Systematisch spricht die Eingliederung in das allgemeine Leistungsstörungsrecht und die damit verbundene Schaffung eines einheitlichen Gewährleistungssystems dafür, dass auch für die besonderen kaufrechtlichen Regelungen grundsätzlich der für die Anwendung der allgemeinen Leistungsstörungsrechte maßgebliche Zeitpunkt relevant ist. Daraus lässt sich schließen, dass sämtliche in § 437 BGB genannten Rechte nicht vor, aber durchaus ab Fälligkeit des Erfüllungsanspruchs geltend gemacht werden können.

Einen ähnlichen Schluss lassen auch die Verweise in § 437 Nr. 2 und 3 BGB zu. Hier wird für die Rechte Rücktritt und Schadensersatz eine direkte Verbindung in das allgemeine Leistungsstörungsrecht hergestellt, indem ausdrücklich auf die §§ 323, 326 Abs. 5 sowie die §§ 280, 281, 283 und 311a BGB Bezug genommen wird. Systematisch wird hieraus deutlich, dass Rücktritt und Schadensersatz i.R. des § 437 BGB regelmäßig nicht vor, aber auch schon ab dem für die Anwendbarkeit der allgemeinen Leistungsstörungsrechte maßgeblichen Zeitpunkt geltend gemacht werden können. Durch die tatbestandliche Kopplung der Minderung an den Rücktritt gelten diese Erwägungen ferner auch für die Minderung. An diesen Gedanken anknüpfend ist es zudem nur konsequent, davon auszugehen, dass die Theorie einer generellen zeitlichen Trennung der Anwendungsbereiche von allgemeinen und besonderen Regeln in der Gesetzessystematik keine Stütze finden kann. Denn wenn schon für die besonderen Mangelrechte Rücktritt, Minderung und Schadensersatz ausdrücklich ein systematischer Zusammenhang zum allgemeinen Leistungsstörungsrecht hergestellt wird, aufgrund dessen jedenfalls für diese Rechte derselbe Anwendungszeitpunkt maßgeblich ist, kann die Gesetzessystematik im Umkehrschluss nicht für eine grundsätzliche zeitliche Trennung der Anwendungsbereiche von allgemeinen und besonderen Regeln streiten.

bb) Verhältnis der besonderen Regeln zu anderen Vorschriften

Systematische Erwägungen können zudem aus einem Vergleich einzelner besonderer Mangelrechte mit allgemeinen Vorschriften gefolgert werden. Soweit sich aus der Gegenüberstellung eine inhaltliche Identität sowie eine Übereinstimmung in Voraussetzungen und Rechtsfolgen ergibt, könnte daraus geschlossen werden, dass die mit den allgemeinen Rechten identischen besonderen Rechte zum selben Zeitpunkt wie das identische allgemeine Recht geltend gemacht werden können.

(1) Allgemeine Grundstruktur der allgemeinen und besonderen Mangelrechte

Bevor aber einzelne Rechte miteinander ins Verhältnis gesetzt werden, lohnt sich ein Blick auf die Grundstruktur der allgemeinen und der besonderen Vorschriften im Mangelgewährleistungsrecht. Das deutsche Schuldrecht ist nach einem Ausklammerungsprinzip aufgebaut, wonach solche Regelungen im allgemeinen Teil zusammengefasst sind, die alle oder mehrere der einzelnen Schuldverhältnisse betreffen.[232] Der allgemeine Teil ist sodann ausgeklammert den verschiedenen besonderen Regeln vorangestellt, während die besonderen Vorschriften in der Klammer verbleiben.

Diese Grundstruktur führt dazu, dass grundsätzlich die allgemeinen Regeln Geltung entfalten und zwar unabhängig davon, welches Schuldverhältnis in Rede steht. Stellen hingegen die besonderen Vorschriften des jeweils einschlägigen Schuldverhältnisses speziellere oder über den allgemeinen Teil hinausgehende Regeln auf, gehen sie denjenigen des allgemeinen Teils vor.[233] D.h. zum einen verdrängt die besondere Norm diejenige des allgemeinen Teils im Verhältnis der Spezialität, sofern beide den gleichen Tatbestand regeln. Zum anderen greift der besondere Teil grundsätzlich auch hinsichtlich derjenigen Vorschriften ein, die nicht auf alle oder eine Vielzahl der Schuldverhältnisse Anwendung finden sollen und deshalb nur im jeweils einschlägigen besonderen Teil geregelt sind. Die Normierung im besonderen Teil des Schuldrechts resultiert demzufolge einzig

---

232 Brox/Walker, Schuldrecht AT, § 1 Rn. 3; Schmidt-Kessel, in: PWW, Vor §§ 241 ff Rn. 9.

233 Schwarze, Das Recht der Leistungsstörungen, § 2 Rn. 4.

aus der Einschätzung, dass die Vorschriften nur für das spezielle Schuldverhältnis Anwendung finden sollen. Eine zeitliche Abgrenzung der Normen zum allgemeinen Leistungsstörungsrecht soll durch die separate Regelung im besonderen Teil dagegen nicht bezweckt werden.

Die sich durch die Aufteilung in einen allgemeinen und einen jeweils besonderen Teil der Mangelgewährleistungsrechte ergebende Grundstruktur unterstützt folglich nicht die Annahme, dass die besonderen Mangelgewährleistungsrechte in ihrer Anwendung grundsätzlich zeitlich vom allgemeinen Leistungsstörungsrecht zu trennen sind. Die Normierung eines besonderen Teils dient lediglich der Separierung derjenigen Normen, die nicht auf alle, sondern ausschließlich auf ein bestimmtes Schuldverhältnis Anwendung finden sollen. Durch die Verdrängung im Wege der Spezialität besteht zudem auch kein Bedürfnis nach einer zweigeteilten zeitlichen Geltendmachung.

(2) Verhältnis von Erfüllungsanspruch gem. § 433 BGB zu Nacherfüllungsanspruch gem. § 439 BGB

Besonders interessant bei einem Vergleich von besonderen Rechten und allgemeinen Vorschriften erscheint zunächst eine Gegenüberstellung des Erfüllungsanspruchs gemäß § 433 Abs. 1 BGB, der den allgemeinen Regeln zuzuordnen ist, mit dem Nacherfüllungsanspruch gemäß §§ 437 Nr. 1, 439 Abs. 1 BGB, der den besonderen Regeln des Kaufrechts zugeordnet werden muss.

Der Erfüllungsanspruch aus § 433 Abs. 1 BGB stellt es dem Verkäufer frei, wie er seiner Pflicht zur mangelfreien Leistung nachkommt. Kommt es vor Fälligkeit zu Beschädigungen der Kaufsache, ist es demzufolge dem Verkäufer überlassen, wann und ob er den Mangel durch Nachbesserung oder durch Neubeschaffung beseitigt, solange er im Zeitpunkt der Fälligkeit eine mangelfreie und damit vertragsgemäße Leistung erbringt. Ebenso gewährt der Nacherfüllungsanspruch aus §§ 437 Nr. 1, 439 Abs. 1 BGB dem Verkäufer ausweislich des gesetzlichen Wortlauts die Möglichkeit, seiner Verpflichtung zur Leistung einer mangelfreien Sache durch Nachbesserung der mangelhaften Sache oder Neulieferung einer mangelfreien Sache nachzukommen. Im Ergebnis geht es also bei beiden Ansprüchen um die endgültige Herbeiführung eines vertragsgemäßen Zustands, sei es durch Neulieferung einer vertragsgemäßen Sache oder durch Nachbesserung vorhandener Mängel, sodass der kaufrechtliche Erfüllungs- und Nacherfüllungsanspruch hinsichtlich ihres Ziels übereinstimmen.[234]

---

234 So auch Jansen, Mangelrechte vor Abnahme, S. 65 f. für den in diesem Punkt übertragbaren Vergleich von werkvertraglichen Erfüllungs- und Nacherfüllungsanspruch.

Wesentliche Unterschiede ergeben sich hingegen im Hinblick auf die Ausführung der endgültigen Herbeiführung des vertragsgemäßen Zustands. Während der Erfüllungsanspruch aus § 433 Abs. 1 BGB dem Verkäufer das Wahlrecht hinsichtlich der Ausführung seiner Pflicht zur mangelfreien Leistung zugesteht, wird für den kaufrechtlichen Nacherfüllungsanspruch nach §§ 437 Nr. 1, 439 Abs. 1 BGB dem Käufer das Wahlrecht zugesprochen. Dieses Wahlrecht entspringt der VerbGüterKRL[235] und wurde vom Gesetzgeber i.R.d. Schuldrechtsreform auf alle Arten des Kaufs ausgedehnt, weil es der Sphäre des Verkäufers zuzuordnen ist, dass der Vertrag zunächst nicht ordnungsgemäß abgewickelt werden kann.[236] Zwar kann auch zwischen den Parteien vereinbart werden, dass das Wahlrecht dem Verkäufer übertragen wird.[237] Für Kaufverträge im Anwendungsbereich der VerbrGüterKRL sind derartige Vereinbarungen allerdings aufgrund der Regelung des § 475 Abs. 1 BGB unzulässig. Damit werden der Erfüllungs- und der Nacherfüllungsanspruch durch die unterschiedliche Zuweisung des Wahlrechts deutlich voneinander abgegrenzt mit der Folge, dass eine Identität zu verneinen ist.

Daran anknüpfend könnte eine Identität von Erfüllungs- und Nacherfüllungsanspruch weiterhin deshalb verneint werden, weil sich für den Nacherfüllungsanspruch nach §§ 437 Nr. 1, 439 Abs. 1 BGB die zusätzliche Möglichkeit eines Einwands wegen Unverhältnismäßigkeit aus § 439 Abs. 3 BGB ergibt, während der Erfüllungsanspruch uneingeschränkt zu erfüllen ist, soweit nicht die Voraussetzungen von § 275 BGB gegeben sind. Der Einwand des § 439 Abs. 3 BGB geht mit der Zuweisung des Wahlrechts zugunsten des Käufers einher, indem dieses Wahlrecht durch den Einwand der Unverhältnismäßigkeit etwas relativiert und der Verkäufer so vor den Nachteilen geschützt wird, die sich für ihn aus der Entziehung des Wahlrechts hinsichtlich der Art und Weise der Mängelbeseitigung ergeben.[238] Für den Erfüllungsanspruch nach § 433 Abs. 1 BGB normiert das Gesetz entsprechend keine über § 275 BGB hinausgehende, dem § 439 Abs. 3 BGB entsprechende Einschränkung, sondern dem Käufer steht aus § 433 Abs. 1 BGB ein Anspruch auf mangelfreie Lieferung zu, der auch nicht durch einen erheblichen Mangel und der damit verbundenen Unverhältnismäßigkeit vor Erfüllung beeinträchtigt werden kann.

---

235 Erwägungsgrund 10 und Art. 3 Abs. 3 Satz 1 der Richtlinie 1999/44/EG des europäischen Parlaments und des Rates vom 25. Mai 1999.

236 BT-Drucks. 14/6040, S. 231.

237 Matusche-Beckmann, in: Staudinger, § 439 Rn. 12; Weidenkaff, in: Palandt, § 439 Rn. 5; Reinking/Eggert, Rn. 677.

238 Oetker/Maultzsch, § 2 Rn. 212; Matusche-Beckmann, in: Staudinger, § 439 Rn. 105.

Möglicherweise ist § 439 Abs. 3 BGB aber auch auf den Erfüllungsanspruch entsprechend anwendbar und nicht auf den Nacherfüllungsanspruch aus § 439 Abs. 1 BGB begrenzt mit der Folge, dass auch im Hinblick auf eine Einschränkung der Ansprüche eine Identität zu bejahen wäre. Dafür spricht, dass die Gesetzesbegründung die Einrede der Unverhältnismäßigkeit aus § 439 Abs. 3 BGB als besondere Ausprägung des in § 275 BGB normierten allgemeinen Rechtsgedankens im Kaufrecht bezeichnet, die gegenüber § 275 Abs. 2 BGB eine geringere Schwelle aufweist.[239] Als besondere Ausprägung eines allgemeinen Rechtsgedankens im Kaufrecht ist eine Anwendung auf den kaufrechtlichen Erfüllungsanspruch daher zumindest nicht völlig fernliegend. Allerdings spricht mehr dafür, dass § 439 Abs. 3 BGB ausschließlich den Nacherfüllungsanspruch aus § 439 Abs. 1 BGB begrenzt. Der in § 439 Abs. 3 BGB gewählte Wortlaut sagt aus, dass „der Verkäufer die vom Käufer gewählte Art der Nacherfüllung..." verweigern kann. Zum einen wird hier also schon dem Wortlaut gemäß auf den Tatbestand der Nacherfüllung verwiesen. Aber selbst wenn man „Nacherfüllung" als endgültige Herbeiführung des vertragsgemäßen Zustands versteht, was wie oben ausgeführt eine inhaltliche Identität mit dem Erfüllungsanspruch herstellt, so spricht § 439 Abs. 3 Satz 1 BGB von der Wahl des Käufers. Die Wahl der Art der Nacherfüllung steht dem Käufer aber nur i.R.v. § 439 Abs. 1 BGB zu. Vor Fälligkeit und damit i.R. des Erfüllungsanspruchs nach § 433 Abs. 1 BGB ist der Verkäufer frei in dem, wie er die Leistung zum Fälligkeitszeitpunkt vertragsgemäß erbringt. D.h., beim Erfüllungsanspruch kann der Verkäufer den vertragsgemäßen Zustand durch Neulieferung oder Nachbesserung herstellen (z.B. bei vor Fälligkeit auftretenden Mängeln an der Kaufsache), allerdings steht ihm allein das Wahlrecht zu, wie er diese bis zur Fälligkeit beseitigt. Aus diesem Grund ist die Annahme, dass die Einrede der Unverhältnismäßigkeit aus § 439 Abs. 3 BGB auch dem ursprünglichen Erfüllungsanspruch aus § 433 Abs. 1 BGB entgegen gehalten werden kann, zu verneinen.[240] Im Übrigen spricht auch die systematische Stellung des § 439 Abs. 3 BGB als Absatz des § 439 BGB dafür, dass dieser nur für das Recht aus § 439 Abs. 1 BGB Geltung entfalten soll. Die Annahme, dass die Einrede der Unverhältnismäßigkeit aus § 439 Abs. 3 BGB auch dem ursprünglichen Erfüllungsanspruch aus § 433 Abs. 1 BGB entgegen gehalten werden kann, ist daher zu verneinen. Demzufolge steht dem Verkäufer beim Nacherfüllungsanspruch ein zusätzliches Leistungsverweigerungsrecht zu. Eine Identität von Erfüllungs- und Nacherfüllungsanspruch ist daher aufgrund

239 BT-Drucks. 14/6040, S. 232.

240 Im Ergebnis so auch Maultzsch, ZGS 2003, 411, 415 f.

des unterschiedlichen Wahlrechts sowie des zusätzlichen Leistungsverweigerungsrechts abzulehnen.

Die fehlende Identität des Erfüllungsanspruchs aus § 433 Abs. 1 BGB und des Nacherfüllungsanspruchs aus §§ 437 Nr. 1, 439 Abs. 1 BGB verhindert jedoch nur die Rechtfertigung hinsichtlich einer gleichzeitigen Anwendung von allgemeinem Erfüllungs- und besonderem Nacherfüllungsanspruch. Konsequenz aus der systematischen Gegenüberstellung der Ansprüche aus § 433 Abs. 1 BGB und § 439 Abs. 1 BGB ist daher einzig, dass eine zeitlich spätere Anwendung des Nacherfüllungsanspruchs nach §§ 437 Nr. 1, 439 Abs. 1 BGB argumentativ begründet wird. Dies entspricht aber auch der Ansicht, die ein generelles Nebeneinander von allgemeinen und besonderen Regeln ab Fälligkeit des vertraglichen Erfüllungsanspruchs zulässt, soweit sich nicht aus dem jeweiligen Tatbestand ausdrücklich ein zeitliches Moment ergibt, das eine spätere Geltendmachung schon tatbestandlich voraussetzt. Denn diese Ansicht kommt auch zu einer späteren Anwendung von §§ 437 Nr. 1, 439 BGB, da aus dem Begriff „Nacherfüllung" schon tatbestandlich das zeitliche Moment einer versuchten Erfüllungshandlung zu folgern ist.[241] Entsprechend kann aus der systematischen Gegenüberstellung von Erfüllungs- und Nacherfüllungsanspruch keine generelle zeitlich unterschiedliche Geltendmachung der §§ 437 ff. BGB zu den allgemeinen Leistungsstörungsrechten abgeleitet werden.

(3) Verhältnis der Minderung zu den allgemeinen Leistungsstörungsrechten

Systematisch könnte ferner relevant sein, dass die besonderen kaufrechtlichen Regeln der §§ 437 ff. BGB dem Käufer ein Recht zur Minderung nach § 441 BGB gewähren, was dem allgemeinen Leistungsstörungsrecht hingegen fremd ist. Insoweit könnten unterschiedliche Anwendungsbereiche geboten sein, um Abgrenzungsschwierigkeiten sowie Überschneidungen im Anwendungsbereich und damit letztlich Rechtsunsicherheiten zu vermeiden.[242]

Dagegen spricht aber zum einen, dass die Minderung ausdrücklich in § 441 BGB an den Rücktritt gekoppelt wird, sodass die Minderung im Endeffekt nach ihren Voraussetzungen aus dem allgemeinem Leistungsstörungsrecht abgeleitet wird und diesem nicht fremd ist. Zum anderen gibt es im allgemeinem

241 Vgl. hierzu oben in diesem Kap. unter C, III, 2, a, bb.

242 So Jansen, Mangelrechte vor Abnahme, S. 69 f. für die werkvertragliche Minderung i.R.d. vergleichbaren Diskussion um den Anwendungsbereich der besonderen werkvertraglichen Mangelrechte der §§ 633 ff. BGB.

Leistungsstörungsrecht kein mit der Minderung vergleichbares und konkurrierendes Recht, sodass eine Überschneidung der Anwendungsbereiche keine relevante Gefahr darstellt. Im Gegenteil soll nun seit der Schuldrechtsreform zur ausreichenden Berücksichtigung der Besonderheiten des Kaufrechts im einheitlichen Gewährleistungssystem für alle Kaufverträge ein Minderungsrecht gelten. § 441 BGB modifiziert daher im Ergebnis die allgemeinen Regeln dahingehend, dass dem Käufer für Kaufverträge neben Rücktritt und Schadensersatz auch ein Minderungsrecht grundsätzlich ab Fälligkeit zur Verfügung stehen soll, ohne aber zu Wertungswidersprüchen zu führen. Mithin spricht die Gewährung weiterer, nicht im allgemeinen Leistungsstörungsrecht geregelter Rechte gesetzessystematisch nicht dafür, generell zwei grundsätzlich unterschiedliche Anwendungsbereiche zu schaffen.

(4) Verhältnis der Verjährung zum neuen Anwendungszeitpunkt der §§ 437 ff. BGB

Von systematischer Bedeutung könnte schließlich sein, wie es sich mit der Verjährung der kaufrechtlichen Gewährleistungsansprüche des § 437 BGB verhält, wenn diese bereits vor Übergabe entstehen können.[243] Ein Bedürfnis für diese Überlegung besteht aufgrund der Regelung des § 438 Abs. 2 BGB, wonach die Verjährung der in § 437 Nr. 1 und 3 BGB bezeichneten Ansprüche mit Ablieferung bzw. Übergabe zu laufen beginnt. Damit fallen nach der hier vertretenen Ansicht der regelmäßige Entstehungszeitpunkt der besonderen kaufrechtlichen Gewährleistungsansprüche (nämlich grundsätzlich ab Fälligkeit des vertraglichen Erfüllungsanspruchs, spätestens aber mit dem ersten fehlgeschlagenen Erfüllungsversuch) und der Zeitpunkt ihres Verjährungsbeginns auseinander. Insoweit stellt sich nun die Frage, ob damit die besondere kaufrechtliche Verjährungsregelung des § 438 BGB gegen die Annahme spricht, dass die kaufrechtlichen Mangelrechte regelmäßig auch schon vor Übergabe anwendbar sind bzw. entstehen können.

Diese Frage ist dahingehend zu beantworten, dass die besondere Verjährungsregelung nicht gegen die vorstehende Annahme spricht. Zwar unterliegen alle kaufrechtlichen Gewährleistungsansprüche der Verjährungsfrist des § 438 Abs. 1 BGB, insbesondere der kurzen Frist gem. § 438 Abs. 1 Nr. 3 BGB, und damit auch dem Verjährungsbeginn des § 438 Abs. 2 BGB ab Übergabe bzw.

243 Auch wenn diese Problematik vorwiegend im Werkvertragsrecht relevant wird, soll sie der Vollständigkeit halber bereits an dieser Stelle dargelegt werden.

Ablieferung.[244] Die Geltung der Fristen des § 438 Abs. 1 BGB für alle kaufrechtlichen Gewährleistungsrechte ist jedoch vom Beginn derselben losgelöst zu betrachten. Eine derartige Verknüpfung zwischen Verjährungsfrist und Verjährungsbeginn ergibt sich weder aus dem Wortlaut des § 438 BGB noch entspricht sie dem allgemein für Verjährungsvorschriften geltenden Regelungssystem.[245] Dieses unterscheidet nämlich zwischen Bestimmungen zur Länge der Verjährungsfrist und solchen zu ihrem Beginn, vgl. §§ 195, 199 ff. BGB. An der Regelung des § 852 BGB zeigt sich überdies exemplarisch, dass das BGB sehr wohl die Möglichkeit sieht, dass für den Beginn einer Verjährungsfrist ein späterer Zeitpunkt als derjenige gelten kann, in dem der verjährungsrechtlich bedeutsame Anspruch entsteht.[246] Hätte der Gesetzgeber diese Konstellation von der besonderen kaufrechtlichen Verjährung des § 438 BGB ausschließen wollen, hätte er eine dem § 438 Abs. 3 BGB entsprechende Regelung auch für den Fall der Anspruchsentstehung vor Verjährungsfristbeginn ins Gesetz aufnehmen können. Da der Gesetzgeber dies unterlassen hat, ist davon auszugehen, dass der § 438 BGB auch für Gewährleistungsansprüche gelten soll, die vor Ablieferung bzw. Übergabe entstanden sind.[247] Damit steht jedenfalls fest, dass die bestehende gesetzliche Verjährungsregelung des § 438 BGB nicht gegen die Annahme spricht, dass die besonderen kaufrechtlichen Gewährleistungsrechte auch schon vor Übergabe entstehen können.

Man könnte abschließend aber noch fragen, ob nicht für derartige Gewährleistungsansprüche, die vor Übergabe entstehen, ein Bedürfnis besteht, die Regelverjährung der §§ 195 ff. BGB für einschlägig zu halten. Denn die Anwendung des § 438 BGB auf Gewährleistungsansprüche im Zeitraum vor Übergabe bzw. Ablieferung kann theoretisch dazu führen, dass die Verjährungsfrist für längere Zeit nicht zu Laufen beginnt, obwohl die entsprechenden Ansprüche bereits entstanden sind. Allerdings dürfte bei Kauf- sowie Werklieferungsverträgen der für die Anspruchsentstehung maßgebliche Zeitraum zwischen Vertragsschluss und Übergabe regelmäßig nicht derart kritisch lang sein, dass eine Abwendung von

244 Vgl. für viele nur Faust, in: Bamberger/Roth, § 438 Rn. 8.

245 Zum Werkvertragsrecht vor der Schuldrechtsreform BGH, NJW 2010, 3573, 3573 sowie NJW 2011, 1224, 1225, deren beider Ausführungen aber in diesem Punkt eins zu eins auf das Kaufrecht übertragbar sind; Preussner, in: FS Kraus (2003), 179, 200; zum VOB/B-Vertrag NJW 2012, 1137, 1138.

246 BGH, NJW 2010, 3573, 3573.

247 So im Ergebnis für die identische Problematik im Werkvertrag BGH, NJW 2010, 3573, 3573; NJW 2011, 1224, 1225; Preussner, in: FS Kraus (2003), 179, 200; Acker/Roskosny, BauR 2003, 1279, 1286; Merl, in: Kleine-Möller/Merl/Glöckner, § 15 Rn. 1095.

der vom Gesetzgeber gewollten Regelung notwendig und gerechtfertigt wäre. Aber selbst wenn dem so wäre, widerspricht ein Zeitraum vor Übergabe der Sache, in dem die Verjährungsfrist trotz entstandenem Gewährleistungsanspruch nicht zu laufen beginnt, nicht dem mit der besonderen Verjährung des § 438 BGB verfolgten Zweck. Diese soll nämlich die Gewährleistungsverpflichtung des Verkäufers über den vom Gesetzgeber ab Erfüllung der vertraglichen Leistungspflicht für gerechtfertigt erachteten Zeitraum hinaus zeitlich begrenzen.[248] Da der Verkäufer bis zur Übergabe bzw. Ablieferung sowieso noch vertraglich zur Erfüllung verpflichtet ist, besteht im Zeitraum zwischen der Anspruchsentstehung und dem Verjährungsfristbeginn keine Schutzbedürftigkeit des Verkäufers.[249] Ergo besteht kein Bedürfnis für die Annahme der Regelverjährung auf vor Übergabe entstehende Gewährleistungsansprüche.

Im Ergebnis lässt sich darum die bestehende kaufrechtliche Verjährungsregelung des § 438 BGB mit der in dieser Arbeit vertretenen Annahme vereinbaren, wonach dem Käufer die in § 437 BGB genannten besonderen Gewährleistungsrechte grundsätzlich ab Fälligkeit des vertraglichen Erfüllungsanspruchs, jedenfalls aber dem ersten fehlgeschlagenen Erfüllungsversuch zustehen. Die bestehende kaufrechtliche Verjährungsregelung des § 438 BGB bleibt auch auf die vor Übergabe entstehenden Gewährleistungsansprüche anwendbar mit der Maßgabe, dass die Frist weiterhin erst ab Übergabe bzw. Ablieferung zu laufen beginnt.

cc) Zwischenergebnis

Die Auslegung nach der Gesetzessystematik kommt jedenfalls nicht zu dem Ergebnis, dass die Anwendungsbereiche des allgemeinen Leistungsstörungsrechts und der besonderen kaufrechtlichen Mangelrechte durch das Kriterium des Gefahrübergangs getrennt werden sollten. Die grundsätzliche Eingliederung der besonderen Regeln in das allgemeine Leistungsstörungsrecht zu einem einheitlichen Gewährleistungssystem und die Verweise in § 437 Nr. 2 und 3 BGB auf die allgemeinen Regeln lassen aber systematisch durchaus den Schluss zu, dass die besonderen Regeln schon ab dem, aber nicht vor dem für die Anwendbarkeit der allgemeinen Leistungsstörungsrechte maßgeblichen Zeitpunkt geltend gemacht werden können. Auch ein Vergleich der besonderen Mangelrechte mit den allgemeinen Regeln lässt eine grundsätzliche parallele Anwendbarkeit der

---

248 BT-Drucks. 14/6040, S. 228 f.; Faust, in: BeckOK Bamberger/Roth, § 438 Rn. 1.

249 Vgl. BGH, NJW 2010, 3573, 3573 zur werkvertraglichen Verjährung, dessen dortige Ausführungen auf die kaufrechtliche Verjährung eins zu eins übertragbar sind.

allgemeinen und besonderen Regeln zu. Zwar spricht eine Gegenüberstellung von allgemeinem Erfüllungsanspruch nach § 433 Abs. 1 BGB und besonderem Nacherfüllungsanspruch nach §§ 437 Nr. 1, 439 Abs. 1 BGB für eine spätere Anwendbarkeit des besonderen Rechts. Jedoch lässt sich eine solche zeitlich spätere Geltendmachung schon tatbestandlich aus § 439 Abs. 1 BGB entnehmen mit der Folge, dass eine Berücksichtigung der sich aus dem jeweiligen Tatbestand ergebenden zeitlichen Momente zu einer späteren Anwendung führt. Eine generelle zeitliche Trennung der Anwendungsbereiche von allgemeinen und besonderen Mangelrechten ist vor diesem Hintergrund nicht erforderlich und vor allem nicht zielführend. Schließlich lässt sich auch die bestehende kaufrechtliche Verjährungsregelung systematisch mit der grundsätzlichen Entstehung der Gewährleistungsansprüche vor Übergabe bzw. Ablieferung vereinbaren. Der systematischen Grundstruktur des Schuldrechts wird am meisten entsprochen, wenn sämtliche Leistungsstörungsrechte grundsätzlich parallel ab Fälligkeit des vertraglichen Erfüllungsanspruchs und nach Maßgabe ihrer jeweiligen tatbestandlichen Voraussetzungen geltend gemacht werden können.

d) Teleologie

Schließlich ist auch der Sinn und Zweck der kaufvertraglichen Mangelrechte zu betrachten. Dabei gilt es grundsätzlich zu beachten, dass die teleologische Auslegung stets auch den allgemeinen Gesetzeszweck des Gleichheitssatzes zu berücksichtigen hat und daher immer diejenige Auslegungsvariante zu bevorzugen ist, die zu einer möglichst einheitlichen Rechtsanwendung führt.[250] Die Auslegung sollte also das Ergebnis bevorzugen, das am wenigsten die Konstruktion von Ausnahmen erfordert, um sachgerechte Ergebnisse zu erzielen.

Ein vom Gesetzgeber verfolgter Zweck lässt sich ausdrücklich aus den Gesetzesmaterialien entnehmen, nämlich dass ein einheitliches, auf Basis des allgemeinen Leistungsstörungsrechts bestehendes Gewährleistungssystem geschaffen werden soll, das wiederum durch die besonderen kaufvertraglichen Mangelrechte der §§ 437 ff. BGB lediglich in einzelnen Beziehungen im Hinblick auf die Besonderheiten des Kaufrechts modifiziert wird.[251] Diesem Sinn und Zweck widerspricht es indessen, wenn die §§ 437 ff. BGB durch ein sich vom Anwendungszeitpunkt der allgemeinen Leistungsstörungsrechte unterscheidendes, generelles zeitliches Moment, wie z.B. dem Gefahrübergang oder der Lieferung der Kaufsache, in ihrer Anwendung von den allgemeinen Leistungsstörungsrechten

250 Wank, Die Auslegung von Gesetzen, S. 70 f.
251 BT-Drucks. 14/6040, S. 209 und S. 219 f.

getrennt werden. Denn der Grundsatz von einer zeitlich unterschiedlichen Geltendmachung von allgemeinen und besonderen Regeln wirkt der Vorstellung eines einzigen einheitlichen Gewährleistungssystems entgegen, indem faktisch zwei Systeme mit zeitlich unterschiedlicher Möglichkeit zur Geltendmachung geschaffen werden, deren jeweilige Anwendung an bestimmte Vertragsstadien geknüpft wird. Außerdem wird durch das Abstellen auf ein generelles zeitliches Anwendungsmoment der §§ 437 ff. BGB, das eine Geltendmachung erst in späten Vertragsstadien ermöglicht und sich tatbestandlich nicht der einzelnen Vorschrift entnehmen lässt, die Berücksichtigung kaufvertraglicher Besonderheiten konterkariert, indem einzelne Vorschriften i.R.d. besonderen kaufvertraglichen Mangelrechte eine Anwendung in einem früheren Vertragsstadium als dem Gefahrübergang oder der Lieferung der Sache erfordern können, um den Besonderheiten des Kaufvertragsrechts ausreichend Rechnung zu tragen. Durch eine Anwendung der besonderen Regeln ausweislich ihrer jeweiligen tatbestandlichen Voraussetzungen ab Fälligkeit des vertraglichen Erfüllungsanspruchs und damit ohne eine generelle zeitliche Einschränkung des gesamten Systems der besonderen kaufvertraglichen Mangelrechte der §§ 437 ff. BGB auf bestimmte spätere Vertragsstadien, wird sichergestellt, dass jede einzelne besondere kaufvertragliche Vorschrift in dem mit ihr angestrebten Ziel den Besonderheiten des Kaufvertragsrechts Rechnung trägt, weil nur diejenigen Normen zeitlich später angewendet werden, deren Tatbestand es ausdrücklich anordnet und daher für die Berücksichtigung der Besonderheiten des Kaufvertragsrechts als erforderlich erachtet wird. Damit spricht der Sinn und Zweck eines einzigen einheitlichen Mangelgewährleistungssystems gegen eine generelle zeitliche Abgrenzung des Anwendungsbereichs der speziellen kaufrechtlichen Mangelrechte von demjenigen der allgemeinen Leistungsstörungsrechte.

Darüber hinaus ist es sicher auch Sinn und Zweck der kaufvertraglichen Mangelrechte, dem Käufer zu einer vertragsgemäßen Sache zu verhelfen, soweit dem nicht berechtigte Belange des Verkäufers entgegenstehen. Man kann das allgemeine Telos der §§ 433 ff. BGB also zusammenfassend so benennen, dass in erster Linie soweit wie möglich und den Parteien zumutbar dem Käufer eine Vertragserfüllung gewährleistet werden soll und auftretenden, insbesondere kaufrechtsspezifischen Problemen durch ein dem modernen Rechtsverkehr entsprechendes Gewährleistungssystem vorgebeugt, jedenfalls aber ein Katalog von Rechtsbehelfen zur Verfügung gestellt werden soll, der eine interessengerechte Lösung ermöglicht. Ausgehend hiervon sind im Folgenden die kaufvertraglichen Mangelrechte darauf zu untersuchen, ob sich auch aus dem hinter ihnen stehenden Sinn und Zweck Anhaltspunkte für den zeitlichen Anwendungsbereich derselben herleiten lassen.

aa) Sinn und Zweck der Nacherfüllung und deren Vorrang im kaufrechtlichen Mangelrecht

Der Nacherfüllungsanspruch aus §§ 437 Nr. 1, 439 Abs. 1 BGB soll sicherstellen, dass der Käufer die Sache trotz zunächst mangelhafter Leistung doch noch im vertragsgemäßen Zustand erhält.[252] Da der Gesetzgeber davon ausgeht, dass der Käufer regelmäßig die Erfüllung und nicht die Rückgängigmachung des Kaufvertrags oder Herabsetzung des Kaufpreises möchte,[253] wird dem Nacherfüllungsanspruch ein Vorrang gegenüber den anderen Mangelrechten der §§ 437 ff. BGB eingeräumt. Diese Hierarchie kommt zwar nicht ausdrücklich in § 437 BGB zum Ausdruck, lässt sich aber aus dem Erfordernis des erfolglosen Ablaufs einer angemessenen Frist zur Nacherfüllung ableiten, das den weiteren Rechtsbehelfen des § 437 BGB als grundsätzliche Voraussetzung innewohnt.[254]

Aus der Tatsache, dass die Nacherfüllung nach §§ 437 Nr. 1, 439 Abs. 1 BGB der primäre Rechtsbehelf in den kaufrechtlichen Mangelrechten darstellt, wird nun vereinzelt gefolgert, dass die in § 437 BGB genannten Rechtsbehelfe allgemein erst ab dem Zeitpunkt anwendbar seien, wenn der primäre Rechtsbehelf der Nacherfüllung anwendbar ist.[255] Das würde nach hiesiger Meinung eine Anwendung sämtlicher Rechte erst ab einem fehlgeschlagenen Erfüllungsversuch bedeuten.[256] Dem ist aber entgegenzuhalten, dass keine Notwendigkeit und auch keine sachliche Rechtfertigung dafür besteht, aus dem Tatbestand eines einzigen Rechtsbehelfs (Nacherfüllung gemäß § 439 BGB) den Schluss einer generellen zeitlichen Trennung der §§ 437 ff. BGB von den allgemeinen Regeln zu ziehen. Die Beachtung des Vorrangs der Nacherfüllung wird auch dadurch erreicht, dass die übrigen Rechtsbehelfe tatbestandlich eine Fristsetzung bzw. den fruchtlosen

---

252 Grunewald, Kaufrecht, § 9 Rn. 32; Westermann, in: MK, § 439 Rn. 9; Augenhofer/Appenzeller/Holm, JuS 2011, 680, 681.

253 BT-Drucks. 14/6040, S. 230.

254 BGH, NJW 2005, 1348; Weidenkaff, in: Palandt, § 437 Rn. 4 und § 439 Rn. 1; Faust, in: BeckOK Bamberger/Roth, § 439 Rn. 2; zu der Frage, ob bei Verbrauchsgüterkäufen das Erfordernis eines aktiven Setzens einer Frist durch den Käufer gegen die VerbGüterKRL verstößt mit der Folge, dass die fehlende Abhilfe innerhalb einer angemessen Frist seitens des Verkäufers genügt, vgl. Faust, in: BeckOK Bamberger/Roth, § 437 Rn. 17 ff. m.w.N.

255 So Oetker/Maultzsch, § 2 Rn. 145.

256 Vgl. hierzu oben in diesem Kap. unter C, III, 2, a, bb.

Ablauf einer solchen voraussetzen. Auch wenn man von einem grundsätzlichen Nebeneinander der allgemeinen und besonderen Rechte ausgeht, wird demzufolge durch die einfache Beachtung der jeweiligen Tatbestände sicher gestellt, dass die Hierarchie der Rechtsbehelfe eingehalten und der Nacherfüllung ein Vorrang eingeräumt wird.

Die Herstellung einer über das den übrigen Rechtsbehelfen inhärente Fristsetzungserfordernis hinausgehenden generellen zeitlichen Abhängigkeit zwischen Nacherfüllungsanspruch und den übrigen besonderen kaufrechtlichen Mangelrechten ist auch aus einem weiteren Grund nicht gerechtfertigt. Wie soeben gesagt, wird nämlich eine individuell für die einzelnen Mangelrechte erstellte zeitliche Verknüpfung zur Nacherfüllung schon durch die jeweils den übrigen besonderen kaufvertraglichen Mangelrechten innewohnende Voraussetzung der Fristsetzung ermöglicht. Dadurch wird tatbestandsmäßig sichergestellt, dass der Verkäufer eine zweite Chance zur Beseitigung seiner Pflichtverletzung erhält. Liegt hingegen ein Entbehrlichkeitsgrund vor, so soll dem Verkäufer wegen der Schwere seiner Pflichtverletzung aber gerade keine zweite Chance eröffnet und damit keine Nacherfüllung zugestanden werden. Konsequenterweise erscheint daher eine generelle zeitliche Begrenzung der übrigen besonderen kaufrechtlichen Mangelrechte, basierend auf dem nur in der Nacherfüllung enthaltenen zeitlichen Moment, paradox. Denn zum einen rechtfertigt die Schwere der Pflichtverletzung die Entbehrlichkeit der eine Nacherfüllung sichernden Fristsetzung und damit eine von der Nacherfüllung losgelöste Geltendmachung des jeweils einschlägigen Rechts. Zum anderen wird jedoch trotzdem eine zeitliche Abhängigkeit zur Nacherfüllung hergestellt, da die Geltendmachung des jeweils besonderen Gewährleistungsrechts generell von dem für die Nacherfüllung maßgeblichen zeitlichen Moment abhängig sein soll. Die Vorgabe des zeitlichen Moments für die übrigen Mangelrechte der §§ 437 ff. BGB aus der Nacherfüllung abzuleiten, erscheint vor dem Hintergrund dieser sich widersprechenden Regelung hingegen wenig nachvollziehbar, insbesondere wenn bereits diese zeitliche Verknüpfung zur Nacherfüllung durch das Fristsetzungserfordernis individuell für die einzelnen Mangelrechte herstellt wird. Ist diese Verknüpfung aufgrund der Schwere der Pflichtverletzung indessen entbehrlich und entfällt somit, ist die Herstellung einer darüber hinausgehenden generellen zeitlichen Abhängigkeit durch das ausschließliche Koppeln der grundsätzlichen Anwendung der übrigen besonderen Mangelrechte an das in der Nacherfüllung tatbestandlich inhärente zeitliche Moment nicht gerechtfertigt. Somit werden Bezugnahme und Verknüpfung der besonderen kaufvertraglichen Mangelrechte der §§ 437 ff. BGB mit der Nacherfüllung bereits tatbestandlich sichergestellt. Eine Anwendung sämtlicher besonderer kaufvertraglicher Mangelrechte ab Gefahrübergang oder Lieferung der Sache bzw. erst ab Anwendbarkeit des Nacherfüllungsanspruchs kann folglich nicht durch einen Verweis auf den Nacherfüllungsanspruch an sich oder auf das den übrigen Mangelrechten inhärente Fristsetzungserfordernis begründet werden, da dies ansonsten der bereits im Gesetz vorgenommenen Verknüpfung zuwider läuft.

Ferner setzen auch Schadensersatz und Rücktritt i.R.d. allgemeinen Regeln eine Fristsetzung voraus, die es dem Käufer im Endeffekt ebenfalls auferlegt, dem Verkäufer eine zweite Chance einzuräumen. Dabei macht es keinen wesentlichen Unterschied, ob die zweite Erfüllungschance hinsichtlich des Anspruchs aus § 433 Abs. 1 BGB oder hinsichtlich des Anspruchs aus §§ 437 Nr. 1, 439 Abs. 1 BGB gewährt werden soll. Denn wie oben bereits dargelegt, verfolgen beide Ansprüche letztlich das einheitliche Ziel der endgültigen Herstellung des vertragsgemäßen Zustands.[257] Folglich sind die Rechtsbehelfe des Rücktritts und des Schadensersatzes sowohl nach den allgemeinen als auch nach den besonderen Regeln des § 437 Nr. 2 und 3 BGB jeweils identisch mit der unbedeutenden Ausnahme, dass sich die Fristsetzung auf unterschiedliche Anspruchsnormen bezieht. Durch das stets gegebene tatbestandliche Erfordernis einer Fristsetzung bzw. des erfolglosen Ablaufs einer solchen besteht letztlich keine Notwendigkeit für eine generelle zeitliche Zäsur der besonderen Regeln, da auch eine Anwendung aller Gewährleistungsrechte nach Maßgabe der jeweiligen tatbestandlichen Voraussetzungen bereits ab Fälligkeit des Erfüllungsanspruchs dem Vorrang der zweiten Andienung gerecht wird. Diese Lösung hätte darüber hinaus den nicht von der Hand zu weisenden Vorteil, dass keine Ausnahmen mehr konstruiert werden müssen, die aus Billigkeitsgesichtspunkten eine Anwendung der besonderen Regeln ausnahmsweise vor Gefahrübergang/Lieferung zulassen.[258]

Im Ergebnis sind damit die Stellung des Nacherfüllungsanspruchs gemäß § 439 Abs. 1 BGB als primärer Rechtsbehelf im besonderen Mangelgewährleistungsrecht und das damit einhergehende, den übrigen Rechten inhärente Fristsetzungserfordernis nicht als Argumentationsgrundlage dafür geeignet, dass die §§ 437 ff. BGB im Allgemeinen nicht vor dem Anwendungszeitpunkt des Nacherfüllungsanspruchs anwendbar sind. Auch lassen sie sich nicht dafür ins Feld führen, dass eine generelle zeitliche Trennung von allgemeinen und besonderen Mangelgewährleistungsrechten vorzunehmen ist.

---

257 Vgl. hierzu in diesem Kap. unter C, III, 2, c, bb, (1).

258 Für solche Ausnahmen vgl. bspw. Grunewald, § 9 Rn. 4; dies., in: FS Huber (2006), 291, 293; dies., in: Erman, § 434 Rn. 67; Kandler, Kauf und Nacherfüllung, S. 331, 333; Westermann, in: MK, § 434 Rn. 45; Saenger, in: Hk-BGB, § 437 Rn. 22 m.w.N.

Als weitere teleologische Erwägung im Zusammenhang mit der Nacherfüllung gilt es zu beachten, dass § 439 BGB sicherstellen soll, dass der Käufer die Sache trotz zunächst nicht vertragsgemäßer Leistung doch noch im mangelfreien Zustand erhält.[259] Dabei ist es aber nicht ersichtlich, wieso der Käufer, der die mangelhafte Sache berechtigterweise zurückweist, schlechter stehen soll, als derjenige, der sie annimmt. Die Anknüpfung an den Zeitpunkt des Gefahrübergangs führt jedoch genau zu diesem widersprüchlichen Ergebnis, indem der zurückweisende Käufer zur Geltendmachung seiner vertragsgemäßen Leistung lediglich auf den Erfüllungsanspruch des § 433 Abs. 1 BGB verwiesen wird, wonach dem Verkäufer die Wahl hinsichtlich der Art der Nacherfüllung zusteht. Demgegenüber kann aber der Käufer, der die mangelhafte Sache annimmt, um sie u.U. dann umgehend wieder zurückzugeben, sein Begehren auf den Nacherfüllungsanspruch des § 439 BGB stützen und insbesondere die Art der Nacherfüllung wählen. Am deutlichsten führt demzufolge eine Anknüpfung an den Gefahrübergang bei derart wesentlichen Mängeln zu unbilligen und benachteiligenden Ergebnissen, bei denen eine Annahme der Sache dem Käufer nicht mehr zugemutet werden kann. Denn obwohl der Mangel der Kaufsache so gravierend ist, dass entweder eine Annahme der Sache und damit ein Gefahrübergang vom Käufer nicht verlangt werden kann oder sogar eine Übergabe nicht möglich ist, wird dem Käufer die Möglichkeit abgeschnitten, sich auf den Nacherfüllungsanspruch zu berufen. Dem Käufer wird also das Wahlrecht des § 439 Abs. 1 BGB und damit ein bedeutender Vorteil des kaufrechtlichen Mangelgewährleistungsrechts umso wahrscheinlicher vorenthalten, desto wesentlicher sich der Mangel an der Kaufsache gestaltet.

Neben der ungerechtfertigten Benachteiligung des zurückweisenden Käufers entsteht dadurch auch eine Diskrepanz zwischen der Effektivität des einheitlichen Mangelgewährleistungsrechts und dem Schutzinteresse des Käufers, aufgrund dessen die Teleologie der gesetzlichen Regelung eine Erstreckung des § 439 Abs. 1 BGB auf den Zeitpunkt vor Gefahrübergang verlangt. Denn ein effektives Gewährleistungsrecht muss insbesondere bei wesentlichen Mängeln in der Lage sein, dem Geschädigten die maximal mögliche Anzahl der ihm günstigen Rechtsbehelfe zu gewähren. Dazu zählen insbesondere auch die dem Käufer günstigen besonderen Gewährleistungsregeln wie das Wahlrecht des Käufers bei der Nacherfüllung. Nur durch die umfassende Gewährung aller Rechte können billige Ergebnisse ohne ein Bedürfnis nach Ausnahmen erzielt werden. Genau das muss ein effektives Mangelgewährleistungsrecht letztlich leisten können und

259 Vgl. schon Fn. 250.

kann es auch, wenn die allgemeinen und die besonderen kaufrechtlichen Mangelrechte ab Fälligkeit des vertraglichen Erfüllungsanspruchs und nach Maßgabe ihrer tatbestandlichen Voraussetzungen nebeneinander angewendet werden. Dann nämlich kann der Käufer die Art der Nacherfüllung auch dann wählen, wenn er die mangelhafte Kaufsache berechtigterweise zurückweist.

Hier zeigt sich sodann auch der Vorteil einer zeitlichen Anknüpfung an eine versuchte Erfüllungshandlung im Hinblick auf die zeitliche Geltendmachung des Nacherfüllungsanspruchs. Das Gewährleistungssystem, welches nämlich an den Gefahrübergang oder die Lieferung anknüpft, muss im Fall wesentlicher Mängel Ausnahmen zulassen, wenn billige Ergebnisse die Anwendung der §§ 437 ff. BGB fordern.[260] Solche Ausnahmefälle sind dogmatisch indessen kaum zu rechtfertigen, da der einmal zeitlich eingeschränkte Anwendungsbereich nicht ohne Weiteres vorverlagert werden kann. Zudem trägt das Herbeiführen von Ausnahmefällen zu gewichtigen Rechtsunsicherheiten bei, da nicht abzusehen ist, wie der jeweilige Einzelfall rechtlich beurteilt wird. Die Anwendung des Nacherfüllungsanspruchs gemäß § 439 BGB ab versuchter Erfüllung der Leistungspflicht seitens des Verkäufers erfasst demgegenüber alle Fälle der Mangelhaftigkeit der Kaufsache, ohne ein Bedürfnis nach Ausnahmen zugunsten billiger Ergebnisse zu schaffen.

Das hat letztlich zur Folge, dass schon der Leistungsversuch des Verkäufers genügt, um die Modifikation des Erfüllungs- zum Nacherfüllungsanspruch eintreten zu lassen, da „Nacherfüllung" begrifflich einen bereits erfolgten Erfüllungsversuch voraussetzt.[261] Eine Übergabe der Sache ist nicht erforderlich mit der Konsequenz, dass auch bei Zurückweisung einer mangelhaften Sache durch den Käufer das Regime des § 439 BGB gilt. Der Käufer, dem eine mangelhafte Sache angeboten wird, ist demzufolge nicht zur Annahme einer mangelhaften Kaufsache gezwungen, um sein Wahlrecht hinsichtlich der gewünschten Art der Nacherfüllung auszuüben. Auch bei berechtigter Zurückweisung der Sache und damit vor Übergabe kommt § 439 BGB inklusive der Zuweisung des Wahlrechts zugunsten des Käufers zur Anwendung. Im Übrigen spricht der Vorrang der Nacherfüllung nicht gegen die Annahme, dass die besonderen kaufrechtlichen Mangelgewährleistungsrechte grundsätzlich parallel neben den allgemeinen Leistungsstörungsrechten ab Fälligkeit des Erfüllungsanspruchs und nach Maßgabe ihrer jeweiligen tatbestandlichen Voraussetzungen geltend gemacht werden können.

260 Vgl. zuvor schon Fn. 256.
261 Vgl. hierzu oben in diesem Kap. unter C, III, 2, a, bb.

bb) Sinn und Zweck des § 440 BGB

Mit § 440 BGB soll die Entbehrlichkeit der Fristsetzung den kaufgewährleistungsrechtlichen Gegebenheiten im Hinblick auf den Vorrang der Nacherfüllung angepasst werden.[262] Für die Ratio des § 440 BGB gilt daher im Ergebnis dasselbe, was schon i.R.d. Wortauslegung gesagt wurde.[263] Je nachdem, ob die Erleichterung an die Verweigerung beider Arten der Nacherfüllung sowie deren Unzumutbarkeit oder Fehlschlagen anknüpft, fehlt oder besitzt § 440 BGB eine zeitliche Komponente.[264] Der Sinn und Zweck von § 440 BGB plädiert mithin hinsichtlich seiner Anwendung weder eindeutig für eine zeitliche Anknüpfung an den Gefahrübergang bzw. die Lieferung noch eindeutig für eine generelle Abkehr von der zeitlichen Abgrenzung von allgemeinen und besonderen Mangelrechten. Jedoch wird eine Anwendung aller Gewährleistungsvorschriften nach Maßgabe ihrer jeweiligen tatbestandlichen Voraussetzungen und Besonderheiten der unterschiedlichen Bedeutung eines zeitlichen Moments innerhalb eines Tatbestandes am besten gerecht.

cc) Sinn und Zweck der Minderung nach § 441 BGB

Auch der Sinn und Zweck der Minderung kann darüber Aufschluss geben, nach welcher Maßgabe die kaufrechtlichen Mangelrechte anzuwenden sind. Die Minderung tritt ausweislich ihrer Voraussetzung „statt zurückzutreten" an die Stelle des Rücktritts. Es wird dem Käufer damit ein weiterer Rechtsbehelf zur Verfügung gestellt, der nicht eine Vertragsauflösung zur Folge hat, sondern das beim Käufer u.U. bestehende Interesse an einer Vertragserfüllung trotz nicht vertragsgemäßen Verhaltens des Verkäufers interessengerecht durchschlagen lässt. Es wird mithin eine weitere Möglichkeit geschaffen, einen gerechten Interessenausgleich ohne Vertragsauflösung herbeizuführen. Relevant wird das Recht der Minderung dabei insbesondere bei unerheblichen Pflichtverletzungen, da bei solchen das Rücktrittsrecht nach § 323 Abs. 5 Satz 2 BGB ausgeschlossen ist. Gemäß § 441 Abs. 1 Satz 2 BGB gilt dieser Ausschlussgrund für die Minderung hingegen ausdrücklich nicht, sodass dem Käufer bei unerheblichen Pflichtverletzungen daher jedenfalls die Möglichkeit bleibt, einen Interessenausgleich durch finanzielle Anpassung herzustellen. Entsprechend geht auch aus der Gesetzesbegründung unter Bezugnahme auf Art. 3 Abs. 6 VerbGüterKRL hervor, dass dem Käufer bei unerheblichen Pflichtverletzungen jedenfalls ein Minderungsrecht

---

262 Matusche-Beckmann, in: Staudinger, § 440 Rn. 1; Westermann, in: MK, § 440 Rn. 1.

263 Vgl. hierzu in diesem Kap. unter C, III, 2, a, cc.

264 So Bachmann, AcP 211, 395, 419.

erhalten bleiben muss.[265] Eine zeitliche Beschränkung dahingehend, dass nur der Sachmangel nach § 434 BGB oder der Rechtsmangel nach § 435 BGB nach Gefahrübergang oder Lieferung erfasst sein soll, erfolgt jedoch nicht. Ist der Käufer daher aufgrund eines Mangels zum Rücktritt und damit auch zur Minderung grundsätzlich berechtigt und scheitert der Rücktritt lediglich aufgrund der Unerheblichkeit des Mangels, so ist es für die Ausübung der Minderung irrelevant, ob die Gefahr bereits übergegangen bzw. die Sache geliefert worden ist. Dem Käufer muss die Minderung als Minus zum Rücktritt stets offenstehen, wenn ihm auch das Rücktrittsrecht offensteht. Konsequenterweise gilt das auch für die Fälle, in denen der Käufer zum Rücktritt i.R.d. allgemeinen Leistungsstörungsrechte berechtigt ist, also für den Zeitraum ab Fälligkeit des vertraglichen Erfüllungsanspruchs und vor dem Gefahrübergang. Daran anknüpfend lässt sich weiterhin ableiten, dass diese Regelung nicht nur für unerhebliche Mängel gilt, bei denen dem Käufer das Minderungsrecht als Ersatz für den ausgeschlossenen Rücktritt dient. Denn wenn schon das Minderungsrecht bei unerheblichen Mängel zeitlich unabhängig neben das allgemeine und besondere Rücktrittsrecht tritt, gilt dies erst recht für erhebliche Mängel. Hier wird dem Käufer das Rücktrittsrecht zwar nicht wegen Unerheblichkeit verwehrt, er kann aber dennoch ein Interesse daran haben, lediglich zu mindern, sodass die beiden Rechte dann von ihm wahlweise ausgeübt werden können. Die Minderung nach § 441 BGB soll demzufolge den Besonderheiten des Kaufrechts insoweit Rechnung tragen, dass dem Käufer bei Mängeln i.R.v. Kaufverträgen, insbesondere bei solchen, die den Rücktritt wegen Unerheblichkeit ausschließen, stets anstelle des Rücktritts die Möglichkeit zur Herabsetzung des Kaufpreises erhalten bleibt.

Es ist zudem auch sachlich gar nicht gerechtfertigt, dass dem Käufer nur bei Mängeln i.S.d. §§ 434, 435 BGB nach Gefahrübergang oder Lieferung der Sache die Möglichkeit zur Minderung zustehen soll, während dem Käufer vor Gefahrübergang keine Minderungsmöglichkeit neben dem Rücktritt zusteht oder das Festhalten am Vertrag ohne Minderungsmöglichkeit zugemutet wird. Derjenige Käufer, der infolge der mangelhaften Leistung sogar zur Zurückweisung der Sache berechtigt ist, steht ansonsten schlechter als derjenige, der die Sache annimmt. Demzufolge liegt in der Tatsache, dass ein Anknüpfen der Minderung an den Gefahrübergang oder die Lieferung der Sache den stärker geschädigten Käufer gegenüber dem weniger stark geschädigten Käufer benachteiligt, ein eklatanter Wertungswiderspruch. Diesem Wertungswiderspruch kann nur aus dem Weg gegangen werden, indem die Minderung unabhängig von der Annahme

265 BT-Drucks. 14/6040, S. 235.

oder der Zurückweisung der Kaufsache und damit losgelöst vom Gefahrübergang ausgeübt werden kann.

Eine Anwendung der Minderung vor Annahme der Leistung ist insbesondere für den Käufer auch aus dem Gesichtspunkt praktikabel, dass ihm so die Option gegeben wird, die Lieferung einer mangelhaften Sache Zug um Zug gegen Zahlung eines geminderten Kaufpreises verlangen zu können. Der Käufer kann demzufolge schon im Wege einer Klage sein Interesse geltend machen und durchsetzen, die mangelhafte Sache gegen Minderung des Kaufpreises geleistet zu bekommen. Ohne Anwendungsmöglichkeit der Minderung vor Annahme verschlechtert sich hingegen die Rechtsposition des Käufers, da er erst die Sache annehmen muss, um dann in einem zweiten Schritt die Minderung geltend machen zu können.

Im Ergebnis ermöglicht der Sinn und Zweck des Minderungsrechts nach § 441 BGB daher nicht nur eine Anwendung von vornherein ab Fälligkeit des vertraglichen Erfüllungsanspruchs, sondern erfordert vielmehr eine solche. Eine zeitliche Abgrenzung der §§ 437 ff. BGB ist dem hingegen abträglich, was letztlich gegen die zusätzliche Anwendungsvoraussetzung eines Gefahrübergangs oder einer Lieferung der Sache spricht. Die teleologische Auslegung von § 441 BGB unterstützt mithin die Annahme, dass eine grundsätzliche parallele Anwendbarkeit von allgemeinen und besonderen Regeln ab Fälligkeit des vertraglichen Erfüllungsanspruchs unter Beachtung der jeweiligen tatbestandlichen Voraussetzungen die vorzuziehende Lösung darstellt.

dd) Sinn und Zweck des § 442 BGB

Das Telos von § 442 BGB wird nicht einheitlich beurteilt. So wird zum einen der Sinn im Verbot des venire contra factum proprium gesehen,[266] während andere die eher rechtsökonomische Ratio der Transaktionskostenminimierung vertreten.[267] Egal welche Ratio man aber letztlich für vorzugswürdig hält, das zeitliche Stadium der Vertragsabwicklung hat darauf keine Auswirkungen, da einzig die Kenntnis des Käufers bei Vertragsschluss entscheidend ist. Ergo verlangt das Telos von § 442 BGB kein zeitliches Moment.

---

266 BGH, NJW 2012, 2793, 2795; Matusche-Beckmann, in: Staudinger, § 442 Rn. 1.

267 Michalski/Riemenschneider, BB 1993, 2097, 2101; Faust, in: BeckOK Bamberger/Roth, § 442 Rn. 2.

ee) Sinn und Zweck der §§ 443, 444 BGB

Auch die §§ 443, 444 BGB verlangen kein zeitliches Moment, da sie ihrem Zweck nach nicht an ein bestimmtes Vertragsstadium anknüpfen. So stellt § 443 BGB auf Garantieerklärungen des Verkäufers ab und macht im Ergebnis klar, dass unabhängig von den sonstigen Rechten aus der einmal vom Verkäufer gegebenen Garantie die Leistung einer vertragsgemäßen Sache und damit die Vertragserfüllung zeitlich unabhängig gewährleistet wird. § 444 BGB soll ferner arglistiges und widersprüchliches Verhalten des Verkäufers verhindern, indem er sich in solchen Fällen auf vereinbarte Haftungsbeschränkungen jeglicher Art nicht berufen kann.[268] Aber auch die Sanktion von Arglist oder widersprüchlichem Verhalten erfolgt losgelöst vom Vertragsstadium.

ff) Sinn und Zweck des Mindestschutzes für den Käufer

Die Schaffung eines neuen Mangelgewährleistungsrechts i.R.d. Schuldrechtsreform basiert auf der Vorgabe, die europäische VerbrGüterKRL bis zum 01.01.2002 in das deutsche Recht umzusetzen. Aus Art. 8 VerbrGüterKRL folgt dabei, dass die Richtlinie durch ihre Vorgaben ein Mindestschutzniveau für Verbraucher sicherstellen möchte.[269] Der Gesetzgeber hat sich bei der Umsetzung dieser Richtlinie dennoch bewusst dafür entschieden, nicht nur ein Sonderrecht für Verbrauchsgüterkäufe zu schaffen, sondern das komplette allgemeine Kaufrecht weitgehend an die Richtlinie anzupassen und nur Sondervorschriften mit spezifisch verbraucherschützendem Inhalt gesondert in die §§ 474 ff. BGB einzustellen.[270] Auch zentrale Vorschriften des allgemeinen Leistungsstörungsrechts, wie die §§ 275, 323, 326 BGB, sind dabei Vorgaben der VerbrGüterKRL angepasst worden, um die Integration des kaufrechtlichen Gewährleistungsrechts in das allgemeine Leistungsstörungsrecht und damit die Schaffung eines einheitlichen Gewährleistungssystems vornehmen zu können.[271] Aus dieser überschießenden Umsetzung der Richtlinie in das deutsche Kaufrecht ist zu entnehmen, dass dem gesamten Kaufrecht der Gedanken innewohnt, dem Käufer jedenfalls den mit der Richtlinie intendierten Mindestschutz zu gewährleisten.

Dieser Intention entspricht es aber, wenn dem Käufer für ihn günstige Rechte von vornherein ohne konstruierte zeitliche Zäsur zustehen. Genau das erreicht die Anwendung der besonderen kaufrechtlichen Mangelrechte ab Fälligkeit des

---

268 Westermann, in: MK, § 444 Rn. 14; Bachmann, AcP 211, 395, 420 f.

269 Erwägungsgrund 5 sowie Art. 8 Abs. 2 der Richtlinie 1999/44/EG.

270 BT-Drucks. 14/6040, S. 242.

271 Ernst, in: MK, Vor § 275 Rn. 23.

Erfüllungsanspruchs und nach Maßgabe ihrer jeweiligen tatbestandlichen Voraussetzungen, da dem Käufer so ausschließlich die für ihn günstigen Besonderheiten der §§ 437 ff. BGB zustehen. Die für ihn auf den ersten Blick ungünstigen Besonderheiten, wie die kürzere Verjährung, das mit § 439 Abs. 1 BGB korrespondierende Recht zur zweiten Andienung des Verkäufers oder das im Vergleich zu § 275 BGB mit geringeren Anforderungen ausgestattete Leistungsverweigerungsrecht des Verkäufers aus § 439 Abs. 3 BGB, knüpfen entweder schon tatbestandlich an das zeitliche Moment der Übergabe an (§ 438 Abs. 2 BGB) oder stellen bei genauerem Hinsehen weniger ungünstige Besonderheiten, sondern beschränkte Vergünstigungen dar.[272] Die ungünstige Besonderheit der verkürzten Verjährung trifft den Käufer also auch bei einer Abkehr von der Ansicht, dass der Gefahrübergang oder die Lieferung als genereller zeitlicher Anknüpfungspunkt für die Anwendung anzusehen sind, erst dann, wenn die Sache in den Gefahrenbereich des Käufers gelangt ist. Die Beschränkung von Vergünstigungen auch schon im Zeitraum vor Gefahrübergang zuzulassen, ist demgegenüber nicht nachteilig, da dem Käufer im Gegenzug auch die äquivalente Vergünstigung (wie z.B. das Wahlrecht des § 439 Abs. 1 BGB) vor Gefahrübergang zugute kommt. Die für den Käufer günstigen Besonderheiten der §§ 437 ff. BGB stehen ihm darüber hinaus von vornherein neben den allgemeinen Regeln zur Verfügung. Eine Anwendung der besonderen kaufrechtlichen Mangelrechte ab Fälligkeit des Erfüllungsanspruchs und nach Maßgabe ihrer jeweiligen Tatbestandsvoraussetzungen gewährt demzufolge den effektivsten Käuferschutz, indem vorteilige kaufrechtliche Besonderheiten von vornherein neben den allgemeinen Regeln greifen, während nachteilige den Käufer erst nach Erreichen eines zeitlichen Moments oder im Ausgleich mit einhergehenden Vorteilen treffen. Eine Beschränkung der §§ 437 ff. BGB auf die Zeit nach dem Gefahrübergang oder der Lieferung schützt den Käufer demgegenüber zwar genauso effektiv vor den ungünstigen Besonderheiten, jedoch enthalten die Anhänger dieser Ansicht dem Käufer seine Vorteile aus den §§ 437 ff. BGB, nämlich das Wahlrecht des Käufers

272 Z.B. stellt das im Vergleich zu § 275 BGB mit geringeren Anforderungen ausgestattete Leistungsverweigerungsrecht des Verkäufers aus § 439 Abs. 3 BGB keine allein für den Käufer nachteilige Regelung dar, sondern ist in Kombination mit dem in § 439 Abs. 1 BGB zugestandenen Wahlrecht zu betrachten. Das Leistungsverweigerungsrecht des § 439 Abs. 3 BGB stellt eine Abmilderung des dem Käufer zugewiesen Wahlrechts hinsichtlich der Art und Weise der Nacherfüllung zugunsten des Verkäufers dar. Folglich ist § 439 Abs. 3 BGB in Wahrheit kein Nachteil für den Käufer, sondern stellt in Kombination mit dem Wahlrecht eine beschränkte Vergünstigung für den Käufer dar.

bei der Nacherfüllung sowie das Minderungsrecht vor Lieferung der Kaufsache, aus nicht nachvollziehbaren und nicht zu rechtfertigenden Gründen vor.

gg) Keine entgegenstehenden berechtigten Belange des Verkäufers

Zu beachten gilt es auch, dass der Anwendung der besonderen kaufrechtlichen Mangelrechte nach Maßgabe ihrer jeweiligen Tatbestandsvoraussetzungen ab Fälligkeit des Erfüllungsanspruchs neben den allgemeinen Regeln keine berechtigten Belange des Verkäufers entgegenstehen. Denn Sinn und Zweck der kaufrechtlichen Mangelrechte ist es auch, einen interessengrechten Ausgleich zwischen den Parteien zu ermöglichen.

(1) Verletzung des Dispositionsrechts des Verkäufers

Berechtigte Bedenken können sich zunächst daraus ergeben, dass durch eine von vornherein parallele Anwendung der allgemeinen und besonderen Mangelrechte in unzulässiger Weise in das Dispositionsrecht des Verkäufers eingegriffen wird, die Kaufsache bis zur Fälligkeit nach seinen eigenen Vorstellungen in einem vertragsgemäßen Zustand für eine Übergabe und Übereignung bereitzustellen. Insoweit kann es dem Verkäufer unzumutbar sein, dem Käufer schon vor Fälligkeit grundsätzlich die Möglichkeit der Einflussnahme auf seine Art und Weise der Vertragserfüllung einzuräumen. Diesem Bedenken kann aber dadurch abgeholfen werden, dass die Anwendung der besonderen Regeln an den Anwendungszeitpunkt der allgemeinen Regeln gekoppelt ist und die besonderen kaufrechtlichen Mangelrechte damit jedenfalls nicht vor Fälligkeit des Erfüllungsanspruchs geltend gemacht werden können. Denn auch die Regeln des allgemeinen Leistungsstörungsrechts setzen stets die Fälligkeit des Erfüllungsanspruchs voraus mit der Folge, dass dem Verkäufer bis zur Fälligkeit ein uneingeschränktes Dispositionsrecht zusteht.

(2) Recht zur zweiten Andienung des Verkäufers

Ferner kann man auch zu Bedenken geben, dass das dem Verkäufer aus § 439 Abs. 1 BGB resultierende Recht zur zweiten Andienung unterlaufen werden kann, wenn die besonderen Mangelrechte nicht an den gleichen Zeitpunkt bzgl. ihrer Anwendung anknüpfen, wie § 439 BGB, der ja schon tatbestandlich einen bereits erfolgten Leistungsversuch voraussetzt. Aber auch diese Befürchtung ist unberechtigt, da die entsprechenden Mangelrechte alle tatbestandlich eine Fristsetzung erfordern, sodass dem Verkäufer auch bei Anwendung der Rechte nach Maßgabe ihrer tatbestandlichen Voraussetzungen ab Fälligkeit des Erfüllungsanspruchs stets die Chance gewährt wird, seine bereits erbrachte oder trotz

Fälligkeit noch zu erbringende Leistung einer zweiten Begutachtung hinsichtlich ihrer Vertragsmäßigkeit zu unterziehen. Das Recht zur zweiten Andienung bleibt also faktisch auch bei einer grundsätzlichen Anwendung ab Fälligkeit des Erfüllungsanspruchs bestehen.

(3) Sonstige Unzumutbarkeiten

Dem Verkäufer ist es schließlich auch zuzumuten, dass ihm gegenüber bei Mängeln auch vor Gefahrübergang oder Lieferung der Sache jedenfalls ein Minderungsrecht geltend gemacht werden kann. Da eine solche Mangelhaftigkeit aus der Sphäre des Verkäufers entspringt und er entsprechend dafür einzustehen hat, kann eine Privilegierung des Verkäufers dahingehend, dass ihm nur bei Mängeln i.S.v. §§ 434, 435 BGB im Zeitraum nach Gefahrübergang ein Minderungsrecht entgegen gehalten werden kann, nicht mit einer Schutzbedürftigkeit des Verkäufers begründet werden.

Im Ergebnis stehen der Anwendbarkeit der besonderen kaufrechtlichen Mangelrechte ab Fälligkeit des vertraglichen Erfüllungsanspruchs und nach Maßgabe ihrer jeweiligen Tatbestandsvoraussetzungen von vornherein neben den allgemeinen Regeln keine berechtigten Bedenken des Verkäufers entgegen.

hh) Zwischenergebnis

Die soeben vorgenommene teleologische Auslegung zeigt, dass eine von vornherein mögliche Anwendung der besonderen kaufrechtlichen Mangelrechte neben den allgemeinen Leistungsstörungsrechten ab Fälligkeit des vertraglichen Erfüllungsanspruchs und nach Maßgabe ihrer jeweiligen tatbestandlichen Voraussetzungen sachgerechte Ergebnisse bringt.

Dies zeigt sich zunächst darin, dass sich so die Konstruktion von Ausnahmen insoweit reduziert, als solche Ausnahmen, die trotz des Gefahrübergangs oder der Lieferung als vermeintlich maßgeblichem Anwendungszeitpunkt aus Billigkeitserwägungen in bestimmten Fällen eine Vorwirkung der besonderen Mangelrechte ermöglichen sollen, entbehrlich sind. Diskussionswürdig bleibt einzig der Fall, dass ausnahmsweise auch schon vor Fälligkeit die Geltendmachung von Rechten möglich sein soll. Dieser Problemkreis ist allerdings nicht neu, sondern stellt sich schon bisher i.R.d. allgemeinen Leistungsstörungsrechte.[273]

Auch kann aus der Stellung des Nacherfüllungsanspruchs als primärer Rechtsbehelf im besonderen kaufrechtlichen Mangelgewährleistungsrecht und dem damit i.R.d. übrigen Rechtsbehelfe einhergehenden Fristsetzungserfordernis

273 Vgl. hierzu in diesem Kap. unter C, I.

nicht gefolgert werden, dass eine generelle zeitliche Trennung von allgemeinen und besonderen Leistungsstörungsrechten vorzunehmen ist. Ebenso wenig kann daraus gefolgert werden, dass die übrigen Rechte der §§ 437 ff. BGB nicht vor dem Anwendungszeitpunkt des Nacherfüllungsanspruchs anwendbar sind.

Die teleologische Auslegung der §§ 437 ff. BGB hat weiterhin ergeben, dass durch die Anknüpfung an den Gefahrübergang oder die Lieferung der Sache als maßgeblichen Anwendungszeitpunkt ein eklatanter Widerspruch erzeugt wird, indem der die mangelhafte Sache zurückweisende Käufer schlechter steht als derjenige, der die Sache annimmt. Denn erst infolge der Annahme der Sache stehen dem Käufer so die Vorteile des besonderen kaufrechtlichen Gewährleistungsrechts, wie das Wahlrecht des § 439 Abs. 1 BGB oder die Minderungsmöglichkeit nach § 441 BGB, zu. Wieso dem berechtigterweise zurückweisenden Käufer diese Vorteile nicht zugute kommen sollen, lässt sich nicht begründen. Im Gegenteil wird der Käufer, dem eigentlich aufgrund der Erheblichkeit des Mangels die zusätzliche Möglichkeit der Zurückweisung offensteht, davon abgehalten, hiervon Gebrauch zu machen. Dadurch wird nicht nur eine ungerechtfertigte Benachteiligung zulasten des zurückweisenden Käufers geschaffen, sondern auch die Effektivität des einheitlichen Mangelgewährleistungsrechts in Frage gestellt. Um in der Folge zugunsten billiger Ergebnisse nicht den umständlichen und schwer zu begründenden Weg über Ausnahmekonstellationen wählen zu müssen, ist es zum einen sinnvoll, nicht von einer generellen zeitlichen Trennung von allgemeinen und besonderen Mangelrechten, sondern von einem grundsätzlichen Nebeneinander ab Fälligkeit des vertraglichen Erfüllungsanspruchs auszugehen. Zum anderen spricht der Sinn und Zweck des § 439 BGB sowie der §§ 437 ff. BGB insgesamt dafür, dass hinsichtlich der zeitlichen Anwendung des Nacherfüllungsanspruchs an den Erfüllungsversuch des Verkäufers anzuknüpfen ist. Denn so stehen dem Käufer die Vorteile des besonderen kaufrechtlichen Mangelgewährleistungsrechts, wie das Wahlrecht gemäß § 439 Abs. 1 BGB, unabhängig von der Annahme oder der Zurückweisung der Kaufsache zu, sodass für alle Fälle der Mangelhaftigkeit der Kaufsache auch ohne ein Bedürfnis nach Ausnahmen billige Ergebnisse erzielt werden können.

Darüber hinaus hat die Auslegung von Sinn und Zweck der Minderung nach § 441 BGB und der Schuldrechtsreform im Allgemeinen gezeigt, dass dem Käufer jedenfalls immer ein Minderungsrecht zur Verfügung stehen soll, zeitlich unabhängig davon, ob die Minderung in Bezug auf einen Mangel anstelle des allgemeinen oder besonderen Rücktrittsrechts tritt und auch unabhängig davon, ob der Käufer die Sache annimmt oder zurückweist. Dies wird aber durch eine generelle zeitliche Zäsur der besonderen Mangelrechte sowie eine damit zusammenhängende Anknüpfung an den Gefahrübergang oder die Lieferung der Sache verhindert, sodass ein Anknüpfen an Gefahrübergang oder Lieferung bzgl. der Anwendbarkeit der besonderen kaufrechtlichen Mangelrechte dem Telos abträglich ist.

Ferner wird durch die Anwendung der besonderen kaufrechtlichen Mangelrechte nach Maßgabe ihrer jeweiligen tatbestandlichen Voraussetzungen erreicht, dass dem Käufer so ausschließlich die für ihn günstigen Besonderheiten der §§ 437 ff. BGB zustehen. Zudem werden ihm zusätzlich beschränkte Vergünstigungen eingeräumt, wie das Wahlrecht des § 439 BGB, das durch § 439 Abs. 3 BGB relativiert wird. Der Vorteil der früheren Gewährung des Wahlrechts überwiegt dabei den Nachteil, dass ihm § 439 Abs. 3 BGB auch früher entgegen gehalten werden kann. Die ungünstigen Besonderheiten benennen hingegen schon tatbestandlich ein zeitliches Moment als maßgebend mit der Folge, dass eine generelle zeitliche Trennung von allgemeinen und besonderen Regeln aus Käuferschutzgesichtspunkten nicht erforderlich ist. Durch frühzeitige Gewährung der vorteiligen kaufrechtlichen Besonderheiten wird dem Sinn und Zweck der überschießenden Umsetzung der VerbrGüterKRL auf das allgemeine Kaufrecht am besten genüge getan, nämlich allen Käufern jedenfalls den mit der Richtlinie intendierten Mindestschutz zukommen zu lassen.

Schließlich wird durch eine Anwendung der besonderen kaufrechtlichen Mangelrechte ab Fälligkeit des vertraglichen Erfüllungsanspruchs auch nicht die Möglichkeit zur Herstellung eines interessengerechten Ausgleichs zwischen den Parteien beeinträchtigt, indem dieser keine berechtigten Belange des Verkäufers entgegenstehen.

D. Fazit

Im Ergebnis hat die Auslegung der §§ 437 ff. BGB zum einen ergeben, dass der Nacherfüllungsanspruch gemäß § 439 BGB nicht erst ab Gefahrübergang oder Lieferung der Sache, sondern vielmehr ab dem Versuch der Erfüllung der Leistungspflicht seitens des Verkäufers geltend gemacht werden kann.

Zum anderen sind die einzelnen Rechtsbehelfe der besonderen kaufrechtlichen Mangelrechte der §§ 437 ff. BGB ausweislich ihrer jeweiligen Voraussetzungen und Bestimmungen selbst für die Beantwortung der Frage ihrer Anwendbarkeit heranzuziehen. Soweit sich dabei kein zeitliches Moment aus der jeweiligen Norm ergibt, sind die besonderen Mangelrechte von vornherein neben den allgemeinen Regeln ab Fälligkeit des vertraglichen Erfüllungsanspruchs anwendbar mit der Konsequenz, dass von einer grundsätzlichen zeitlichen Trennung der speziellen kaufrechtlichen Mangelrechte von den allgemeinen

Leistungsstörungsrechten durch die Einschränkung des Anwendungsbereichs der §§ 437 ff. BGB Abstand zu nehmen ist. Dadurch, dass sich die Intention der Eingliederung der besonderen Regeln in das allgemeine Leistungsstörungsrecht nun in allen Auslegungsmethoden wiederfindet und sie damit eines der dominierenden Argumente gegen eine generelle zeitliche Abgrenzung des Anwendungsbereichs der speziellen kaufrechtlichen Mangelrechte ist, wird das hier gefundene Ergebnis auch nochmals nachdrücklich gestützt. Vor diesem Hintergrund bedeutet die Tatsache, dass ein zeitliches Ereignis zum Tatbestand einer Norm gemacht wurde, dementsprechend einzig, dass die Norm aufgrund ihrer Tatbestandsvoraussetzung eine zeitlich spätere Geltendmachung erfordert und gerade nicht, dass eine Konkurrenz zwischen allgemeinen und besonderen Mangelrechten hierfür maßgeblich ist. Folglich besteht zwischen allgemeinen Leistungsstörungsrechten und besonderen kaufrechtlichen Mangelrechten allenfalls eine Anspruchskonkurrenz, hingegen keine Systemkonkurrenz.

Kapitel 3 – Der Werkvertrag

A. Einleitung

Ebenso wie der Kaufvertrag stand auch der Werkvertrag im Fokus der Schuldrechtsmodernisierungsreform. So war es u.a. ein Anliegen des Reformgesetzgebers, die Unterscheidung zwischen Kauf- und Werkvertrag zu beseitigen oder zumindest zu reduzieren.[274] Ausgehend hiervon liegt die Überlegung nahe, ob das soeben für den Kaufvertrag gefundene Ergebnis auch für den Werkvertrag gelten kann. Konsequenz wäre, dass nicht die Abnahme maßgeblicher Abgrenzungszeitpunkt ist, sondern dass auch die §§ 634 ff. BGB parallel neben den allgemeinen Leistungsstörungsrechten vom Besteller geltend gemacht werden können. Auch im Werkvertragsrecht wird dieses Ergebnis insbesondere für die vertragliche Phase zwischen Fälligkeit und Abnahme der Leistung bedeutsam, soweit der Zeitpunkt der Fälligkeit und der Abnahme auseinanderfallen. Dann macht es nämlich für den Besteller einen Unterschied, ob ihm die besonderen Rechte erst ab Abnahme oder bereits im Stadium davor zustehen. Diese Frage stellt sich umso nachdrücklicher, da gerade i.R.v. Werkverträgen das Risiko besonders hoch ist, dass nicht rechtzeitig geleistet wird. D.h., gerade hier fallen Fälligkeits- und Abnahmezeitpunkt regelmäßig nicht unerheblich auseinander, sodass sich für den Besteller u.U. ein Interesse ergibt, auftretenden Mängeln sofort und nicht erst nach sowieso verspäteter Abnahme begegnen zu können. Die folgende Untersuchung konzentriert sich dabei ausschließlich auf den BGB-Werkvertrag.[275]

---

274 BT-Drucks. 14/6040, S. 94 f.

275 Der VOB/B-Werkvertrag soll in dieser Arbeit außen vor bleiben, da sich die Frage nach dem zeitlichen Anwendungsbereich besonderer werkvertraglicher Mangelrechte in einem Werkvertrag, in dem die VOB/B wirksam einbezogen wurde, deutlich klarer beantworten lässt. Gemäß § 4 Nr. 7 VOB/B wird dem Besteller bereits während der Ausführung ein durchsetzbarer Anspruch auf Mängelbeseitigung gewährt. Wird diesem vom Werkunternehmer nicht fristgerecht nachgekommen, stehen dem Besteller Rechte wie die Kündigung oder die Selbstvornahme offen. Ist die VOB/B als Regelungswerk mit AGB-Charakter hingegen nicht wirksam in den Vertrag einbezogen, gilt die gesetzliche Regelung der §§ 631 ff. BGB, sodass eine Konzentration der hier vorgenommenen Untersuchung auf den BGB-Werkvertrag für alle Werkverträge außerhalb der VOB/B Relevanz besitzt. Im Übrigen kann das für den BGB-Werkvertrag gefundene Ergebnis dann als Grundlage für Streitfälle i.R.v. VOB/B-Werkverträgen herangezogen werden.

B. Die relevanten sich gegenüberstehenden Rechte

I. Das allgemeine Leistungsstörungsrecht

Da das allgemeine Leistungsstörungsrecht dem Anwendungsbereich nach grundsätzlich für alle Arten von Verträgen gilt, kann weitestgehend auf die obigen Ausführungen zu den allgemeinen Leistungsstörungsrechten wie Rücktritt und Schadensersatz im Kapitel 2 verwiesen werden.[276] Nachstehend werden die allgemeinen Leistungsstörungsrechte daher lediglich im Hinblick auf ihre werkvertragliche Relevanz und etwaige Besonderheiten ergänzt oder ersetzt.

1. Der Erfüllungsanspruch nach § 631 Abs. 1 BGB

Nach § 631 Abs. 1 BGB kann der Besteller vom Werkunternehmer die Erfüllung sämtlicher durch den Werkvertrag übernommener Pflichten verlangen. Ebenso wie der kaufrechtliche Erfüllungsanspruch ist auch der werkvertragliche Erfüllungsanspruch in den Bereich der allgemeinen Leistungsstörungsrechte einzuordnen. Diese Einordnung ergibt sich nicht zwangsläufig pauschal aus einer Systemkonkurrenz von allgemeinen und besonderen Leistungsstörungsrechten, sondern aus der Anspruchskonkurrenz von Erfüllungs- und Nacherfüllungsanspruch. Liegen die Voraussetzungen des spezielleren werkvertraglichen Nacherfüllungsanspruchs aus § 635 BGB vor, so wird der ursprüngliche Erfüllungsanspruch dahingehend modifiziert, dass an seine Stelle der speziellere Nacherfüllungsanspruch tritt. Solange also das besondere werkvertragliche Gewährleistungsrecht der Nacherfüllung nicht anwendbar ist, gilt der dem allgemeinen Leistungsstörungsrecht zuzuordnende[277] Erfüllungsanspruch aus § 631 Abs. 1 Satz 1 BGB.[278]

2. Das Rücktrittsrecht nach den §§ 323 ff. BGB

In Bezug auf die Voraussetzungen und die Rechtsfolge des Rücktrittsrechts i.R.d. allgemeinen Leistungsstörungsrechte gilt das oben in Kapitel 2 Gesagte.[279]

---

276 Vgl. hierzu genauer Kap. 2, B, I.

277 Für die Begründung, wieso und wann der vertragliche Erfüllungsanspruch ein allgemeines Leistungsstörungsrecht darstellt, vgl. oben beim Kaufrecht unter Punkt B, I, 1, dessen Argumentation eins zu eins auf den Werkvertrag übertragen werden kann.

278 Bzgl. der Frage über den Entstehungszeitpunkt des Nacherfüllungsanspruchs bzw. der werkvertraglichen Mangelrechte der §§ 634 ff. BGB insgesamt wird auf die ausführlichen Ausführungen in diesem Kapitel im Teil C verwiesen.

279 Vgl. hierzu Kap. 2, C, I, 2.

Hervorzuheben gilt es aber hier nochmal ausdrücklich, dass sich die Problematik um die Abgrenzung von Teilleistung und Schlechtleistung ebenfalls im Werkvertragsrecht stellt und die für das Kaufrecht vom Verfasser vertretene Lösung auf das Werkvertragsrecht eins zu eins zu übertragen ist. Demnach ist die Gleichstellung einer Mankolieferung mit einer Schlechtleistung auch auf das allgemeine Leistungsstörungsrecht zu erstrecken, soweit der Anwendungsbereich des § 633 Abs. 2 Satz 3 BGB eröffnet ist.[280]

3. *Der Schadensersatzanspruch gem. §§ 280, 281, 283 und 311a BGB*

Auch für den Schadensersatzanspruch kann hinsichtlich der Voraussetzungen, Rechtsfolgen und der sich auch dort stellenden Problematik um die Abgrenzung von Teil- und Schlechtleistung wegen der uneingeschränkten Übertragbarkeit auf das Werkvertragsrecht, vollumfänglich auf die obigen Ausführungen in Kapitel 2 verwiesen werden.[281]

4. *Die Kündigung aus wichtigem Grund nach § 314 BGB*

Nach altem Schuldrecht war darüber hinaus im Werkvertragsrecht ein Recht zur außerordentlichen Kündigung auch ohne gesetzliche Regelung allgemein anerkannt und zwar unabhängig davon, ob dieses auf eine entsprechende Anwendung der für die Dauerschuldverhältnisse geltenden Kündigungsregelungen,[282] auf die Regeln über die positive Forderungsverletzung[283] oder auf eine Nichtanwendung des § 649 Satz 2 BGB a.F.[284] gestützt wurde. Eine solche Möglichkeit zur außerordentlichen Kündigung eines Werkvertrages könnte auch nach der gesetzlichen Neuregelung durch das Schuldrechtsmodernisierungsgesetz gegeben sein.

a) Rechtliche Grundlage

Zu fragen gilt es also, ob der Besteller auch nach der Schuldrechtsmodernisierung aus wichtigem Grund kündigen kann. Teilweise wird dabei die Auffassung vertreten, dass die Einführung der Kündigung von Dauerschuldverhältnissen aus wichtigem Grund in § 314 BGB die Möglichkeit zur außerordentlichen

280 Für die auch im Werkvertragsrecht sachgerechte Argumentation vgl. oben Kap. 2, C, I, 2, c, ee, (3).
281 Vgl. hierzu Kap. 2, C, I, 3 und 4.
282 Schmidt, NJW 1995, 1313, 1314; Niemöller, BauR 1997, 539, 540.
283 Peters, in: Staudinger (2000), § 649 Rn. 32.
284 BGH, NJW 1960, 431; NJW 1975, 825, 826; NJW 1993, 1972.

Kündigung beim Werkvertrag ausschließe, da diese Regelung die außerordentliche Kündigung auf Dauerschuldverhältnisse beschränke und der Werkvertrag kein solches sei.[285] Dagegen spricht jedoch, dass der Besteller dadurch auf die Möglichkeit des Rücktritts beschränkt wird, was wegen des durchaus möglichen Langzeitcharakters eines Werkvertrages, der individuellen Abstimmung des Werkes auf den Besteller sowie der damit verbundenen fehlenden anderweitigen Verwendbarkeit des Werkes zu wenig sachgerechten Ergebnissen führt.[286] Im Übrigen steht auch die Gesetzesbegründung dieser Annahme entgegen, denn aus dieser geht hervor, dass der Gesetzgeber mit der Einführung des § 314 BGB lediglich bei einer allgemeinen Überarbeitung des Leistungsstörungsrechts den allgemein anerkannten Rechtsgrundsatz der außerordentlichen Kündigung bei Dauerschuldverhältnissen im BGB festschreiben wollte, ohne sich mit dem darüber hinaus auch allgemein anerkannten Recht zur außerordentlichen Kündigung beim Werkvertrag auseinanderzusetzen.[287]

Andere vertreten, dass durch die i.R.d. Schuldrechtsmodernisierungsreform geänderten Regelungen zu den Voraussetzungen und der Abwicklung des Rücktritts, insbesondere aber durch die Möglichkeit des Teilrücktritts, eine ausreichend angemessene Möglichkeit der Vertragsbeendigung für den Besteller geschaffen worden sei mit der Konsequenz, dass das außerordentliche Kündigungsrecht verdrängt werde.[288] Aber auch diese Ansicht ist abzulehnen, da der Rücktritt, insbesondere der Teilrücktritt, in solchen Fällen keine sachgerechte Lösung bietet, in denen der Besteller zwar nicht mehr mit dem Werkunternehmer zusammen arbeiten möchte, jedoch an den erbrachten Teilleistungen nach wie vor Interesse hat.[289] Denn ein Teilrücktritt ist auch bei Vorliegen sämtlicher Rücktrittsvoraussetzungen nur bei einer Teilbarkeit der Leistung möglich, während die außerordentliche Kündigung bei Vorliegen ihrer Voraussetzungen immer möglich ist und in der Folge hinsichtlich der zu zahlenden Vergütung unabhängig von einer Teilbarkeit zwischen erbrachter und nicht erbrachter Leistung unterscheidet. Insoweit sei abschließend auch auf die Regelung des § 8 Abs. 3 VOB/B hingewiesen, die ein solches außerordentliches Kündigungsrecht des Bestellers jedenfalls für Werkverträge gewährt, denen die VOB/B zugrunde liegt. Das anhand der Normierung in der VOB/B erkennbare praktische

---

285 Böttcher, ZfBR 2003, 213, 220.

286 Voit, in: BeckOK Bamberger/Roth, § 649 Rn. 21.

287 BT-Drucks. 14/6040, S. 177; Busche, in: MK, § 649 Rn. 31; Jansen, Mangelrechte vor Abnahme, S. 87 m.w.N.

288 Boldt, NZBau 2002, 655 ff.

289 Voit, BauR 2002, 145, 161; Oberhauser, in: Messerschmidt/Voit, § 649 Rn. 60.

Bedürfnis einer solchen Regelung lässt sich dabei auch auf den BGB-Werkvertrag übertragen.

Im Ergebnis besteht auch nach der Schuldrechtsreform für den Besteller weiterhin die Möglichkeit, den Werkvertrag außerordentlich zu kündigen.[290] Dabei kann es an dieser Stelle dahinstehen, ob als Rechtsgrundlage, wie teilweise angenommen, § 649 BGB mit der Maßgabe gilt, dass § 649 Satz 2 BGB teleologisch zu reduzieren ist,[291] oder ob als Rechtsgrundlage § 314 BGB analog heranzuziehen ist.[292]

b) Außerordentlicher Kündigungsgrund

Nachdem herausgearbeitet wurde, dass dem Besteller noch immer ein außerordentliches Kündigungsrecht zusteht, gilt es im nächsten Schritt, die Voraussetzung zu erörtern.

Die außerordentliche Kündigung setzt einen wichtigen Grund voraus. Ein solcher besteht dann, wenn ein dem Werkunternehmer zurechenbares Verhalten zu einer ernsthaften Gefährdung des Vertragszwecks und damit zu einer Unzumutbarkeit der Vertragsfortführung für den Besteller führt.[293]

Genauer zu betrachten ist dabei vor allem die Frage, ob bereits Mängel an dem Werk während der Herstellungsphase, wie z.B. an bereits erbrachten Teilleistungen, zu einer solchen Unzumutbarkeit der Vertragsfortführung führen können. Grundsätzlich gilt diesbzgl. festzuhalten, dass den Interessen des Bestellers vorrangig durch die in § 634 BGB genannten Rechte Rechnung getragen werden soll. Erst wenn das ausnahmsweise nicht mehr zielführend ist, weil das Verhältnis der Parteien derart erschüttert ist, dass dem Besteller die Vertragsfortführung unzumutbar ist, kann außerordentlich gekündigt werden.[294] Eine solche Unzumutbarkeit ist indes nur bei groben Mängeln anzunehmen, die das

---

290 Voit, in: BeckOK Bamberger/Roth, § 649 Rn. 21; ders., BauR 2002, 145, 161; ders., in: FS Koeble (2010), S. 225, 234; Busche, in: MK, § 649 Rn. 31; Peters/Jacoby, in: Staudinger, § 649 Rn. 2; Sprau, in: Palandt, § 649 Rn. 13; Oberhauser, in: Messerschmidt/Voit, § 649 Rn. 60; Vygen, in: Ingenstau/Korbion, VOB/B Vor §§ 8 und 9 Rn. 12; Looschelders, SR BT, § 33 Rn. 710.

291 Vgl. für viele nur Voit, in: BeckOK Bamberger/Roth, § 649 Rn. 21.

292 Vgl. für viele nur Busche, in: MK, § 649 Rn. 31.

293 Voit, in: BeckOK Bamberger/Roth, § 649 Rn. 22; Busche, in: MK, § 649 Rn. 32; ähnlich, aber strenger auf ein schuldhaftes Verhalten abstellend Peters/Jacoby, in: Staudinger, § 649 Rn. 57.

294 Voit, in: BeckOK Bamberger/Roth, § 649 Rn. 22; Jansen, Mangelrechte vor Abnahme, S. 88.

Erbringen eines mangelhaften Werkes im Ganzen naheliegend erscheinen lassen und schuldhaft vom Unternehmer oder seinem Erfüllungsgehilfen verursacht wurden.[295] Ein Mangel während der Herstellungsphase des Werkes stellt somit nur in besonderen Ausnahmefällen einen außerordentlichen Kündigungsgrund dar.

Weitere eigenständige Voraussetzungen sind für die Kündigung nicht erforderlich. Zwar könnte man überlegen, ob ein Fristsetzungs- oder Abmahnerfordernis neben einem Kündigungsgrund erforderlich sein könnte, um nicht die sonst i.R.d. allgemeinen Leistungsstörungsrechte grundsätzlich geltenden Regelungen zu unterlaufen.[296] Jedoch soll ein solches Erfordernis jedenfalls dann überflüssig sein, wenn eine schwerwiegende Vertragsverletzung vorliegt, die eine sofortige Vertragsbeendigung rechtfertigt.[297] Da ein die Fristsetzung bzw. Abmahnung entbehrlich machender Sachverhalt aber zugleich die Grundlage dafür ist, dass überhaupt ein außerordentlicher Kündigungsgrund gegeben ist, dürfte bei der außerordentlichen Kündigung des Bestellers daher stets jedenfalls die Fristsetzung bzw. Abmahnung entbehrlich sein. Nichtsdestotrotz ist der Besteller gut beraten, dennoch immer eine Frist zu setzen, um die Voraussetzungen des Rücktritts und des Schadensersatzes statt der Leistung eindeutig herbeizuführen, um sich wenigstens die mögliche Geltendmachung dieser Rechte zu bewahren.[298]

c) Rechtsfolgen

Die außerordentliche Kündigung beendet den Werkvertrag wie generell für die Zukunft, lässt ihn aber als Rechtsgrund hinsichtlich der bereits erbrachten Leistung bestehen.[299] Anders als bei der normalen Kündigung nach § 649 Satz 2 BGB kann der Werkunternehmer aber nicht die Vergütung seiner noch nicht erbrachten Leistungen verlangen, sondern kann nur den Anteil der vereinbarten

---

295 Peters/Jacoby, in: Staudinger, § 649 Rn. 57; Voit, in: BeckOK Bamberger/Roth, § 649 Rn. 22.

296 Für ein solch grundsätzliches Erfordernis Oberhauser, in: Messerschmidt/Voit, § 649 Rn. 64; Sprau, in: Palandt, § 649 Rn. 14.

297 BGH, NJW 1975, 825, 826; NJW 1996, 1108; Oberhauser, in: Messerschmidt/Voit, § 649 Rn. 64.

298 Oberhauser, in: Messerschmidt/Voit, § 649 Rn. 64; Jansen, Mangelrechte vor Abnahme, S. 89.

299 Sprau, in: Palandt, § 649 Rn. 15; Voit, in: BeckOK Bamberger/Roth, § 649 Rn. 8; BGH, NJW 1993, 1972, 1973.

Vergütung einfordern, der seinen bisher erbrachten Leistungen entspricht.[300] Die Vergütungspflicht für bereits erbrachte Leistungen entfällt jedoch insoweit, als die erbrachte Leistung für den Besteller wertlos ist, weil sie für ihn z.B. aufgrund irreparabler Mängel nicht brauchbar oder ihre Verwertung ihm nicht zumutbar ist.[301] Hinsichtlich etwaiger Mängel an der bis zur Kündigung erbrachten Leistung stehen dem Besteller im Übrigen die Mangelrechte nach den allgemeinen Grundsätzen zur Verfügung.[302] Schließlich kann dem Besteller gegen den Werkunternehmer wegen dessen vertragswidrigen Verhaltens auch ein Anspruch auf Schadensersatz zustehen, der auf die Erstattung der für die anderweitige Fertigstellung des Werkes entstandenen Mehrkosten gerichtet ist.[303]

5. *Der Einwand der Unverhältnismäßigkeit nach § 275 Abs. 2 BGB und die allgemeine Verjährung nach §§ 195, 199 BGB*

Hinsichtlich der i.R.d. allgemeinen Leistungsstörungsrechte auch zu erwähnenden Unverhältnismäßigkeit nach § 275 Abs. 2 BGB und den Ausführungen zur allgemeinen Verjährung wird aufgrund der identischen Interessenlage auf das oben Gesagte verwiesen.[304]

II. Das besondere werkvertragliche Mangelgewährleistungsrecht

Neben dem allgemeinem Leistungsstörungsrecht enthält das BGB für den Werkvertrag in den §§ 634 ff. BGB vertragsspezifische Mangelrechte. Der Anwendungsbereich des besonderen Werkvertragsrechts ist durch die im Zuge der Schuldrechtsmodernisierungsreform erfolgte Einführung des § 651 BGB erheblich eingeschränkt worden. Durch die Verweisung auf die Regelungen im Kaufrecht für herzustellende oder zu erzeugende beweglichen Sachen gelten die §§ 634 ff. BGB zum einen noch für Arbeiten an unbeweglichen Sachen. Der Begriff der unbeweglichen Sache umfasst vorwiegend Grundstücke, also abgrenzbare Teile der Erdoberfläche, für die gemäß § 3 Abs. 1 GBO im Grundbuch ein Grundbuchblatt vorgesehen ist. Darüber hinaus werden wesentliche Bestandteile

---

300 BGH, NJW 2011, 1872, 1873 Rn. 20; Oberhauser, in: Messerschmidt/Voit, § 649 Rn. 66; Busche, in: MK, § 649 Rn. 33; Sprau, in: Palandt, § 649 Rn. 15.

301 BGH, NJW 1997, 3017, 3018; Voit, in: BeckOK Bamberger/Roth, § 649 Rn. 24; Busche, in: MK, § 649 Rn. 33.

302 BGH, NJW-RR 2006, 1309; Busche, in: MK; § 649 Rn. 33; Sprau, in: Palandt, § 649 Rn. 15.

303 Voit, in: BeckOK Bamberger/Roth, § 649 Rn. 25; Sprau, in: Palandt, § 649 Rn. 15.

304 Vgl. hierzu Kap. 2, C, I, 4 bzw. 5.

des Grundstücks, wie z.B. Gebäude, als unbewegliche Sachen gezählt.[305] Entsprechend sind Verträge über die Errichtung eines Bauwerks als Werkverträge zu qualifizieren. Gleiches gilt für Verträge über den Einbau von beweglichen Sachen in ein Bauwerk, wenn neben einer Montage nicht die Herstellung und Eigentumsverschaffung den Vertrag prägen, sondern die Schöpfung eines über diese Sache hinausgehenden Gesamterfolgs vertraglich im Vordergrund steht.[306] Zum anderen unterfallen dem Werkvertragsrecht sämtliche Arbeiten, die nicht die Herstellung einer neuen Sache zum Ziel haben, also insbesondere Reparatur-, Wartungs- und Instandhaltungsverträge.[307] Erfasst sind vom Werkvertragsrecht auch geistige Leistungen, selbst wenn sich der Erfolg in einer beweglichen Sache verkörpert.[308] So gelten beispielsweise Architektenverträge, die Programmierung von Software oder das Erstellen von Gutachten als Werkverträge, weil die geistige und kreative Leistung das vertragsprägende Element ist.[309]

Die Rechte aus § 634 Nr. 1–4 BGB bestehen dabei grundsätzlich unabhängig voneinander, allerdings ergibt sich aus der Reihenfolge in § 634 BGB und den Voraussetzungen der einzelnen Mangelrechte ein Stufenverhältnis. Der Besteller kann regelmäßig erst, wenn er erfolglos eine angemessene Frist zur Nacherfüllung gesetzt hat, nach seiner Wahl den Mangel selbst beseitigen und Ersatz der erforderlichen Aufwendungen verlangen, vom Vertrag ganz oder teilweise zurücktreten, den Werklohn mindern oder Schadensersatz statt der Leistung bzw. Ersatz seiner vergeblichen Aufwendungen fordern.[310] Es besteht demnach stets ein Vorrang der Nacherfüllung.

1. Der Nacherfüllungsanspruch nach §§ 634 Nr. 1, 635 BGB

Der Nacherfüllungsanspruch aus § 635 BGB ist bei Sach- und Rechtsmängeln der dem Besteller primär zustehende Anspruch, vgl. § 634 Nr. 1 BGB. Er setzt einzig voraus, dass das Werk mangelhaft ist.

---

305 Fritzsche, in: BeckOK Bamberger/Roth, § 90 Rn. 12; Ellenberger, in: Palandt, Überbl v. § 90 Rn. 3.

306 Voit, in: BeckOK Bamberger/Roth, § 651 Rn. 6; Sprau, in: Palandt, § 651 Rn. 4; Jansen, Mangelrechte vor Abnahme, S. 23.

307 BT-Drucks. 14/6040, S. 268; Voit, in: BeckOK Bamberger/Roth, § 651 Rn. 5; Busche, in: MK, § 651 Rn. 11.

308 Busche, in: MK, § 651 Rn. 12; Messerschmidt/Leidig, in: Messerschmidt/Voit, § 651 Rn. 49; Sprau, in: Palandt, § 651 Rn. 5.

309 Vgl. nur Voit, in: BeckOK Bamberger/Roth, § 651 Rn. 4 m.w.N.

310 Sprau, in: Palandt, § 634 Rn. 2.

a) *Mangelhaftes Werk*

Ausweislich von § 633 Abs. 1 BGB hat der Werkunternehmer die Pflicht, dem Besteller das Werk frei von Sach- oder Rechtsmängeln zu verschaffen. Ob das Werk einen Mangel aufweist, bestimmt sich nach § 633 BGB. Insofern ergibt sich folgende Struktur bei der Bestimmung, ob ein Mangel vorliegt:

- Zunächst ist das Werk frei von Sachmängeln, wenn es ausgehend von einer ausdrücklichen oder konkludenten Beschaffenheitsvereinbarung die vereinbarte Beschaffenheit aufweist, § 633 Abs. 2 Satz 1 BGB.
- Fehlt eine solche Beschaffenheitsvereinbarung, ist sodann danach zu fragen, ob sich das Werk für die nach dem Vertrag vorausgesetzte Verwendung eignet, § 633 Abs. 2 Satz 2 Nr. 1 BGB.
- Fehlt es auch an einer vertraglichen Vereinbarung hinsichtlich einer Verwendung, so ist darauf abzustellen, ob sich das Werk für die gewöhnliche Verwendung eignet und eine Beschaffenheit aufweist, die bei Werken der gleichen Art üblich ist und die der Besteller nach der Art des Werkes erwarten kann, § 633 Abs. 2 Satz 2 Nr. 2 BGB.
- Einem Sachmangel steht es darüber hinaus gleich, wenn der Werkunternehmer ein anderes als das bestellte Werk oder das Werk in zu geringer Menge herstellt, § 633 Abs. 2 Satz 3 BGB.
- Schließlich ist das Werk frei von Rechtsmängeln, wenn Dritte in Bezug auf das Werk keine oder nur die im Vertrag übernommenen Rechte gegen den Besteller geltend machen können, § 633 Abs. 3 BGB.

Als Sachmangel wird im Ergebnis jede Abweichung der Ist- von der Soll-Beschaffenheit bezeichnet. Dabei schließt eine tatsächlich erbrachte Leistung, die wirtschaftlich und technisch vorzugswürdig ist, das Vorliegen eines Mangels nicht von vornherein aus.[311] Was dabei als Soll-Beschaffenheit zu verstehen ist, richtet sich primär nach den subjektiven Vorstellungen der Parteien, die in der von ihnen getroffenen vertraglichen Beschaffenheitsvereinbarung zum Ausdruck kommt, und bei Fehlen einer solchen sodann nach dem vertraglich vorausgesetzten Gebrauch sowie ersatzweise nach der objektiv zu bestimmenden Eignung zur gewöhnlichen Verwendbarkeit des Werkes. Die Ist-Beschaffenheit ist demgegenüber der tatsächliche Zustand des Werkes in dem für den Gefahrübergang maßgeblichen Zeitpunkt.[312] Zur Bestimmung eines Sachmangels ist demzufolge die Beschaffenheit ein wesentlicher Anknüpfungspunkt.

---

311 BGH, NZBau 2002, 571, 572; Busche, in: MK, § 633 Rn. 9.

312 Busche, in: MK, § 633 Rn. 7.

aa) Beschaffenheit

Unstreitig unter den Beschaffenheitsbegriff zu fassen sind alle dem Werk unmittelbar und jedenfalls für eine gewisse Zeit anhaftenden physischen Merkmale oder geistigen Wesenszüge.[313] Ebenso wie im Kaufrecht stellt sich aber auch hier die Frage, ob der Begriff der Beschaffenheit nur Eigenschaften umfasst, die der Sache unmittelbar physisch anhaften oder ob auch Umstände bzw. Beziehungen des Werkes zur Umwelt heranzuziehen sind, mithin also solche Eigenschaften, die außerhalb des Werkes liegen. Die offensichtliche Parallele zum kaufrechtlichen Beschaffenheitsbegriff ist insoweit deutlich erkennbar.[314] Entsprechend wäre aufgrund dieser identischen Problematik, verbunden mit dem systematischen Argument, dass der Gesetzgeber mit der Schuldrechtsmodernisierung eine Angleichung von Kauf- und Werkvertragsrecht angestrebt hat,[315] eine unterschiedliche Handhabung widersprüchlich. Konsequenterweise ist daher auch der Beschaffenheitsbegriff im Werkvertragsrecht dahin auszulegen, dass alle tatsächlichen, wirtschaftlichen oder rechtlichen Beziehungen eines Werkes zu seiner Umwelt als erfasst anzusehen sind, sofern zumindest ein Bezug zum Werk besteht.[316] Der Beschaffenheitsbegriff im Werkvertragsrecht umfasst damit auch Umweltbeziehungen des Werkes, die sich auf die Verwendbarkeit des Werkes auswirken, soweit diese Merkmale nach der Verkehrsanschauung Einfluss auf die Wertschätzung und Brauchbarkeit des Werkes haben können.[317]

bb) Abweichung von vereinbarter Beschaffenheit, § 633 Abs. 2 Satz 1 BGB

Primär ist also zur Feststellung eines Sachmangels zu untersuchen, ob eine Beschaffenheitsvereinbarung besteht und ob von dieser abgewichen wurde. Liegt eine Abweichung von der zwischen den Parteien vereinbarten Soll-Beschaffenheit vor, so ist das Werk mangelhaft. Die Beschaffenheitsvereinbarung kann dabei grundsätzlich durch ausdrückliche oder konkludente Willenserklärungen

---

313 OLG Hamm, NZBau 2007, 715, 715 f.; Voit, in: BeckOK Bamberger/Roth, § 633 Rn. 4; Sprau, in: Palandt, § 633 Rn. 5.

314 Sprau, in: Palandt, § 633 Rn. 5; Busche, in: MK, § 633 Rn. 11.

315 Vgl. nur BT-Drucks. 14/6040, S. 234, 268.

316 Für die auf das Werkvertragsrecht zu übertragende Argumentation vgl. oben Kapitel 2, C, II, 1, a, aa.

317 Busche, in: MK, § 633 Rn. 10; Voit, in: BeckOK Bamberger/Roth, § 633 Rn. 4; OLG Thüringen, OLG-NL 2004, 121, 124; a.A. Mundt, NZBau 2003, 73, 75, der nur unmittelbar an die Sache anhaftende Merkmale ausreichen lassen will.

getroffen werden.[318] Wie im Punkt zuvor i.V.m. den entsprechenden kaufrechtlichen Ausführungen bereits genannt,[319] versteht man unter Beschaffenheit alle dem Werk anhaftenden tatsächlichen, wirtschaftlichen und rechtlichen Beziehungen zu seiner Umwelt sowie alle Faktoren, die sich auf die Verwendung des Werkes einschließlich seines Wertes auswirken können. Infolge einer wirksam getroffenen Beschaffenheitsvereinbarung bestimmt sich der vertraglich geschuldete Erfolg aber nicht nur allein nach der vereinbarten Leistung oder Ausführungsart, sondern auch danach, welche Funktion das Werk nach dem Willen der Parteien erfüllen soll.[320] Nach dem funktionalen Mangelbegriff liegt damit in der Regel selbst dann ein mangelhaftes Werk vor, wenn der Unternehmer zwar die vertraglich vereinbarte Leistung und Ausführungsart eingehalten hat, aber der vertraglich zugesagte Erfolg nicht erreicht wird.[321] Folglich schuldet der Werkunternehmer in der Regel die vereinbarte Funktionstauglichkeit, selbst wenn dieser Erfolg nicht mit der vereinbarten Leistung oder Ausführungsart zu erreichen ist. Dies gilt ausnahmsweise nur dann nicht, wenn die Parteien klar und eindeutig einen anderen als den üblichen Erfolg bzw. ein nicht funktionstaugliches Werk vereinbart haben.[322]

Ein Mangel nach § 633 Abs. 2 Satz 1 BGB liegt damit letztlich dann vor, wenn das Werk nicht der vereinbarten Beschaffenheit entspricht oder nach Fertigstellung nicht funktionsfähig ist.

cc) Fehlende Eignung zur vorausgesetzten Verwendung, § 633 Abs. 2 Satz 2 Nr. 1 BGB

Ist die Beschaffenheit zwischen den Parteien nicht vertraglich vereinbart worden, kommt es sodann zunächst auf die vertraglich vereinbarte Verwendbarkeit an. Auch hier ist wieder die Funktion des Werkes maßgeblich, sodass zumindest gemeinsame Vorstellungen der Parteien von der Verwendung im Zusammenhang mit dem Vertragsschluss zum Ausdruck gekommen sein müssen.[323] Eine

---

318 Sprau, in: Palandt, § 633 Rn. 6; BGH, NJW-RR 2002, 1533; Busche, in: MK, § 633 Rn. 12.

319 Vgl. hierzu den Punkt aa unmittelbar zuvor i.V.m. Kap. 2, C, II, 1, a, aa.

320 BGH, NJW 2011, 3780.

321 BGH, NJW-RR 1995, 472; BGH, NJW 2003, 200 = BauR 2003, 236, 238; BGH, NJW 2008, 511 = NzBau 2008, 109; BGH, NJW 2011, 3780, 3781; Voit, in: BeckOK Bamberger/Roth, § 633 Rn. 4a; Mansel, in: Jauernig, § 633 Rn. 4; Busche, in: MK, § 633 Rn. 14.

322 Voit, in: BeckOK Bamberger/Roth, § 633 Rn. 4a.

323 Busche, in: MK, § 633 Rn. 28; Voit, in: BeckOK Bamberger/Roth, § 633 Rn. 6.

Abgrenzung zur Beschaffenheitsvereinbarung gestaltet sich dabei fließend, was aber angesichts der letztlich doch identischen Rechtsfolge dahinstehen kann.

dd) Fehlende Eignung zur gewöhnlichen Verwendung und üblichen Beschaffenheit, § 633 Abs. 2 Satz 2 Nr. 2 BGB

Fehlt es auch an einer vertraglichen Verwendungsvereinbarung, kommt es auf die Eignung zur gewöhnlichen Verwendung sowie die übliche und die zu erwartende Beschaffenheit an. Für die Ermittlung der Möglichkeiten zur gewöhnlichen Verwendung ist ein objektiver Maßstab anzulegen, der sich daran orientiert, was nach der Verkehrsanschauung unter Berücksichtigung der örtlichen Gegebenheiten und der durchschnittlichen Lebensverhältnisse gängige Praxis ist. Die über die Eignung zur gewöhnlichen Verwendung hinaus geschuldete Beschaffenheit des Werkes, die bei Werken gleicher Art üblich ist und die der Besteller nach Art des Werkes erwarten kann, ist daneben wegen der im Werkvertragsrecht häufig gegebenen individuellen Unterschiede der Werke durch eine verwandtschaftliche Zuordnung vergleichbarer Werke zu bestimmen.[324]

Zur üblichen Beschaffenheit und dem, was der Besteller nach der Art des Werkes erwarten kann, zählt darüber hinaus auch die Beachtung der anerkannten Regeln der Technik.[325] Zwar werden die anerkannten Regeln der Technik nicht ausdrücklich in § 633 Abs. 2 Satz 2 Nr. 2 BGB genannt, jedoch beruht die fehlende Nennung einzig auf der Intention, Missverständnisse zu vermeiden.[326] Die anerkannten Regeln der Technik lassen sich als technische Regeln für den Entwurf und die Ausführung von Werkanlagen bestimmen, die in der Wissenschaft als theoretisch richtig gebilligt sind und feststehen sowie insbesondere in dem Kreise der für die Anwendung der betreffenden Regeln maßgeblichen nach dem neuesten Erkenntnisstand vorgebildeten Techniker durchweg bekannt und auf Grund fortdauernder praktischer Erfahrung als technisch geeignet, angemessen und notwendig anerkannt sind.[327] Hat der Unternehmer dann ein diesen Regeln entsprechendes Werk hergestellt, so ist die Annahme eines Sachmangels aber umgekehrt nicht ausgeschlossen. Trotz der Maßgabe zur Einhaltung der anerkannten Regeln der Technik gilt nämlich dennoch stets, dass der vertraglich

---

324 Busche, in: MK, § 633 Rn. 29.

325 BT-Drucks. 14/6040, S. 261; Voit, in: BeckOK Bamberger/Roth, § 633 Rn. 12; Peters/Jacoby, in: Staudinger, § 633 Rn. 177.

326 BT-Drucks. 14/6040, S. 261.

327 BGH, NZBau 2010, 701 Rn. 14; Peters/Jacoby, in: Staudinger, § 633 Rn. 178; Oppler, in: Ingenstau/Korbion, VOB/B § 4 Abs. 2 Rn. 48; von Rintelen, in: Messerschmidt/Voit, H Rn. 27; Busche, in: MK, § 633 Rn. 17.

vereinbarte Erfolg geschuldet ist und nicht bloß ein den Regeln der Technik entsprechendes Werk. [328]

ee) Herstellung eines anderen Werkes oder des geschuldeten Werkes in zu geringer Menge, § 633 Abs. 2 Satz 3

Einem Sachmangel ist es nach § 633 Abs. 2 Satz 3 BGB gleichgestellt, wenn der Werkunternehmer ein anderes als das geschuldete Werk oder das Werk in einer zu geringen Menge liefert. Ein anderes als das bestellte Werk ist dann hergestellt, wenn das Werk hinsichtlich seiner Ausführung oder auch schon nach seiner Art von dem vereinbarten Vertragszweck abweicht.[329] Eine zu geringe Menge des Werkes liegt vor, wenn die zur vollständigen Erfüllung erbrachte Leistung nicht der geschuldeten Menge entspricht.[330] Die praktische Relevanz dieser beiden Alternativen für das Werkvertragsrecht dürfte hingegen eher gering sein, da Falschlieferungen zumeist nur bei beweglichen Sachen vorkommen dürften, die aber ohnehin über § 651 BGB dem Kaufvertragsrecht zugeordnet werden. Zum anderen dürften Mengenfehler in Bezug auf das Werk vom Besteller regelmäßig schon frühzeitig erkannt werden, sodass die Geltendmachung des ursprünglichen Erfüllungsanspruchs anstelle der besonderen werkvertraglichen Mangelrechte ausreicht.[331]

ff) Sonstige mangelbegründende Tatsachen

Eine Besonderheit in Werkverträgen ergibt sich darüber hinaus auch dadurch, dass bei der Herstellung eines Werkes mehrere Werkunternehmer teilnehmen können, die ihrerseits jeweils selbstständige Teilwerke herstellen, die dann ein funktionierendes Gesamtwerk ergeben sollen. In diesen Konstellationen kann es leicht dazu kommen, dass das Werk eines einzelnen Werkunternehmers an sich funktionsgerecht und mangelfrei hergestellt wird, aber dennoch nicht funktioniert, weil andere für die Funktionstauglichkeit maßgebliche Teilwerke anderer Werkunternehmer nur mangelhaft erbracht wurden. Ferner kann die Mangelhaftigkeit des eigenen Werkes auch daraus resultieren, dass der Besteller fehlerhafte Weisungen erteilt hat, der vom Besteller gestellte Stoff mangelhaft war oder fehlerhaft geplant wurde. Aber unabhängig davon, ob die fehlende

---

328 BGH, NJW-RR 2006, 240 f.; Voit, in: BeckOK Bamberger/Roth, § 633 Rn. 13; Vorwerk, BauR 2003, 1, 4 f.; Jansen, Mangelrechte vor Abnahme, S. 31.

329 Busche, in: MK, § 633 Rn. 32; Sprau, in: Palandt, § 633 Rn. 8.

330 Sprau, in: Palandt, § 633 Rn. 8.

331 Busche, in: MK, § 633 Rn. 31.

Funktionstauglichkeit aus einem mangelhaften Werk eines anderen Werkunternehmers oder sonstigen Mitverantwortlichkeiten Dritter resultiert, muss der Werkunternehmer grundsätzlich für die Funktionstauglichkeit seines Werkes einstehen, da das Werk auch in diesem Fall mangelhaft ist.[332] Im Ergebnis kann der Werkunternehmer also grundsätzlich auch ein mangelhaftes Werk herstellen, wenn der Mangel seiner Werkleistung auf fehlerhaften Vorunternehmerleistungen, fehlerhaften Planungsleistungen oder Weisungen sowie sonstigen Mitverantwortlichkeiten Dritter beruht. Erforderlich ist dabei aber stets, dass die Risikozuweisung zulasten des Werkunternehmers gerechtfertigt ist, indem ihm die Mangelhaftigkeit des Werkes zugerechnet werden kann.[333]

b) Kein Ausschluss

Weitere Voraussetzung für die Geltendmachung des Nacherfüllungsanspruchs ist, dass dieser nicht ausgeschlossen ist. Hier sind vor allem die Fälle des § 640 Abs. 2 BGB, des § 275 BGB und des § 635 Abs. 3 BGB bedeutsam.

aa) Ausschluss wegen § 640 Abs. 2 BGB

Der Nacherfüllungsanspruch, sowie auch die übrigen in § 634 Nr. 1–3 BGB benannten Rechte, sind dann ausgeschlossen, wenn der Besteller das Werk trotz der ihm bekannten Mängel abnimmt und sich dabei nicht seine Rechte wegen dieser Mängel bei der Abnahme vorbehält. Erforderlich ist dabei, dass der Besteller die negative Abweichung der erbrachten von der geschuldeten Leistung in ihrer Bedeutung und Tragweite für die Beschaffenheit und die Verwendbarkeit des Werkes erkennt und es dennoch vorbehaltlos annimmt.[334]

bb) Ausschluss wegen § 275 BGB

Wie schon aus § 635 Abs. 3 BGB hervorgeht, gilt § 275 BGB als Regelung des allgemeinen Leistungsstörungsrechts auch für den Anspruch aus § 635 BGB. Da dies ebenso für den kaufrechtlichen Nacherfüllungsanspruch aus § 439 BGB gilt, kann auf die dortigen Ausführungen der Ausschlussgründe des § 275 BGB verwiesen werden.[335]

332 BGH, NJW 2008, 511, 513 Rn. 19.
333 Vgl. hierzu sogleich unten in diesem Kap. unter Punkt B, II, 1, b, cc.
334 Voit, in: BeckOK Bamberger/Roth, § 640 Rn. 35.
335 Vgl. hierzu ausführlich Kap. 2, B, II, 1, b, aa.

cc) Ausschluss wegen § 635 Abs. 3 BGB

Außer in den Fällen des § 275 BGB kann der Werkunternehmer die Nacherfüllung gemäß § 635 Abs. 3 BGB auch dann verweigern, wenn diese nur mit unverhältnismäßigen Kosten möglich ist. Wozu die Kosten ins Verhältnis zu setzen sind, wird jedoch weder normiert noch lässt sich die Gesetzesbegründung ausdrücklich darüber aus. Insoweit stellt sich die Frage, welche Grundsätze für die Bestimmung des Begriffs der Unverhältnismäßigkeit i.R.v. § 635 Abs. 3 BGB maßgeblich sind, insbesondere ob auf die zu § 633 Abs. 2 Satz 3 BGB a.F. entwickelten Grundsätze auch für den neuen § 635 Abs. 3 BGB zurückgegriffen werden kann. Zwar unterscheidet sich § 635 Abs. 3 BGB von der früheren Regelung des § 633 Abs. 2 Satz 3 BGB a.F. zum einen dadurch, dass die ursprüngliche Terminologie „Aufwand" durch den Begriff „Kosten" ersetzt wurde,[336] und zum anderen dadurch, dass nun die Norm auf das Leistungsverweigerungsrecht des § 275 Abs. 2 BGB verweist. Jedoch geht aus der Gesetzesbegründung hervor, dass § 635 Abs. 3 BGB eine Ergänzung zu § 275 Abs. 2 BGB darstellen soll, wobei § 275 Abs. 2 BGB wiederum inhaltlich mit dem § 633 Abs. 2 Satz 3 BGB a.F. übereinstimmt. Dem Werkunternehmer soll also eine Befreiung von seiner Pflicht zur Nacherfüllung über § 275 Abs. 2 BGB hinaus auch dann möglich sein, wenn die Nacherfüllung ihm unter Umständen zwar noch zumutbar ist, aber der Mangel nur mit unverhältnismäßigen Kosten beseitigt werden kann.[337] Damit stellt die Gesetzesbegründung auch eine inhaltliche Verbindung von § 635 Abs. 3 BGB und § 633 Abs. 2 Satz 3 BGB a.F. her, die einen Rückgriff auf die Grundsätze des letzteren erlaubt.

Im Übrigen handelt es sich bei § 275 Abs. 2 BGB um eine eng auszulegende, nur selten anzuwendende Ausnahmevorschrift, die durch das Anknüpfen an Treu und Glauben sowie an ein grobes Missverhältnis deutlich strengere Anforderungen stellt, als die Bejahung einer bloßen Unverhältnismäßigkeit voraussetzt.[338] Davon ausgehend würde auch eine Fortführung der Grundsätze des § 633 Abs. 2 Satz 3 BGB a.F. bei § 275 Abs. 2 BGB zu einer unzulässigen Herabsenkung der Voraussetzungen des letzteren führen mit der Konsequenz, dass ein Rückgriff auf diese Grundsätze bei § 635 Abs. 3 BGB die sachgerechtere Lösung

336 BT-Drucks. 14/6040, S. 232.

337 BT-Drucks. 14/6040, S. 265.

338 BGH, NJW 2009, 1660, 1662 Rn. 18; Grüneberg, in: Palandt, § 275 Rn. 27; Ernst, in: MK, § 275 Rn. 70.

ist.[339] Daher können die zu § 633 Abs. 2 Satz 3 BGB a.F. entwickelten Grundsätze bei der Auslegung des § 635 Abs. 3 BGB herangezogen werden.[340] Danach ist für eine Unverhältnismäßigkeit des „Aufwands“ bzw. nach neuer Terminologie der „Kosten“ entscheidend, ob sie bei Abwägung aller Umstände des Einzelfalles in keinem vernünftigen Verhältnis zu dem mit der Beseitigung des Mangels erzielbaren Erfolg stehen.[341] Maßgebend ist entsprechend vor allem das Interesse des Bestellers an einer mangelfreien Erfüllung, sodass nur bei objektiv geringem Interesse des Bestellers gegenüber einer erheblichen Belastung des Werkunternehmers eine Weigerung berechtigterweise ausgesprochen werden kann.[342] Folglich sind dem Werkunternehmer auch hohe Kosten zuzumuten, die unter Umständen über denen der ursprünglichen Leistung liegen, wenn damit die Beseitigung eines erheblichen Mangels erreicht wird.[343] Letztlich muss aber eine Gesamtabwägung die Frage der Unverhältnismäßigkeit beantworten, wobei die Schwere des Mangels und das Verschulden des Werkunternehmers einzubeziehen sind.[344]

dd) Ausschluss durch Hinweis, Prüfung und Bedenken

Für die Fälle, in denen der Mangel vor allem aus einer untauglichen Leistung eines Dritten resultiert, aber die Mängelhaftung des Werkunternehmers dennoch verschuldensunabhängig zunächst begründet wird, gibt es für den Werkunternehmer eine Möglichkeit sich dennoch von der Haftung zu befreien. Der zunächst haftende Werkunternehmer wird nämlich dann von der Haftung befreit, wenn

339 Voit, in: BeckOK Bamberger/Roth, § 635 Rn. 14; zustimmend Moufang/Koos, in: Messerschmidt/Voit, § 635 Rn. 110.

340 So im Ergebnis auch Voit, in: BeckOK Bamberger/Roth, § 635 Rn. 14; Moufang/Koos, in: Messerschmidt/Voit, § 635 Rn. 110; Preussner, BauR 2002, 231, 234; Huber, in: Huber/Faust, Kap. 18 Rn. 28; Schwenker, in: Erman, § 635 Rn. 15; Merl, in: Kleine-Möller/Merl/Glöckner, § 15 Rn. 411; a.A. Busche, in: MK, § 635 Rn. 29.

341 BGH, NJW-RR 2008, 971 f.; NZBau 2006, 110, 111; NJW-RR 2006, 453 f.; BauR 1997, 638; NJW 1988, 699; Moufang/Koos, in: Messerschmidt/Voit, § 635 Rn. 112; Merl, in: Kleine-Möller/Merl/Glöckner, § 15 Rn. 411.

342 BGH, NJW-RR 2008, 971 f.; NZBau 2006, 110; BauR 2006, 382; NJW 1996, 3269; Moufang/Koos, in: Messerschmidt/Voit, § 635 Rn. 112; Voit, in: BeckOK Bamberger/Roth, § 635 Rn. 14.

343 BGH, NJW 1996, 3269; NJW 1985, 1836; Merl, in: Kleine-Möller/Merl/Glöckner, § 15 Rn. 415; Peters/Jacoby, in: Staudinger, § 635 Rn. 13.

344 BGH, NZBau 2006, 110; BauR 2006, 382; OLG Hamm, NJW-RR 2003, 965; OLG Bamberg, BauR 2005, 1219; Voit, in: BeckOK Bamberger/Roth, § 635 Rn. 14; Merl, in: Kleine-Möller/Merl/Glöckner, § 15 Rn. 411; Moufang/Koos, in: Messerschmidt/Voit, § 635 Rn. 112.

er seiner Prüfungs- und Hinweispflicht ausreichend nachgekommen ist.[345] Diese Haftungsbefreiung ist ausdrücklich in § 13 Abs. 3 VOB/B normiert, gilt aber als Konkretisierung von Treu und Glauben auch über den Anwendungsbereich der VOB/B hinaus für den BGB-Bauvertrag.[346] Danach haftet der Werkunternehmer nicht für Mängel, die auf Anordnungen oder Leistungsbeschreibungen des Bestellers, auf von diesem gestellten oder vorgeschriebenen Stoffen oder auf die Beschaffenheit von Vorleistungen anderer Werkunternehmer zurückzuführen sind, sofern er trotz ordnungsgemäßer Erfüllung der ihm gebotenen Prüf- und Hinweispflicht den Einfluss auf den Werkmangel nicht erkennen oder nicht vermeiden konnte. Der Werkunternehmer haftet demzufolge ebenfalls nicht, wenn er für ihn erkennbare Fehler dem Besteller mitteilt und der Besteller trotz seines Hinweises auf die Ausführung bestanden hat.[347]

c) Rechtsfolgen

Die Nacherfüllung ist die endgültige Erfüllung der Pflicht des Werkunternehmers aus § 631 Abs. 1 BGB zur Herstellung eines mangelfreien Werkes. Es handelt sich um eine Modifizierung des ursprünglichen Erfüllungsanspruchs aus § 631 Abs. 1 BGB, der sich in Form des Anspruchs aus § 635 Abs. 1 BGB fortsetzt.[348] Die Nacherfüllung kann gemäß § 635 Abs. 1 BGB nach Wahl des Werkunternehmers durch Nachbesserung oder Nachlieferung erfolgen. Bei der Nachbesserung beseitigt der Werkunternehmer sämtliche Mängel des Werkes, während er bei der Nachlieferung durch die Herstellung eines völlig neuen vertragsgemäßen Werkes nacherfüllt. Bei letztgenannter Nachlieferung kann der Werkunternehmer überdies gemäß den §§ 635 Abs. 4, 346 ff. BGB die Rückgewähr des mangelhaften Werkes vom Besteller verlangen.

---

345 BGH, NZBau 2010, 558, 559; NJW 2008, 511, 513 Rn. 21 f.; Voit, in: BeckOK Bamberger/Roth, § 633 Rn. 18 ff.; Drossart, in: Messerschmidt/Voit, § 633 Rn. 64; Busche, in: MK, § 634 Rn. 80.

346 BGH, NJW 2008, 511, 513 Rn. 22; Drossart, in: Messerschmidt/Voit, § 633 Rn. 64; Merl, in: Kleine-Möller/Merl/Glöckner, § 15 Rn. 131 ff.; Wirth, in: Ingenstau/Korbion, VOB/B § 13 Abs. 2 Rn. 2 u. 12.

347 BGH, NZBau 2010, 558, 559 Rn. 17; NJW 2008, 511, 513 Rn. 22; Drossart, in: Messerschmidt/Voit, § 633 Rn. 65; Wirth, in: Ingenstau/Korbion, VOB/B § 13 Abs. 3 Rn. 13; Voit, in: BeckOK Bamberger/Roth, § 633 Rn. 19 ff.

348 Busche, in: MK, § 635 Rn. 2.

2. Die Selbstvornahme gemäß §§ 634 Nr. 2, 637 BGB

Der Besteller kann auch gemäß §§ 634 Nr. 2, 637 Abs. 1 BGB den Mangel selbst beseitigen oder durch einen Dritten beseitigen lassen und die dafür erforderlichen Aufwendungen ersetzt verlangen.

a) Mangelhaftes Werk

Wie der Nacherfüllungsanspruch erfordert auch das Recht zur Selbstvornahme zunächst die Mangelhaftigkeit des Werkes. Diesbzgl. wird auf die Ausführungen unter Punkt B, II, 1, a in diesem Kapitel verwiesen.

b) Fristsetzung

Ferner setzt § 637 Abs. 1 BGB voraus, dass der Besteller dem Werkunternehmer eine angemessene Frist zur Nacherfüllung gesetzt hat und diese ergebnislos abgelaufen ist.

Ausnahmsweise ist die Fristsetzung und deren fruchtloser Ablauf gemäß §§ 637 Abs. 2, 323 Abs. 2 BGB aber dann entbehrlich, wenn der Werkunternehmer die Nacherfüllung ernsthaft und endgültig verweigert (§ 323 Abs. 2 Nr. 1 BGB), der Werkunternehmer die Leistung zu einem im Vertrag bestimmten Termin oder innerhalb einer bestimmten Frist nicht bewirkt und der Besteller im Vertrag den Fortbestand seines Leistungsinteresses an die Rechtzeitigkeit der Leistung gebunden hat (§ 323 Abs. 2 Nr. 2 BGB) oder wenn besondere Umstände vorliegen, die unter Abwägung der beiderseitigen Interessen die sofortige Selbstvornahme rechtfertigen (§ 323 Abs. 2 Nr. 3 BGB). Darüber hinaus ordnet § 637 Abs. 2 Satz 2 BGB eine Entbehrlichkeit auch dann an, wenn die Nacherfüllung fehlgeschlagen oder eine solche dem Besteller unzumutbar ist.

c) Kein Ausschluss und Rechtsfolgen

Auch auf die Selbstvornahme findet der in Punkt B, II, 1, b, aa in diesem Kapitel bezeichnete Ausschlussgrund des § 640 Abs. 2 BGB Anwendung, sodass auf die dortigen Ausführungen verwiesen werden kann.

Sind die Voraussetzungen für das Selbstvornahmerecht gegeben, kann der Besteller die für die Mangelbeseitigung erforderlichen Leistungen selbst vornehmen bzw. durch einen Dritten durchführen lassen.[349] Die dafür erforderlichen Aufwendungen kann der Besteller vom Werkunternehmer ersetzt verlangen. Alternativ kann der Besteller gemäß § 637 Abs. 3 BGB auch einen Vorschuss

349 Busche, in: MK, § 637 Rn. 6.

verlangen, der die Nachbesserungskosten aufgrund einer ex-ante Schätzung der für die Mangelbeseitigung erforderlichen Kosten umfasst.[350]

3. *Der Rücktritt gemäß §§ 634 Nr. 3, 636, 323, 326 Abs. 5, 346 Abs. 1 BGB*

Ferner kann der Besteller anstelle einer Selbstvornahme auch von dem Vertrag gemäß §§ 634 Nr. 3, 636, 323, 326 Abs. 5, 346 Abs. 1 BGB zurücktreten, wenn die hierfür erforderlichen Voraussetzungen erfüllt sind.

a) Mangelhaftes Werk

Wie der Nacherfüllungsanspruch und die Selbstvornahme erfordert auch der Rücktritt zunächst die Mangelhaftigkeit des Werkes. Diesbzgl. wird auf die Ausführungen unter Punkt B, II, 1, a in diesem Kapitel verwiesen.

b) Fristsetzung

Der grundsätzliche Vorrang der Nacherfüllung erfordert auch beim Rücktritt zunächst das Setzen einer angemessenen Frist und den fruchtlosen Ablauf derselben.

Aber ebenso wie bei der Selbstvornahme zuvor ist die Fristsetzung gemäß § 636 BGB in den Fällen des § 323 Abs. 2 BGB entbehrlich. Außerdem normiert § 636 BGB auch eine Entbehrlichkeit, wenn der Werkunternehmer die Nacherfüllung gemäß § 635 Abs. 3 BGB verweigert, die Nacherfüllung fehlgeschlagen oder diese dem Besteller nicht zumutbar ist.

c) Kein Ausschluss und Rechtsfolgen

Auf den Rücktritt gemäß §§ 634 Nr. 3, 636, 323, 326 Abs. 5, 346 Abs. 1 BGB finden dieselben Ausschlussgründe Anwendung, die schon bei dem Rücktritt nach dem allgemeinen Leistungsstörungsrecht benannt wurden.[351] Ebenfalls findet der in Punkt B, II, 1, b, aa in diesem Kapitel bezeichnete Ausschlussgrund des § 640 Abs. 2 BGB Anwendung, sodass auf die dortigen Ausführungen verwiesen werden kann.

---

350 BGH, NJW-Spezial 2010, 460; Voit, in: BeckOK Bamberger/Roth, § 637 Rn. 12; Sprau, in. Palandt, § 637 Rn. 9.

351 Vgl. hierzu Kap. 2, B, I, 2, c.

Gleichermaßen gilt für die Rechtsfolgen das oben Gesagte, sodass auf die Ausführungen zum Rücktritt im allgemeinen Leistungsstörungsrecht verwiesen werden kann.[352]

4. *Die Minderung gemäß §§ 634 Nr. 3, 638 BGB*

Statt zurückzutreten kann der Besteller auch gemäß §§ 634 Nr. 3, 638 BGB den vereinbarten Werklohn mindern. Ausgehend von dem Wort „statt" ist die Minderung unter denselben Voraussetzungen wie der Rücktritt möglich. Der einzige Unterschied ergibt sich aus § 638 Abs. 1 Satz 2 BGB, wonach der Ausschlussgrund des § 323 Abs. 5 Satz 2 BGB nicht gilt mit der Folge, dass auch bei einem unerheblichen Mangel eine Minderung möglich ist.

5. *Der Schadensersatz gemäß §§ 634 Nr. 4, 636, 280, 281 BGB*

Schließlich kann der Besteller neben den übrigen Mangelrechten gemäß §§ 634 Nr. 4, 636, 280, 281 BGB Schadensersatz sowie alternativ gemäß § 634 Nr. 4, 284 BGB Aufwendungsersatz verlangen. Wie schon für den Rücktritt in § 634 Nr. 3 BGB verweist § 634 Nr. 4 BGB auch beim Schadens- bzw. Aufwendungsersatz auf die Regeln des allgemeinen Leistungsstörungsrechts mit der Konsequenz, dass bzgl. der grundsätzlichen Voraussetzungen und Rechtsfolgen auf die obigen Ausführungen zum Schadensersatz im allgemeinen Leistungsstörungsrecht verwiesen werden kann.[353] Demzufolge bedarf es auch beim Schadens- bzw. Aufwendungsersatz eines mangelhaften Werkes, des erfolglosen Ablaufs einer zur Nacherfüllung gesetzten Frist und eines Verschuldens.

Diese Fristsetzung ist gemäß § 281 Abs. 2 BGB entbehrlich, wenn der Werkunternehmer die Leistung ernsthaft und endgültig verweigert oder Umstände vorliegen, die unter Abwägung beiderseitiger Interessen die sofortige Geltendmachung des Schadensersatzanspruches rechtfertigen. Zusätzlich gilt auch hier § 636 BGB, wonach die Fristsetzung auch dann entbehrlich ist, wenn der Werkunternehmer die Nacherfüllung gemäß § 635 Abs. 3 BGB verweigert oder wenn die Nacherfüllung fehlgeschlagen oder dem Besteller unzumutbar ist.

6. *Die Verjährung nach § 634a BGB*

Im besonderen werkvertraglichen Mangelgewährleistungsrecht unterliegen die Ansprüche des § 634 BGB der Sonderregelung des § 634a BGB. Bei § 634a BGB

---

352 Vgl. hierzu Kap. 2, B, I, 2, d.
353 Vgl. hierzu Kap. 2, B, I, 3.

handelt es sich um eine Spezialregelung gegenüber den allgemeinen Verjährungsregelungen der §§ 195 ff. BGB, die nur insoweit zur Anwendung kommen, als § 634a BGB keine andere Regelung enthält.[354] Eine eigenständige Regelung trifft § 634a BGB sowohl im Hinblick auf die Verjährungsfristen als auch auf deren Beginn.

a) Verjährungsfrist

Neben der fünfjährigen Verjährungsfrist für Ansprüche wegen Nacherfüllung, Selbstvornahme sowie Schadens- und Aufwendungsersatz in Bezug auf Verträge, die sich auf ein Bauwerk oder ein Werk beziehen dessen Erfolg in der Erbringung von Planungs- oder Überwachungsleistungen hierfür besteht (§ 634a Abs. 1 Nr. 2 BGB), und dem Verweis auf die regelmäßige Verjährungsfrist des § 195 BGB für alle übrigen Ansprüche, die nicht unter § 634a Abs. 1 Nr. 1 oder 2 BGB fallen (§634a Abs. 1 Nr. 3 BGB), gilt es auch die zweijährige Verjährungsfrist des § 634a Abs. 1 Nr. 1 BGB zu beachten. Diese zweijährige Verjährungsfrist, die Verträge über Werke erfasst, deren Erfolg in der Herstellung, Wartung oder Veränderung einer Sache oder in der Erbringung von Planungs- oder Überwachungsarbeiten hierfür besteht, begünstigt regelmäßig den Werkunternehmer, da die Regelverjährung um ein Jahr verkürzt wird und unabhängig von der Kenntnis des Bestellers vom Anspruch beginnt.[355]

b) Verjährungsbeginn

Der Verjährungsbeginn unterscheidet sich aber nicht nur in § 634a Abs. 1 Nr. 1 BGB, sondern auch in Nr. 2 von demjenigen der allgemeinen Regeln der §§ 195 ff. BGB. Während nach den allgemeinen Vorschriften die Verjährung nicht beginnt, bevor der Besteller von den relevanten Umständen Kenntnis erlangt oder ohne grobe Fahrlässigkeit erlangen musste, bestimmt § 634a Abs. 2 BGB für die Fälle des § 634a Abs. 1 Nr. 1 und 2 BGB die Abnahme als maßgeblichen Zeitpunkt für den Verjährungsbeginn.

7. Zwischenergebnis

Im Gegensatz zu den Rechten aus dem allgemeinen Leistungsstörungsrecht setzen die werkvertraglichen Mangelrechte die Mangelhaftigkeit des Werkes voraus. Mangelhaft ist das Werk, wenn die Ist- von der Soll-Beschaffenheit, also die tatsächliche von der vertraglich vereinbarten Beschaffenheit, der nach dem

354 Sprau, in: Palandt, § 634a Rn. 3; Drossart, in: Messerschmidt/Voit, § 634a Rn. 2.
355 Voit, in: BeckOK Bamberger/Roth, § 634a Rn. 12.

Vertrag vorausgesetzten oder der gewöhnlichen Verwendung abweicht. Vorrangig steht dem Besteller in diesem Fall dann der Nacherfüllungsanspruch aus §§ 634 Nr. 1, 635 BGB bzw. dem Werkunternehmer ein Nacherfüllungsrecht zu. Wurde zu diesem Zweck vom Besteller eine im Ergebnis fruchtlos abgelaufene Frist zur Nacherfüllung gesetzt oder war eine solche Fristsetzung entbehrlich, stehen dem Besteller gleichrangig das Recht auf Selbstvornahme aus §§ 634 Nr. 2, 637 BGB, das Recht auf Rücktritt gemäß §§ 634 Nr. 3, 636, 323, 326 Abs. 5, 346 Abs. 1 BGB, das Recht auf Minderung aus §§ 634 Nr. 3, 638 BGB und schließlich ein Anspruch auf Schadensersatz statt der Leistung gemäß §§ 634 Nr. 4, 636, 280, 281 BGB zu. Zudem enthalten die besonderen werkvertraglichen Mangelrechte in § 635 Abs. 3 BGB ein Leistungsverweigerungsrecht zugunsten des Werkunternehmers, das geringerer Voraussetzungen bedarf als solche des § 275 BGB im allgemeinen Leistungsstörungsrecht. Schließlich ist für die Fälle des § 634a Abs. 1 Nr. 1 und 2 BGB auch eine besondere Verjährung zu beachten, während im Übrigen die regelmäßige Verjährung gilt.

III. Ergebnis Teil B

Im Gegensatz zum allgemeinen Leistungsstörungsrecht gewähren die besonderen werkvertraglichen Regelungen dem Besteller zusätzlich ein Recht auf Nacherfüllung, ein Recht auf Selbstvornahme und ein Recht auf Minderung. Für die Rechte des Rücktritts und des Schadens- bzw. Aufwendungsersatzes wird hingegen auf die Regelungen des allgemeinen Leistungsstörungsrechts verwiesen. Änderungen und Ergänzungen zu den allgemeinen Regeln ergeben sich darüber hinaus auch daraus, dass dem Werkunternehmer neben § 275 BGB ein weiteres Leistungsverweigerungsrecht in § 635 Abs. 3 BGB zugute kommt, wobei dessen Anforderungen an die Unzumutbarkeit gegenüber denen des korrespondierenden § 275 Abs. 2 BGB geringer sind. Zudem gelten in den §§ 634 ff. BGB besondere Verjährungsfristen.

Den Parteien eines Werkvertrages werden demzufolge in den §§ 634 ff. BGB einige Ergänzungen zum allgemeinen Leistungsstörungsrecht zugestanden, es wird aber auch auf dieses verwiesen, sodass für die Parteien von Interesse ist, in welchem Verhältnis die allgemeinen und besonderen Regeln zueinander stehen und insbesondere ab wann die jeweiligen Rechte geltend gemacht werden können. Denn ebenso relevant, wie es für den Besteller ist, ab wann ihm die zusätzlichen Rechte der §§ 634 ff. BGB zustehen, ist es für den Werkunternehmer bedeutsam, ab wann ihm z.B. der § 635 Abs. 3 BGB als zusätzliches Leistungsverweigerungsrecht zugute kommt. Davon ausgehend lässt sich überlegen, ab welchem Zeitpunkt die allgemeinen und vor allem die besonderen werkvertraglichen

Leistungsstörungsrechte angewendet werden sollen und können, insbesondere ob eine Abkehr von dem bisher überwiegend vertretenen Anknüpfungspunkt der Abnahme aus Billigkeits- sowie Praktikabilitätserwägungen gerechtfertigt werden kann.

C. Die Frage nach dem Entstehungszeitpunkt der werkvertraglichen Mangelrechte des BGB

Bei der Frage nach dem Entstehungszeitpunkt der werkvertraglichen Mangelrechte des BGB ist zwischen den allgemeinen Leistungsstörungsrechten und den besonderen Mangelgewährleistungsrechten zu differenzieren.

I. Entstehungszeitpunkt der allgemeinen Leistungsstörungsrechte

1. Grundsatz

Die allgemeinen Leistungsstörungsrechte i.R.e. Werkvertrages können grundsätzlich nicht vor Fälligkeit des vertraglichen Erfüllungsanspruchs aus § 631 Abs. 1 BGB auf Herstellung des geschuldeten Werkes geltend gemacht werden. Für die allgemeinen Leistungsstörungsrechte Schadensersatz und Rücktritt ergibt sich dieser Grundsatz schon aus ihren Voraussetzungen nach § 323 Abs. 1 bzw. § 281 Abs. 1 BGB, wonach die Verletzung einer fälligen Pflicht erforderlich ist.

Fälligkeit meint dabei den Zeitpunkt, ab dem der Gläubiger die Leistung verlangen kann, der Schuldner sie also erbringen muss. Zur näheren Bestimmung des Fälligkeitszeitpunktes ist die allgemeine Regel des § 271 Abs. 1 BGB heranzuziehen, wonach der Gläubiger die Leistung sofort verlangen kann, soweit eine Zeit weder bestimmt noch aus den Umständen zu entnehmen ist. Vorrangig bedeutsam i.R.e. Werkvertrages sind folglich zunächst vertraglich vereinbarte Fristen und Fertigstellungstermine.[356] Ist die Zeit nicht bestimmt, weil z.B. keine Termine oder Fristen vereinbart wurden, tritt die Fälligkeit grundsätzlich sofort ein, § 271 Abs. 1 BGB. Ist nach dem jeweils zugrunde liegenden Vertrag eine sofortige Fälligkeit nicht vertragstypisch und üblich, kann sie durch eine Fälligkeit nach Ablauf einer angemessenen Frist ersetzt werden. Bei einem zugrunde liegenden Werkvertrag ohne bestimmte Leistungszeit ist daher, wegen der für den Werkvertrag charakteristischen Herstellungszeit des Werkes, die Fälligkeit nach Ablauf einer angemessenen Frist anstelle einer sofortigen Fälligkeit maßgeblich, wobei der Werkunternehmer mit der Herstellung alsbald nach Vertragsschluss

356 Sprau, in: Palandt, § 631 Rn. 12; BGH, NJW 2000, 1403.

zu beginnen und sie in angemessener Frist zügig zu beenden hat.[357] Was angemessen ist, bestimmt sich ausgehend vom jeweiligen Werk einzelfallabhängig.

2. *Ausnahmen*

Von dem Grundsatz, dass die allgemeinen Leistungsstörungsrechte regelmäßig erst ab Fälligkeit des vertraglichen Erfüllungsanspruchs geltend gemacht werden können, normiert das Gesetz Ausnahmen.

Zum einen stellt § 323 Abs. 4 BGB eine solche Ausnahme zugunsten eines Rücktrittsrechts dar, wenn bereits vor Fälligkeit feststeht, dass zukünftig ein Rücktrittsgrund gegeben sein wird. Zum anderen kann eine solche Ausnahme zugunsten eines Rücktrittsrechts aus einer analogen Anwendung des § 323 Abs. 4 BGB für solche Fälle hergeleitet werden, in denen es dem Gläubiger aus anderen Gründen als dem Feststehen eines zukünftigen Rücktrittsgrundes unzumutbar ist, für die Geltendmachung seiner Rechte bis zur Fälligkeit abzuwarten. Damit ist bspw. der Fall eines Vertrauensverlustes des Bestellers in Bezug auf die Leistungsfähigkeit des Werkunternehmers gemeint, der auf einer Vielzahl von Verstößen gegen die anerkannten Regeln der Technik und der damit einhergehenden massiven, die Standfestigkeit eines Gebäudes in Frage stellenden Mängeln beruht.[358] Schließlich werden dieselben Ausnahmen, die für den Rücktritt normiert und entwickelt wurden, auch zugunsten des Schadensersatzes statt der Leistung bejaht und aus § 323 Abs. 4 BGB analog bzw. ggf. aus einer doppelten Analogie hergeleitet.

Für eine ausführliche Darlegung und Herleitung der soeben genannten Ausnahmen sei an dieser Stelle auf die obigen Ausführungen im Kapitel des Kaufrechts verwiesen, die uneingeschränkt an diese Stelle zu übertragen sind.[359]

3. *Zwischenergebnis*

Beim Werkvertrag können die sich aus dem allgemeinen Leistungsstörungsrecht ergebenden Mangelrechte erst ab Fälligkeit des Anspruchs auf Herstellung des Werkes gemäß § 631 Abs. 1 BGB geltend gemacht werden. Ist hingegen offensichtlich, dass die Rücktrittsvoraussetzungen im Fälligkeitszeitpunkt vorliegen werden, steht dem Gläubiger nach § 323 Abs. 4 BGB aber ausnahmsweise auch schon vor Fälligkeit die Möglichkeit zu, zurückzutreten. Auch für alle anderen

---

357 BGH, NJW-RR 2001, 806; NJW-RR 2004, 209, 210; von Rintelen, in: Messerschmidt/Voit, H Rn. 70 u. § 631 Rn. 89; Sprau, in: Palandt, § 631 Rn. 12.

358 BGH, NJW-RR 2008, 1052.

359 Vgl. hierzu Kap. 2, C, I, 2 ff.

Fälle, in denen dem Gläubiger die weitere Vertragsbindung nicht zugemutet werden kann, gilt dasselbe über eine analoge Anwendung des § 323 Abs. 4 BGB. Ein anderes Ergebnis ist schließlich auch für den Schadensersatz statt der Leistung nicht gerechtfertigt, sodass die für den Rücktritt aufgestellten Regelungen infolge einer einfachen bzw. ggf. doppelten Analogie des § 323 Abs. 4 BGB i.V.m. den § 280 ff. BGB auch hierauf zu übertragen sind.

II. Meinungsstand bzgl. des Entstehungszeitpunkts der speziellen werkvertraglichen Mangelrechte

Der Zeitpunkt, ab dem die allgemeinen Regeln des Leistungsstörungsrechts durch die besonderen werkvertraglichen Mangelgewährleistungsrechte modifiziert und verdrängt werden, ist hingegen umstritten. Da der Gesetzeswortlaut selbst keine eindeutige und ausdrückliche Regelung hinsichtlich des zeitlichen Anwendungsbereichs der speziellen werkvertraglichen Mangelrechte trifft, haben sich verschiedene Ansichten zu der Frage herausgebildet.

1. Der Gefahrübergang bzw. die Abnahme als entscheidender Zeitpunkt

Eine wesentliche Meinung sieht den Zeitpunkt des Gefahrübergangs, welcher zumeist mit der Abnahme gleichgesetzt wird, als entscheidenden Zeitpunkt für die Anwendung der besonderen werkvertraglichen Mangelrechte der §§ 634 ff. BGB an.[360] Demzufolge finden die speziellen Regeln der §§ 634 ff. BGB nur dann Anwendung, wenn der Besteller das hergestellte Werk i.S.v. § 640 BGB abgenommen hat bzw. die Gefahr ohne Abnahme auf den Besteller übergegangen ist. Die Vertreter dieser Meinung stützen ihre Ansicht auf verschiedene Argumente.

So seien die Anwendungsbereiche des allgemeinen Leistungsstörungsrechts und der besonderen Mangelrechte des Bestellers zeitlich deswegen voneinander zu trennen, weil die §§ 634 ff. BGB eine abschließende Sonderregelung

360 Sprau, in: Palandt, Vorb v § 633 Rn. 6; Mansel, in: Jauernig, § 634 Rn. 3; Peters/Jacoby, in: Staudinger, § 634 Rn. 11; Voit, in: BeckOK Bamberger/Roth, § 634 Rn. 2; ders., BauR 2011, 1063, 1071 f.; Oetker/Maultzsch, § 8 Rn. 60; Kniffka, in: Kniffka/Koeble, 6. Teil Rn. 2; Raab, in: NK-BGB, § 634 Rn. 27 ff.; Joussen, BauR 2009, 319, 323; Schwenker, in: Erman, § 633 Rn. 21 u. § 634 Rn. 1; Kraus, in: FS Franke (2009), S. 209, 215; OLG Koblenz, Urt. v. 18.10.2007–5 U 521/07; einschränkend Folnovic, BauR 2008, 1360, 1364; unklar: Leupertz/Halfmeier, in: PWW, § 633 Rn. 4 ff., die für einen Anwendungszeitpunkt der §§ 634 ff. BGB einerseits auf die Abnahme, aber andererseits diesen für wenig zufriedenstellend halten und offenbar sodann auf die Fälligkeit des Erfüllungsanspruchs abstellen.

darstellten. Dies wird einmal damit begründet, dass die jeweilig gewährten Rechte sich unterschieden, indem die §§ 634 ff. dem Besteller zusätzlich noch die Rechte auf Minderung und Selbstvornahme gewähren würden. Weiterhin werden die unterschiedlichen Verjährungsregeln angeführt.[361] Während die allgemeinen Leistungsstörungsrechte gemäß §§ 195, 199 BGB in der regelmäßigen Verjährungsfrist von drei Jahren verjährten, die mit dem Schluss des Jahres beginne, in dem der Anspruch entstanden sei und der Gläubiger Anspruch von den maßgeblichen Umständen erlangt habe, gälten über § 634a BGB je nach Werk neben der allgemeinen Verjährungsfrist differenziertere Verjährungsfristen von zwei und fünf Jahren, wobei die Frist mit der Abnahme zu laufen beginne.

Die Abnahme, die regelmäßig den Zeitpunkt des Gefahrübergangs darstelle, sei sodann deshalb der richtige Zeitpunkt für die Trennung von allgemeinen Leistungsstörungsrechten und besonderen werkvertraglichen Mangelgewährleistungsrechten, da die werkvertragliche Sonderverjährung gemäß § 634a Abs. 2 BGB zeitlich an die Abnahme anknüpfe und ab dort zu laufen beginne.[362] Darüber hinaus soll die Anwendbarkeit der §§ 634 ff. BGB auch deshalb nicht vor der Abnahme möglich sein, weil für die Bestimmung der Mangelhaftigkeit des Werkes die Abnahme der alleinige Anknüpfungspunkt sei mit der Folge, dass es bis dahin überhaupt fraglich sei, ob von einem Mangel gesprochen werden könne. Erst im Zeitpunkt der Abnahme sei festzustellen, ob das Werk mangelhaft sei, da der Werkunternehmer bis zur Ablieferung des Werkes alleinige Herstellungsverantwortung und Dispositionsbefugnis habe.[363] Zudem gehe mit der Abnahme die Gefahr über mit der Folge, dass das Werk konkretisiert werde. An diese Konkretisierung knüpften aber sodann die §§ 634 ff. BGB z.B. in Gestalt von § 635 Abs. 3, § 281 Abs. 1 Satz 3 oder § 323 Abs. 5 Satz 2 BGB an, wenn sie die Rechte unter einen Verhältnismäßigkeitsvorbehalt stellen.[364]

Andere wiederum begründen eine Abgrenzung ab Gefahrübergang, also i.d.R. ab Abnahme, indem sie auf den Nacherfüllungsanspruch aus § 635 BGB abstellen. Der Nacherfüllungsanspruch setze begrifflich die Überwindung des Erfüllungsstadiums voraus, was bei einer Werkleistung aber erst bei deren Abnahme der Fall sei.[365] Während des Erfüllungsstadiums sei aber der Unternehmer für

361 Leupertz/Halfmeier, in: PWW, § 633 Rn. 4; Raab, in: NK-BGB, § 634 Rn. 23 ff.; Sprau, in: Palandt, Vorb v § 633 Rn. 1 u. 6.

362 Raab, in: NK-BGB, § 634 Rn. 28; Leupertz/Halfmeier, in: PWW, § 633 Rn. 4.

363 Joussen, BauR 2009, 319, 324.

364 Raab, in: NK-BGB, § 634 Rn. 28.

365 Joussen, BauR 2009, 319, 324; Sprau, in: Palandt, Vorb v § 633 Rn. 7; Voit, in: BeckOK Bamberger/Roth, § 634 Rn. 2 f.

die Erreichung des versprochenen Erfolges verantwortlich und frei darin, wie er den Erfolg herbeiführe, solange er bei Fälligkeit rechtzeitig leiste. Der Besteller solle nicht berechtigt sein, sich in den Herstellungsprozess einzumischen, was auch aus § 281 Abs. 1 Satz 1 und § 323 Abs. 1 BGB deutlich werde, indem diese Bestimmungen an die nicht vertragsgerechte Leistungserbringung bei Fälligkeit anknüpften. Der Unternehmer sei daher nicht verpflichtet, während der Herstellung kontinuierlich bis zur Fertigstellung mangelfrei zu arbeiten, sondern dem Besteller zur vereinbarten Zeitpunkt ein mangelfreies Werk zu verschaffen. Dieser Zeitpunkt sei dabei derjenige der Ablieferung des Werkes und der damit verbundenen Abnahme.[366] Außerdem führe eine Anwendung des § 635 Abs. 3 BGB vor Abnahme auf den Erfüllungsanspruch zu wenig sachgerechten Ergebnissen, da es dem Besteller ohne Billigung des Werkes als im wesentlichen vertragsgemäß (Abnahme) nicht zugemutet werden könne, einen Mangel aufgrund eines unverhältnismäßig großen Beseitigungsaufwands hinzunehmen. Konsequenz einer Anwendung des § 635 Abs. 3 BGB vor Abnahme sei aber, dass der Werkunternehmer schon im Erfüllungsstadium aus der von ihm übernommenen Verpflichtung zur Herstellung eines mangelfreien Werkes wegen unverhältnismäßiger Mangelbeseitigungskosten entlassen werde.[367] Entsprechend seien der Erfüllungs- und der Nacherfüllungsanspruch in ihrer Anwendung zeitlich durch die Abnahme zu trennen.

2. *Die Fälligkeit des Erfüllungsanspruchs als entscheidender Zeitpunkt*

Andere Teile der Literatur halten die besonderen werkvertraglichen Mangelrechte der §§ 634 ff. BGB hingegen grundsätzlich ab Fälligkeit des werkvertraglichen Erfüllungsanspruchs aus § 631 Abs. 1 BGB für anwendbar.[368] Zur Begründung wird angeführt, dass es nicht sachgerecht und überzeugend begründbar sei, dem

---

366 Voit, in: BeckOK Bamberger/Roth, § 634 Rn. 3; Joussen, BauR 2009, 319, 323.

367 Joussen, BauR 2009, 319, 326; Raab, in: NK-BGB, § 634 Rn. 30; Voit, in: BeckOK Bamberger/Roth, § 634 Rn. 3.

368 OLG München, Urt. v. 22.12.2010–9 U 5082/09; Krause-Allenstein, in: IBR-online-Kommentar, § 634 Rn. 13; Weyer, in: Kapellmann/Messerschmidt, § 13 VOB/B Rn. 6; Moufang/Koos, in: Messerschmidt/Voit, § 635 Rn. 9; Sienz, BauR 2002, 181, 184; Merl, in: Kleine-Möller/Merl/Glöckner, § 15 Rn. 317; Drossart, in: Messerschmidt/Voit, § 634 Rn. 4; Fuchs, in: Englert/Motzke/Wirth, § 634 Rn. 6; jedenfalls in Ausnahmefällen Folnovic, BauR 2008, 1360, 1364; unklar (vgl. Fn. 299) Leupertz/Halfmeier, in: PWW, § 633 Rn. 6 f.; jedenfalls vor Abnahme OLG Brandenburg, NJW-RR 2011, 603, 604; offen gelassen von BGH, NJW 2010, 3573, 3775 Rn. 28; NJW 2011, 1224, 1225 Rn. 17.

Besteller, der die Abnahme zu Recht wegen wesentlicher Mängel verweigere, das Recht auf Selbstvornahme sowie Minderung vorzuenthalten mit der Folge, dass er schlechter stünde als der Besteller, der bei Vorliegen unwesentlicher Mängel die Werkleistung abnehme.[369] Der Besteller sei so trotz wesentlicher, u.U. schwerster Mängel der Werkleistung dazu gezwungen, das Werk abzunehmen, um sich der weitergehenden Rechte der §§ 634 ff. BGB bedienen zu können. Daneben seien auch dem Wortlaut der Mangelrechte der §§ 634 ff. BGB keine Anhaltspunkte dahingehend zu entnehmen, dass die Geltendmachung an die Abnahme zu knüpfen sei.[370] Auch die Gesetzeshistorie gebe keinen Grund davon auszugehen, dass die vor der Schuldrechtsmodernisierungsreform geltende Anspruchskonkurrenz zwischen den besonderen werkvertraglichen Mangelrechten und den allgemeinen Leistungsstörungsrechten vor Abnahme[371] aufgegeben werden sollte.[372] Im Übrigen sei eine Abgrenzung anhand des für den Übergang von Erfüllungs- zum Nacherfüllungsanspruch maßgeblichen Zeitpunktes, welcher regelmäßig die Abnahme darstelle, deshalb nicht geeignet, weil sich die beiden Ansprüche inhaltlich entsprächen und folglich eine Differenzierung wegen der Identität nicht möglich sei.[373]

3. *Der Herstellungsbeginn als entscheidender Zeitpunkt*

Wenige in der Literatur wollen sogar so weit gehen, dass die besonderen werkvertraglichen Mangelrechte grundsätzlich ab Herstellungsbeginn geltend gemacht werden könnten.[374] Dies wird zum einen mit dem Argument begründet, dass der Wortlaut keinen Anhaltspunkt für eine Festlegung auf die Abnahme oder den Fälligkeitszeitpunkt als maßgeblichen Abgrenzungszeitpunkt liefere.[375] Zum anderen wird angeführt, dass aus den Regelungen des § 649 BGB und des

---

369 Merl, in: Kleine-Möller/Merl/Glöckner, § 15 Rn. 317; Drossart, in: Messerschmidt/Voit, § 634 Rn. 4; Folnovic, BauR 2008, 1360, 1363; OLG München, Urt. v. 22.12.2010–9 U 5082/09; Krause-Allenstein, in: IBR-online-Kommentar, § 634 Rn. 11.

370 Fuchs, in: Englert/Motzke/Wirth, § 634 Rn. 4.

371 Vgl. insoweit BGH, Urt. v. 30.09.1999 - VII ZR 162/97 = NJW 2000, 133; 134; BGH, Urt. v. 17.02.1999 - X ZR 8/96 = NJW 1999, 2046, 2047 f.; BGH, Urt. v. 16.11.1993 - X ZR 7/92 = BauR 1994, 242, 244.

372 Folnovic, BauR 2008, 1360, 1364; Fuchs, in: Englert/Motzke/Wirth, § 634 Rn. 5; Krause-Allenstein, in: IBR-online-Kommentar, § 634 Rn. 11.

373 Fuchs, in: Englert/Motzke/Wirth, § 634 Rn. 5; Vorwerk, BauR 2003, 1, 9 f.

374 Vorwerk, BauR 2003, 1, 10 f.; jedenfalls in Ausnahmefällen Folnovic, BauR 2008, 1360, 1367.

375 Weise, NJW-Spezial 2008, 76; Folnovic, BauR 2008, 1360, 1365.

§ 632a BGB deutlich werde, dass das gesetzliche Leitbild schon während der Erfüllungsphase, also vor Fälligkeit der Leistung des Unternehmers, davon ausgehe, dass mangelfrei zu leisten sei.[376] Dies folge einerseits daraus, dass § 649 BGB dem Besteller ein jederzeitiges Kündigungsrecht zugestehe, wonach aber auch die bis dahin erbrachte Leistung, also insbesondere auch diejenige vor Fälligkeit, mangelfrei zu erbringen sei. Zudem ermöglicht § 632a BGB eine Geltendmachung von Abschlagszahlungen für bereits erbrachte vertragsgemäße Leistungen auch schon vor Fälligkeit des gesamten Werkes. Daraus werde deutlich, dass das gesetzliche Leitbild nicht davon ausgehe, dass der Werkunternehmer erst im Fertigstellungstermin mangelfrei leisten müsse, weil ansonsten eine vertragsgemäße Leistung vor dem Fertigstellungstermin auch im Fall von Mängeln vorliege.[377]

4. Die Herstellung als entscheidender Zeitpunkt

Schließlich wird auch die Meinung vertreten, dass die abnahmereife Herstellung des Werkes der für die Abgrenzung maßgebliche Zeitpunkt sei.[378] Dieser sei von dem Zeitpunkt der Abnahme zu unterscheiden, welcher schon nach dem Wortlaut der in § 634 Nr. 1, 2 und 4 BGB bezeichneten Vorschriften nicht Voraussetzung für die Geltendmachung der §§ 634 ff. BGB sein könne. Es sei lediglich erforderlich, dass die Herstellung des Werkes abgeschlossen sei, denn ab Herstellung lasse sich die Mangelhaftigkeit des Werkes feststellen. Bis zur Herstellung obliege allein dem Werkunternehmer die Entscheidung, wie er den vertraglich vereinbarten Erfolg herbeiführen wolle.[379]

III. Kritische Würdigung der verschiedenen Ansichten und eigene Stellungnahme

Für die Frage nach der zeitlichen Anwendbarkeit der §§ 634 ff. BGB werden im Ergebnis völlig verschiedene Meinungen vertreten. Im Folgenden soll – ebenso wie für das Kaufrecht – ausgehend von einer überblicksmäßigen Darstellung der Vor- und Nachteile der dargelegten Meinungen untersucht werden, welche Lösung infolge einer Auslegung der gesetzlichen Regelung nach Wortlaut, Historie, Systematik und Teleologie vorzuziehen ist.

376 Vorwerk, BauR 2003, 1, 10 f.
377 Vorwerk, BauR 2003, 1, 10 f.
378 Busche, in: MK, § 634 Rn. 3; wohl auch Ott, in: FS Merle (2010), S. 277, 286 f.
379 Busche, in: MK, § 634 Rn. 3.

1. Vor- und Nachteile der dargelegten Meinungen

a) Zeitpunkt des Gefahrübergangs bzw. der Abnahme

aa) Vorteile

Eine Anknüpfung an den Gefahrübergang bzw. die Abnahme als maßgeblichen Anwendungszeitpunkt der §§ 634 ff. BGB hat zum Vorteil, dass ein fester und einheitlicher Zeitpunkt für die Abgrenzung entscheidend ist und eine solche klar und einsichtig macht. Dem Besteller ist es möglich, den entscheidenden Zeitpunkt für eine Anwendung der besonderen Mangelrechte durch eine berechtigte Zurückweisung eines nicht vertragsgemäßen Werkes abzuwenden, während eine nicht berechtigte Zurückweisung nach § 640 Abs. 1 Satz 3 BGB zu einem dem Gefahrübergang und der Abnahme gleichstehenden Annahmeverzug führt. Dem Besteller kommt bei erkannter Mangelhaftigkeit des Werkes demzufolge der ihn schützende Vorteil zu, dass er die für ihn günstigeren Regelungen „wählen“ kann, indem er das Werk abnimmt oder zurückweist.

bb) Nachteile

Als nachteilig gilt es zu berücksichtigen, dass die Annahme der Abnahmeregel als Punkt des regelmäßigen Gefahrübergangs nicht stringent durchgehalten werden kann. So wird vielfach vertreten, dass die speziellen werkvertraglichen Gewährleistungsregeln bereits vor der Abnahme ihre Wirkung entfalten könnten, wenn es anderweitig zu einem vorzeitigen Gefahrübergang komme – z.B. weil sich der Besteller in Annahmeverzug befindet – da sich sodann der Erfüllungsanspruch nunmehr auf ein konkretes Werk beschränke und insoweit die Gefahr ohne Abnahme auf den Besteller übergehe.[380] Zudem müsse ausnahmsweise eine Geltendmachung ab Fälligkeit, aber vor Abnahme möglich sein, weil es insbesondere bei einer berechtigten Abnahmeverweigerung des Bestellers, bei nicht behebbaren Mängeln oder wenn der Werkunternehmer die Mängelbeseitigung bereits endgültig verweigert habe, ungerechtfertigt sei, für die Geltendmachung der besonderen Mangelgewährleistungsrechte zunächst die Abnahme vom Besteller zu

---

380 Joussen, BauR 2009, 319, 330; Sprau, in: Palandt, Vorb v. § 633 Rn. 7; Leupertz/Halfmeier, in: PWW, § 633 Rn. 6; Raab, in: NK-BGB, § 634 Rn. 29; Krause-Allenstein, in: IBR-Online-Kommentar, § 634 Rn. 11; Merl, in: Kleine_Möller/Merl/Glöckner, § 15 Rn. 317; Busche, in: MK, § 634 Rn. 4; a.A.: OLG Koblenz, Urt. v. 18.10.2007–5 U 521/07; Voit, in: BeckOK Bamberger/Roth, § 634 Rn. 3; ders., BauR 2011, 1063, 1070; Vygen/Joussen, Rn. 1030.

verlangen.[381] Die Regelung, dass für eine zeitliche Abgrenzung an die Abnahme oder den Gefahrübergang anzuknüpfen sei, hat demzufolge in einigen Fällen Schwierigkeiten, billige Ergebnisse ohne Ausnahmeregelungen zu erzielen.

Darüber hinaus bringt die Anknüpfung an die Abnahme, also an die Billigung des Werkes durch den Besteller als im wesentlichen vertragsgemäß, einen stark subjektiven Charakter in die Abgrenzung von allgemeinen und besonderen Leistungsstörungsrechten, was zu ungerechten und widersprüchlichen Ergebnissen führt. Insoweit sei auf das schon im kaufrechtlichen Kapitel ausgeführte Argument verwiesen, wonach der durch persönliche Gründe oder durch einen besonders findigen Werkunternehmer an der Erkennbarkeit des Mangels gehinderte und daher besonders schutzbedürftige Besteller infolge einer Abgrenzung anhand der Abnahme schlechter stehen würde als der weniger schutzbedürftige Besteller, der problemlos den Mangel zum Zeitpunkt der anstehenden Billigung erkennen kann.[382]

b) Zeitpunkt der Fälligkeit des vertraglichen Erfüllungsanspruchs

aa) Vorteile

Hinsichtlich der Vorteile eines Verzichts auf eine Abgrenzung zwischen allgemeinen und besonderen Mangelgewährleistungsrechten mit der Konsequenz, dass die Normen grundsätzlich von vornherein ab Fälligkeit des vertraglichen Erfüllungsanspruchs nebeneinander stehen, wird auf die identischen Erwägungen i.R.d. kaufrechtlichen Diskussion Bezug genommen.[383] Ein einziger und daher grundsätzlich einheitlicher Anwendungszeitpunkt sämtlicher Mangelgewährleistungsrechte reduziert Abgrenzungsschwierigkeiten auf die Frage, ob bestimmte Rechte aus Billigkeitserwägungen auch vor Fälligkeit des Erfüllungsanspruchs geltend gemacht werden können, gewährt dem schutzbedürftigen Besteller den ihm zustehenden Schutz, indem die Erkennbarkeit des Mangels von der Frage nach der Anwendung von allgemeinen und besonderen Gewährleistungsrechten losgelöst wird, und fördert schließlich die Effektivität und Rechtssicherheit im Gewährleistungsrecht, indem die Geltendmachung der allgemeinen und besonderen werkvertraglichen Regeln für alle Parteien klar und eindeutig ist.

---

381 Sprau, in: Palandt, Vorb v. § 633 Rn. 7; Raab, in: NK-BGB, § 634 Rn. 31; Leupertz/Halfmeier, in: PWW, § 633 Rn. 7; OLG Koblenz, Urt. v. 18.10.2007–5 U 521/07; Voit, BauR 2011, 1063, 1073, aber nur hinsichtlich der berechtigten Abnahmeverweigerung.

382 Vgl. hierzu oben Kap. 2, C, III, 1, b, bb.

383 Vgl. hierzu oben Kap. 2, C, III, 1, d, aa.

bb) Nachteile

Als nachteilig stellt sich an dieser Meinung heraus, dass die Bestimmung des Fälligkeitszeitpunktes nicht immer unproblematisch sein muss. Stellt der Fälligkeitstermin aber den maßgeblichen Anwendungszeitpunkt sämtlicher Mangelgewährleistungsrechte dar, so ist dessen Fixierung entscheidend für die davon abhängige Frage der Anwendung mit der Folge, dass etwaige Unklarheiten bzgl. des Fälligkeitstermins größere Auswirkungen auf die Bestimmung des Anwendungszeitpunktes haben könnten. Weiterhin kommt auch diese Ansicht nicht komplett ohne Abgrenzungsschwierigkeiten aus. Es bleibt nämlich die Frage offen, ob und welche Rechte ausnahmsweise auch vor Fälligkeit geltend gemacht werden können.

c) Zeitpunkt des Herstellungsbeginns

aa) Vorteile

Eine zeitliche Anknüpfung der Mangelrechte der §§ 634 ff. BGB an den Herstellungsbeginn hat zum Vorteil, dass an einen Zeitpunkt angeknüpft wird, der relativ unproblematisch bestimmt werden kann. Zudem handelt es sich um einen objektiven Anknüpfungspunkt, sodass die Frage nach der Anwendung der besonderen werkvertraglichen Mangelrechte keinen subjektiven Charakter hat und damit keine Berücksichtigung von etwaigen Schutzbedürfnissen erfordert. Schließlich ist eine Diskussion um etwaige Vorwirkungen hinfällig, da dem Besteller unmittelbar mit Beginn der Herstellung und während dieses Prozesses die einschlägigen Rechte zustehen.

bb) Nachteile

Nachteilig ist demgegenüber, dass durch diese frühe Konfrontation von Besteller und Werkunternehmer neues Konfliktpotenzial geschaffen bzw. bestehendes erhöht wird. Der Besteller kann durch die ihm so von Anfang an gegebene Eingriffsmöglichkeit dazu verleitet werden, schon frühzeitig massiv Druck auf den Werkunternehmer auszuüben und so den Herstellungsprozess zu beeinflussen. Dem Werkunternehmer wird auf diesem Weg letztlich seine Dispositionsbefugnis genommen, auf der aber auch seine wirtschaftliche Kalkulation beruht und von der seine Kalkulation abhängig ist. Dadurch, dass der Besteller nun schon frühzeitig und schlechtesten Falls auf einer regelmäßigen Basis jedes seiner Bedenken geltend machen kann, kann dies für den Werkunternehmer schnell zum Punkt der Unwirtschaftlichkeit führen. Ferner führt eine ständige Eingriffsmöglichkeit des Bestellers in die Arbeit eines Werkunternehmers, der sich zwar gegenüber dem Besteller zur Herstellung eines kompletten Werkes verpflichtet hat, sich jedoch seinerseits zur Herstellung des Werkes der Hilfe von Subunternehmern bedient, zu Schwierigkeiten im Zeitplan. Dadurch, dass nämlich der Werkunternehmer z.B. zur Vermeidung einer Selbstvornahme durch den Besteller entweder ständig selbst in seine oder die Arbeiten seiner Subwerkunternehmer eingreifen müsste, erhöht sich die Gefahr, dass die zu Beginn der Herstellung vorgenommene zeitliche Planung der einzelnen, u.U. ineinandergreifenden Leistungen der verschiedenen an der Herstellung beteiligten Werkunternehmer hinfällig wird. Die Folge ist eine sowieso schon häufig genug vorkommende Verzögerung des Vorhabens, die letztlich nicht dem Interesse der Parteien entsprechen kann. Zwar kann auch eine spätere Mängelbeseitigung zu Verzögerungen des Werkes führen, jedoch lässt sich ein späterer, die kompletten Mängel umfassender Beseitigungsabschnitt zeitlich besser in eine Kalkulation einstellen.

d) *Zeitpunkt der Herstellung*

aa) Vorteile

Der Vorteil an einer Anknüpfung an die Herstellung des Werkes für die Anwendung der §§ 634 ff. BGB ist, dass es sich um einen objektiven, für jedermann erkennbaren Zeitpunkt handelt, der sich frei von subjektiven Einflüssen darstellt.

bb) Nachteile

Nachteilig ist jedoch, dass die Herstellung gleichzeitig auch einheitlich definiert und verstanden sein muss. So kann stets einzelfallabhängig fraglich sein, ob eine bestimmte Schwere von Mängeln es rechtfertigt, das Werk nicht mehr als „hergestellt" zu bezeichnen mit der Konsequenz, dass der Zeitpunkt letztlich doch nicht mehr so unkompliziert und einheitlich ist, wie er auf den ersten Blick erscheint.

Zudem kann sich auch diese Ansicht nicht von der Diskussion frei machen, ob nicht ausnahmsweise eine Geltendmachung ab Fälligkeit, aber vor Herstellung möglich sein muss, wenn die Mängel nicht behebbar sind oder wenn der Werkunternehmer die Mängelbeseitigung bereits endgültig verweigert hat. Denn in diesen Fällen ist es ebenfalls nicht gerechtfertigt, wenn der Besteller für die Geltendmachung seiner besonderen werkvertraglichen Mangelrechte die Herstellung abwarten muss.

e) *Zwischenergebnis*

Die Lösung, die den Gefahrübergang bzw. die Abnahme als zeitlichen Anknüpfungspunkt bevorzugt, bedarf mithin verschiedener Ausnahmen, um zu billigen Ergebnissen zu kommen. Der Zeitpunkt erscheint daher alles andere als fest und einheitlich. Zudem wird durch die subjektive Komponente der Billigung ein Element in die Frage der Anwendbarkeit der §§ 634 ff. BGB gebracht, das für unbillige Ergebnisse empfänglicher ist. Aus der so geschaffenen Abhängigkeit des Eingreifens der besonderen werkvertraglichen Mangelrechte von individuell in der Person des Bestellers liegenden Faktoren wird eine Schutzbedürftigkeit solcher Besteller geschaffen, die aufgrund persönlicher oder sachlicher Gründe bei der Billigung benachteiligt sind. Dieser Schutzbedürftigkeit wird sodann aber keine Rechnung getragen, sondern sie wird vielmehr konterkariert, indem im Ergebnis der Schutzbedürftige noch schlechter gestellt wird.

Ein Verzicht auf eine Abgrenzung zwischen allgemeinen und besonderen Mangelgewährleistungsrechten mit der Konsequenz, dass die Normen grundsätzlich von vornherein ab Fälligkeit des vertraglichen Erfüllungsanspruchs nebeneinander stehen und unter Beachtung ihrer jeweiligen Tatbestandsvoraussetzungen anzuwenden sind, hat hingegen den Vorteil, dass die Abgrenzungsschwierigkeiten der vorherigen Meinungen auf ein Minimum reduziert werden. Ferner ist ein Bedürfnis für Vorwirkungen lediglich im Hinblick auf den Zeitraum vor Fälligkeit zu diskutieren. Die Anwendung der verschiedenen Rechtsbehelfe ab Fälligkeit des Erfüllungsanspruchs anhand ihrer jeweiligen Tatbestandsvoraussetzungen führt also zu klaren und nachvollziehbaren Ergebnissen und minimiert die Konstruktion von Ausnahmen und künstlich geschaffenen Tatbestandsvoraussetzungen. Demgegenüber scheint der Nachteil eines ggf. streitigen Zeitpunkts der Fälligkeit des Erfüllungsanspruchs hinnehmbar, da dieser Zeitpunkt ohnehin als Anwendungszeitpunkt der allgemeinen Leistungsstörungsrechte anerkannt ist.

Ferner hat eine Anwendung der besonderen werkvertraglichen Mangelrechte der §§ 634 ff. BGB ab Herstellungsbeginn den Vorteil, dass es sich um einen objektiven Zeitpunkt handelt mit der Folge, dass Schutzbedürfnisse aufgrund subjektiver Mängel keine Relevanz bekommen. Zudem sind Diskussionen um Vorwirkungen entbehrlich. Jedoch wird dieser Vorteil nur durch einen massiven Eingriff in die Dispositionsbefugnis des Werkunternehmers erreicht, was nicht zuletzt negative Auswirkungen auf die Wirtschaftlichkeit und die Herstellungszeit hat.

Die Anknüpfung an die Herstellung schließlich hat ebenfalls für sich, dass es sich um einen objektiven Zeitpunkt handelt, der frei von subjektiven Einflüssen ist. Jedoch kann sich auch diese Meinung nicht davon befreien, zugunsten billiger Ergebnisse ausnahmsweise Vorwirkungen zulassen zu wollen. Zudem lässt sich auch einzelfallabhängig darüber streiten, ab welcher Intensität einer Mangelhaftigkeit das Werk nicht mehr die Bezeichnung „hergestellt" verdient.

Davon ausgehend lässt sich nach der Gegenüberstellung von Vor- und Nachteilen der verschiedenen Ansichten feststellen, dass – ebenso wie beim Kaufrecht – durchaus eine Grundlage und ein Bedürfnis für die Überlegung besteht, ob eine Abgrenzung zwischen der Anwendung der allgemeinen Leistungsstörungsrechte und der besonderen werkvertraglichen Mangelrechte der §§ 634 ff. BGB nicht aufgegeben und damit insbesondere die Anwendung der §§ 634 ff. BGB an anderen Kriterien als dem Gefahrübergang bzw. der Abnahme festgemacht werden sollte und könnte.

2. *Die Auslegung der gesetzlichen Regelung*

Die soeben erfolgte Gegenüberstellung der Vor- und Nachteile der einzelnen Meinungen lässt eine Abkehr von einer zeitlichen Zäsur zwischen allgemeinem und besonderem Mangelgewährleistungsrecht hin zu einer parallelen Anwendung aus meiner Sicht am vorteilhaftesten erscheinen. Zu untersuchen gilt es nun, ob auch die Auslegung der gesetzlichen Regelung die grundsätzlich parallele Anwendbarkeit und damit letztlich die grundsätzliche Anwendbarkeit der speziellen werkvertraglichen Gewährleistungsrechte schon ab Fälligkeit des vertraglichen Erfüllungsanspruchs rechtfertigen kann.

a) Wortlaut

Um anhand des Wortlauts auszulegen, ob die Anwendung der §§ 634 ff. BGB parallel zu den allgemeinen Leistungsstörungsrechten und damit grundsätzlich ebenfalls ab Fälligkeit des vertraglichen Erfüllungsanspruchs erfolgen kann, bietet sich zunächst die grammatische Auslegung der Vorschrift des § 634 BGB an, da dort die besonderen werkvertraglichen Mangelrechte benannt werden. In der Folge wird dann auf die weiteren Normen der §§ 634 ff. BGB eingegangen.

aa) § 634 BGB

Der Wortlaut des § 634 BGB lautet:

> „Ist das Werk mangelhaft, kann der Besteller, wenn die Voraussetzungen der folgenden Vorschriften vorliegen und soweit nicht ein anderes bestimmt ist,
>
> 1. nach § 635 Nacherfüllung verlangen,
> 2. nach § 637 den Mangel selbst beseitigen und Ersatz der erforderlichen Aufwendungen verlangen,
> 3. nach den §§ 636, 323 und 326 Abs. 5 von dem Vertrag zurücktreten oder nach § 638 die Vergütung mindern und
> 4. nach den §§ 636, 280, 281, 283 und 311a Schadensersatz oder nach § 284 Ersatz der vergeblichen Aufwendungen verlangen.“

Für die Geltendmachung der Mangelrechte setzt der Wortlaut des § 634 BGB zunächst nur voraus, dass das Werk mangelhaft ist. Ausgehend vom Wortlaut könnte daher zunächst die Annahme getätigt werden, dass die Anwendung der in § 634 BGB genannten Rechte stets eine Sach- oder Rechtsmangelhaftigkeit i.S.v. § 633 BGB voraussetzen würden, da „mangelhaft" begrifflich sowohl Sach- als auch Rechtsmängel umfassen soll.[384] Ausgehend davon wird nämlich sodann angeführt, dass für die Bestimmung der Mangelhaftigkeit des Werkes bis zur Abnahme überhaupt fraglich sei, ob von einem Mangel gesprochen werden könne. Erst im Zeitpunkt der Abnahme sei festzustellen, ob das Werk mangelhaft sei, da der Werkunternehmer bis zur Ablieferung des Werkes die alleinige Herstellungsverantwortung und Dispositionsbefugnis habe.[385] Daraus könne man den Schluss ziehen, dass sich aus dem Wortlaut für die Anwendung der §§ 634 ff. BGB das Bedürfnis der Abnahme ergebe.

Dieses Wortlautverständnis ist meines Erachtens aber verfehlt. Sach- und Rechtsmängel setzen für ihre jeweilige Existenz gerade nicht die Abnahme voraus. Dies ergibt sich zwingend schon daraus, dass § 640 BGB eine Verweigerung der Abnahme wegen Mängeln i.S.v. § 633 BGB ausdrücklich für möglich hält. Es wird also schon im Stadium vor der Abnahme begrifflich von Mängeln gesprochen mit der Konsequenz, dass die Abnahme selbst keine zwingende Voraussetzung für einen Mangel sein kann. Wäre also eine Bestimmung der Mangelhaftigkeit vor der Abnahme überhaupt nicht möglich, würde die ausnahmsweise mögliche Verweigerung der Abnahme des § 640 BGB wegen Mängeln leer laufen. Zudem enthält § 633 BGB schon begrifflich, anders als der vergleichbare § 434 BGB, kein zusätzliches zeitliches Moment wie den Gefahrübergang. Da aber das Werkvertragsrecht bewusst an das Kaufrecht angeglichen wurde,[386] wird deutlich, dass für eine Mangelhaftigkeit nach § 633 BGB erst recht keine zeitlichen Momente entscheidend sein sollen.

Daran anknüpfend kann man davon ausgehen, dass das Werk auch im Stadium der Herstellung mangelhaft sein kann und entsprechend die in § 634 BGB genannten Mangelrechte in jedem Stadium der Herstellung angewendet werden können.[387] Zudem kann dem Wortlaut des § 634 BGB auch der Verweis auf die Voraussetzungen der folgenden Vorschriften entnommen werden,

384 BT-Drucks. 14/6040, S. 209, was über S. 261 auch für den Werkvertrag gilt, da die Überlegungen und Ausführungen im Kaufrecht wegen der Vergleichbarkeit von Kauf- und Werkvertragsrecht auch hier gelten sollen.

385 Joussen, BauR 2009, 319, 324.

386 BT-Drucks. 14/6040, S. 260.

387 Jansen, Mangelrechte vor Abnahme, S. 48.

woraufhin dann sowohl auf die besonderen werkvertraglichen Regelungen der §§ 635 ff. BGB als auch auf die Regelungen des allgemeinen Leistungsstörungsrechts verwiesen wird. Zum einen kann daraus gefolgert werden, dass zumindest die besonderen werkvertraglichen Mangelrechte des Rücktritts und Schadensersatzes erst und gleichzeitig schon ab Fälligkeit des werkvertraglichen Erfüllungsanspruchs anwendbar sind. Denn jedenfalls die allgemeinen Leistungsstörungsrechte, auf die in § 634 BGB ausdrücklich verwiesen wird, sind ja ab diesem Zeitpunkt anwendbar. Dies ergibt sich schon aus dem Wortlaut der §§ 323 und 281 BGB, auf die in § 634 Nr. 3 und 4 BGB ausdrücklich verwiesen wird.[388] Zum anderen kann dann weiterführend gefolgert werden, dass durch den teilweisen Verweis auf die Regeln des allgemeinen Leistungsstörungsrechts eine generelle zeitliche Zäsur der Anwendung sämtlicher besonderer Mangelrechte dahingehend, dass sie erst zu einem späteren Zeitpunkt als dem Fälligkeitstermin des werkvertraglichen Erfüllungsanspruchs anwendbar sein sollen, nicht möglich ist. Denn dadurch, dass jedenfalls für einige Rechtsbehelfe in § 634 BGB an das allgemeine Leistungsstörungsrecht und damit an dessen Anwendungszeitpunkt angeknüpft wird, kann nicht ein einheitliches, von dem durch die allgemeinen Regeln bestimmten Zeitpunkt abweichendes zeitliches Moment für die Anwendung aller der in § 634 BGB genannten Rechte festgelegt werden.

Schließlich gilt es auch den Wortlaut des § 634 BGB dahingehend zu beachten, dass dieser auf die Voraussetzungen der folgenden Vorschriften verweist. Die Rechte können entsprechend eigene Voraussetzungen und Anderes bestimmen, insbesondere können sich aus den jeweils unterschiedlichen Voraussetzungen der einzelnen Rechte divergierende Anwendungszeitpunkte ergeben. Die Annahme eines einheitlichen Anwendungszeitpunkts für alle der in § 634 BGB genannten Rechte ist hiervon nicht gedeckt.

Ein eindeutiges Ergebnis zugunsten einer Meinung lässt sich dem Wortlaut folglich nicht entnehmen. Jedoch sprechen die hier gefundenen Auslegungsergebnisse wohl eher dafür, die Mangelrechte der §§ 634 ff. BGB grundsätzlich ab dem Zeitpunkt der Fälligkeit des vertraglichen Erfüllungsanspruches parallel mit den allgemeinen Leistungsstörungsrechten anzuwenden, soweit nicht die Voraussetzungen der einzelnen Rechte ausdrücklich ein abweichendes zeitliches Moment normieren.

---

388 Jansen, Mangelrechte vor Abnahme, S. 48 f.

bb) § 635 Abs. 1 BGB

Der Wortlaut des § 635 Abs. 1 lautet:

> „Verlangt der Besteller Nacherfüllung, so kann der Unternehmer nach seiner Wahl den Mangel beseitigen oder ein neues Werk herstellen."

Teilweise wird davon ausgegangen, dass § 635 Abs. 1 BGB selbst keine Anspruchsgrundlage sei, sondern sich der Nacherfüllungsanspruch nur aus § 634 BGB ergebe.[389] Demzufolge seien für eine Auslegung ausschließlich die Voraussetzungen des § 634 BGB relevant, die ausweislich des soeben Gesagten keine definitiven und klaren Rückschlüsse auf eine generelle zeitliche Beschränkung des Anwendungsbereichs der § 634 ff. BGB zuließen. Die Regelung des § 635 Abs. 1 BGB regele demgegenüber nur den Inhalt des Nacherfüllungsanspruchs.

Dieses Verständnis vom Zusammenspiel der §§ 634, 635 BGB ist schon deshalb in Frage zu stellen, weil es sich aus meiner Sicht bei § 634 BGB um eine einheitliche, für sämtliche besondere Mangelgewährleistungsrechte geltende Rechtsgrundverweisung handelt und es nicht ersichtlich ist, wieso nur für den Nacherfüllungsanspruch eine Ausnahme hiervon gemacht werden sollte.

Im Übrigen wird ein solches Verständnis auch nicht dem Wortlaut des § 635 Abs. 1 BGB gerecht. Der Tatbestand des § 635 BGB spricht von „Nacherfüllung", was begrifflich eine bereits versuchte Leistungserfüllung voraussetzt. Insoweit ist der Begriff der „Nacherfüllung" – genauso wie im Kaufrecht[390] – sinnwahrend zu verstehen. Der Begriff soll den zweiten Versuch des Werkunternehmers im Hinblick auf seine Pflicht zur vertragsgemäßen Leistung beschreiben, der sich an den ersten Versuch (dem sog. Erfüllungsversuch) anschließt. Als Erfüllungsversuch genügt indessen nicht die bloße Nichtleistung im Zeitpunkt der Fälligkeit, sondern es bedarf einer tatsächlichen Erfüllungshandlung, die sodann eben fehlerhaft ist. Für eine solche Erfüllungshandlung ist es dabei nicht zwangsläufig erforderlich, dass der Besteller das Werk abnimmt, sondern es genügt auch, dass das in den Augen des Werkunternehmers vertragsgemäße Werk in einer Weise angeboten wird, die den Besteller zur Verweigerung der Abnahme berechtigt. Es macht nämlich für die Unterscheidung zwischen dem ersten Versuch (Erfüllungsversuch) und dem zweiten Versuch zur ordnungsgemäßen Leistung (Nacherfüllung) keinen Unterschied, ob der Besteller beim ersten Versuch das Werk abnimmt oder berechtigterweise zurückweist. Es bleibt unabhängig von der

---

389 Vorwerk, BauR 2003, 1, 8; Jansen, Mangelrechte vor Abnahme, S. 49; Krause-Allenstein, in: IBR-online-Kommentar, § 634 Rn. 2; Sprau, in: Palandt, § 635 Rn. 2.

390 Vgl. diesbzgl. oben Kap. 2, C, III, 2, a, bb.

Reaktion des Bestellers dabei, dass der Werkunternehmer mit dem ersten Versuch seine Pflicht zur mangelfreien Leistung nicht erfüllen konnte und entsprechend nachzuerfüllen hat. Voraussetzung für die Geltendmachung des § 635 BGB ist daher dem Wortlaut nach eine bereits versuchte Leistungserbringung mit der Konsequenz, dass dieser Zeitpunkt auch die Zäsur zwischen dem bis dahin einschlägigen Erfüllungsanspruch aus § 631 Abs. 1 BGB und dem ab diesem Zeitpunkt geltend zu machenden Nacherfüllungsanspruch darstellt. Entscheidend ist demzufolge, dass Erfüllungs- und Nacherfüllungsanspruch als Ausnahme vom Grundsatz nicht parallel ab Fälligkeit des Erfüllungsanspruchs nebeneinander, sondern hintereinander stehen, zeitlich durch das tatbestandliche Erfordernis einer versuchten Leistungserfüllung getrennt.

Die Wortlautauslegung des § 635 Abs. 1 BGB kommt daher zu dem Ergebnis, dass dem Nacherfüllungsanspruch des § 635 Abs. 1 BGB aus § 634 BGB keine zeitliche Begrenzung seiner Anwendung vorgegeben wird, sondern sich eine solche tatbestandlich aus § 635 Abs. 1 BGB selbst ergibt. Die werkvertragliche Nacherfüllung ist demzufolge ein besonderes werkvertragliches Mangelgewährleistungsrecht, dessen Anwendung an ein zeitliches Moment, nämlich eine versuchte Erfüllung der Leistungspflicht des Werkunternehmers, anknüpft. Dieses zeitliche Moment kann durchaus mit dem Zeitpunkt der Abnahme zusammenfallen, jedoch ist das nicht zwingend. Eine generelle zeitliche Anknüpfung der Anwendung aller in § 634 BGB genannten Mangelrechte an den Zeitpunkt der Abnahme lässt sich hieraus aber nicht folgern.

cc) § 636 BGB

Der Wortlaut des § 636 BGB lautet:

> „Außer in den Fällen der §§ 281 Abs. 2 und 323 Abs. 2 bedarf es der Fristsetzung auch dann nicht, wenn der Unternehmer die Nacherfüllung gemäß § 635 Abs. 3 verweigert oder wenn die Nacherfüllung fehlgeschlagen oder dem Besteller unzumutbar ist."

Hinsichtlich der ausführlichen Wortlautauslegung des § 636 BGB soll an dieser Stelle zur Vermeidung unnötiger Wiederholungen auf die Wortlautauslegung des § 440 BGB verwiesen werden.[391] Die beiden Vorschriften sind in der Sache identisch, sodass sich die zu § 440 BGB getroffenen Erwägungen unproblematisch auch auf § 636 BGB übertragen lassen. Demzufolge kommt die Wortlautauslegung zu dem Ergebnis, dass dem § 636 BGB eine Anwendung parallel zu den allgemeinen Regeln ab Fälligkeit des vertraglichen Erfüllungsanspruchs und

---

391 Vgl. hierzu oben Kap. 2, C, III, 2, a, cc.

nach Maßgabe seiner jeweiligen tatbestandlichen Voraussetzungen am besten gerecht wird, weil jede der drei in § 636 BGB genannten Varianten auf ihre eigenen tatbestandlichen Voraussetzungen hin zu untersuchen ist und so je nach Fall und einschlägiger Fristsetzungserleichterung eine sachgerechte Anwendung gewährleistet werden kann. Denn einzig die zweite Variante (fehlgeschlagene Nacherfüllung) setzt in zeitlicher Hinsicht den Versuch einer Nacherfüllung voraus. D.h. die anderen beiden Varianten können zeitlich auch vor dem Leistungsversuch des Unternehmers, nämlich ab Fälligkeit des werkvertraglichen Erfüllungsanspruchs, geltend gemacht werden.

dd) § 637 Abs. 1 BGB

Der Wortlaut des § 637 Abs. 1 BGB lautet:

> „Der Besteller kann wegen eines Mangels des Werkes nach erfolglosem Ablauf einer von ihm zur Nacherfüllung bestimmten angemessenen Frist den Mangel selbst beseitigen und Ersatz der erforderlichen Aufwendungen verlangen, wenn nicht der Unternehmer die Nacherfüllung zu Recht verweigert."

§ 637 Abs. 1 BGB erfordert begrifflich, dass eine Frist zur Nacherfüllung erfolglos gesetzt werden muss, bevor eine Anwendung des Selbstvornahmerechts angestrebt werden kann. Aus diesem Fristsetzungserfordernis kann laut *Jansen* aber gerade kein Anhaltspunkt hinsichtlich der zeitlichen Anwendung des § 637 BGB, noch der §§ 634 ff. BGB geschlussfolgert werden, da unklar bleibe, ab welchem Zeitpunkt die Frist gesetzt werden könne und wann sie ablaufen dürfe.[392] Dem ist aber entgegenzuhalten, dass aus dem Fristsetzungserfordernis sehr wohl Anhaltspunkte hinsichtlich einer zeitlichen Anwendung des § 637 BGB geschlussfolgert werden können. Denn durch die Fristsetzung wird auch der Fall der Entbehrlichkeit derselben relevant, § 637 Abs. 2 Satz 1 BGB. Ist die Fristsetzung nämlich entbehrlich, so ist der Besteller berechtigt, auch vor einem Nacherfüllungsverlangen den Anspruch aus § 637 BGB geltend zu machen. Ist die Sache also in dem Zeitpunkt mangelhaft, in dem Umstände erheblich werden, die eine Fristsetzung entbehrlich machen, so ist § 637 BGB ab genau diesem Zeitpunkt anwendbar. Dieser Zeitpunkt kann auch im Zeitraum ab Fälligkeit, aber vor Erfüllung des werkvertraglichen Erfüllungsanspruchs liegen, wenn z.B. klar ist, dass der Werkunternehmer bestehende Mängel nicht beseitigen wird, §§ 637 Abs. 2 Satz 1, 323 Abs. 2 Nr. 1 BGB. Damit kann aus dem Wortlaut des § 637 BGB, insbesondere aus der begrifflichen Anknüpfung an die Nacherfüllung, weder gefolgert werden, dass § 637 BGB erst ab dem auch für die Nacherfüllung relevanten Zeitpunkt des fehlgeschlagenen Erfüllungsversuch

392 Jansen, Mangelrechte vor Abnahme, S. 49.

anwendbar ist, noch kann gefolgert werden, die §§ 634 ff. BGB seien generell erst ab Abnahme anwendbar. Der Wortlaut der Selbstvornahme nach § 637 BGB verlangt lediglich die Mangelhaftigkeit des Werkes sowie die Fristsetzung bzw. deren Entbehrlichkeit. Da diese Voraussetzungen auch im Zeitraum zwischen Fälligkeit und Erfüllung der werkunternehmerischen Leistungspflicht vorliegen können und der Wortlaut keine darüber hinausgehenden zeitlichen Beschränkungen auferlegt,[393] spricht grammatikalisch nichts gegen eine grundsätzliche Anwendung des § 637 BGB ab Fälligkeit des werkvertraglichen Erfüllungsanspruchs.

ee) § 638 Abs. 1 Satz 1 BGB

Der Wortlaut des § 638 Abs. 1 Satz 1 BGB lautet:

> „Statt zurückzutreten, kann der Besteller die Vergütung durch Erklärung gegenüber dem Unternehmer mindern."

Die Minderung kann unter denselben Voraussetzungen wie der Rücktritt geltend gemacht werden. Das ergibt sich aus der Verweisung „statt zurückzutreten" i.R.v. § 638 Abs. 1 Satz 1 BGB. Konsequenterweise muss daher das für den Rücktritt gefundene Ergebnis auch für die Minderung gelten. Danach spricht die Verweisung auf die allgemeinen Regeln für eine Anwendung ab deren grundsätzlichem Anwendungszeitpunkt, mithin ab Fälligkeit des vertraglichen Erfüllungsanspruches. Im Übrigen ergibt sich aus dem Wortlaut des Minderungsrechts gemäß § 638 BGB keine dahingehende Begrenzung, dass das Minderungsrecht dem Besteller nur in bestimmten Vertragsstadien zustehen soll. Der Verweis „statt zurückzutreten" ist vielmehr so zu verstehen, dass dem Besteller generell i.R.e. Werkvertrages die Möglichkeit einer Minderung anstelle des allgemeinen oder des besonderen Rücktrittsrechts – was letztlich auch nicht eigenständig geregelt ist – gewährt wird. Der Wortlaut des § 638 BGB spricht folglich für eine Anwendung der Minderung ab Fälligkeit des vertraglichen Erfüllungsanspruchs. Eine Anknüpfung an die Abnahme ist daher verfehlt.

ff) § 639 BGB

Der Wortlaut des § 639 BGB lautet:

> „Auf eine Vereinbarung, durch welche die Rechte des Bestellers wegen eines Mangels ausgeschlossen oder beschränkt werden, kann sich der Unternehmer nicht berufen, soweit er den Mangel arglistig verschwiegen oder eine Garantie für die Beschaffenheit des Werkes übernommen hat."

---

393 So auch OLG Brandenburg, NJW-RR 2011, 603, 604.

Der Wortlaut des § 639 BGB führt kein zeitliches Moment mit sich, das Aufschluss über eine mögliche zeitliche Zäsur gibt. Der Begriff „Mangel" ist hier als Verweis auf § 633 BGB zu verstehen mit der Folge, dass die Gesamtheit von Sach- und Rechtsmängeln damit begrifflich umfasst werden soll.[394] Wie i.R.v. § 634 BGB aber bereits dargelegt, ist es verfehlt, aus diesem Begriff schon das Erfordernis einer Abnahme abzuleiten.[395] Auch der Begriff der „Vereinbarung" ist zeitlos, da eine solche in jedem Vertragsstadium getroffen werden kann. Der Wortlaut des § 639 BGB lässt sich mithin nicht für einen bestimmten Zeitpunkt bzgl. der Anwendung der in § 634 BGB genannten Rechte haftbar machen.

gg) Zwischenergebnis

Eine eindeutige Regelung hinsichtlich der Frage, ab wann denn die besonderen werkvertraglichen Gewährleistungsrechte der §§ 634 ff. BGB zur Anwendung gebracht werden können, lässt sich dem Wortlaut der §§ 634 ff. BGB zwar nicht entnehmen. Allerdings lässt sich durch den Verweis des § 634 BGB auf das allgemeine Leistungsstörungsrecht für die Rechte Schadensersatz, Rücktritt und ausgehend davon auch für die Minderung schließen, dass diese besonderen Mangelrechte grundsätzlich erst, aber auch schon ab Fälligkeit des Erfüllungsanspruches anwendbar sind. Auf dieser Grundlage kann dann zumindest keine generelle und einheitliche zeitliche Zäsur sämtlicher der in § 634 BGB genannten Mangelrechte anhand einer Abnahme, dem Gefahrübergang oder der Herstellung des Werkes aus dem Wortlaut gefolgert werden, da für Rücktritt, Minderung und Schadensersatz gemäß der Wortlautauslegung schon ein früherer Zeitpunkt maßgeblich ist. Die Ansicht, dass die allgemeinen und die besonderen Mangelgewährleistungsrechte grundsätzlich parallel ab Fälligkeit des Erfüllungsanspruchs geltend gemacht werden können, entspricht hingegen dem Wortlaut. Ergibt sich dann aus dem jeweiligen Wortlaut der anzuwendenden Norm ein tatbestandliches Zeitmoment, wird von diesem Grundsatz individuell abgewichen, was letztlich zur Konsequenz hat, dass die einzelnen Rechtsbehelfe ausweislich ihrer individuellen Voraussetzungen selbst für die Beantwortung der Frage ihrer Anwendbarkeit heranzuziehen sind.

394 Voit, in: BeckOK Bamberger/Roth, § 639 Rn. 2.
395 Vgl. hierzu in diesem Kap. unter C, III, 2, a, aa.

b) *Entstehungsgeschichte*

Zu untersuchen gilt es ferner, ob auch die Historie der §§ 634 ff. BGB einen Anhaltspunkt für den zeitlichen Anwendungsbereich der besonderen werkvertraglichen Mangelrechte bieten kann. Zu diesem Zweck ist zu betrachten, was den Gesetzgeber i.R.d. Schuldrechtsreform zu der Ausgestaltung der §§ 634 ff. BGB in ihrer heutigen Form bewogen hat und ob diesen Beweggründen ein grundsätzliches zeitliches Nebeneinander von allgemeinen und besonderen Mangelrechten entspricht.

aa) Probleme der bis zum Inkrafttreten des Schuldrechtsmodernisierungsgesetzes am 01.01.2002 bestehenden Regelung

Eine aus der bis zum 01.01.2002 bestehenden Rechtslage resultierende Problematik war die nur unzureichende Verzahnung von allgemeinen Leistungsstörungsrechten und besonderen Gewährleistungsansprüchen. Zwar galten für Werkverträge mangels eigener Rechtsmängelhaftung über § 440 Abs. 1 BGB a.F. analog[396] bzw. für Werklieferungsverträge über § 651 Abs. 1 BGB a.F. die kaufrechtlichen Bestimmungen zur Rechtsmängelhaftung mit der Folge, dass zumindest für Rechtsmängel die besonderen werkvertraglichen Ansprüche des Bestellers in das allgemeine Leistungsstörungsrecht eingefügt waren, indem über § 440 Abs. 1 BGB a.F. auf die allgemeinen Rechte der §§ 320–327 BGB a.F. verwiesen wurde. Für Sachmängel hingegen wurde in den §§ 633 ff. BGB a.F. ein eigenständiges, von den allgemeinen Regeln losgelöstes Gewährleistungsrecht getroffen, sodass im Ergebnis zwei unabhängige Gewährleistungssysteme in Gesetzeskonkurrenz nebeneinander bestanden.[397] Diese beiden Regelungskomplexe waren dabei nicht aufeinander abgestimmt, was regelmäßig zu Streitigkeiten und in der Folge zu einer fast unüberschaubaren Zahl von Gerichtsentscheidungen führte. Nicht zuletzt dadurch hat die Regelung vor der Schuldrechtsreform Verwirrungen und Verunsicherungen geschaffen, unter denen insbesondere die Übersichtlichkeit und Klarheit der gesetzlichen Regelung litt und was zu großer Rechtsunsicherheit führte.[398]

Diese Unterscheidung zwischen Sach- und Rechtsmängelhaftung führte auch zu erheblich unterschiedlichen Rechtsfolgen, indem der Besteller bei

---

396 Peters, in: Staudinger (1994), § 633 Rn. 44; Sprau, in: Palandt (1998), Vorbem v. § 633 Rn. 2.

397 Sprau, in: Palandt (1998), Vorbem v. § 633 Rn 17; BT-Drucks. 14/6040, S. 86 f.

398 BT-Drucks. 14/6040, S. 87.

Rechtsmängeln gemäß § 195 BGB dreißig Jahre lang die allgemeinen Rechte wegen Leistungsstörungen geltend machen konnte, während er bei Sachmängeln grundsätzlich der besonderen Verjährungsregel des § 638 BGB a.F. unterlag, wonach die besonderen werkvertraglichen Mangelrechte nur sechs Monate bzw. bei Arbeiten an einem Grundstück nur fünf Jahre geltend gemacht werden konnten. Diese Problematik wurde zusätzlich auch bei der Abgrenzung zwischen dem Schadensersatzanspruch aus § 635 BGB a.F. und dem Schadensersatzanspruch aus positiven Vertragsverletzungen relevant.[399] Denn je nachdem welcher schadensersatzrechtlichen Anspruchsgrundlage die verschiedenen Schäden zugeordnet wurden, unterlagen sie entweder der speziellen werkvertraglichen Verjährung des § 638 BGB oder der allgemeinen Verjährung von dreißig Jahren nach § 195 BGB. Daher war es für den Besteller durchaus relevant, dass die Rechtsprechung Schäden am Werk selbst sowie enge Mangelfolgeschäden, also Schäden die im engen Zusammenhang mit dem Mangel stehen, unter § 635 BGB a.F. fasste, während entfernte Mangelfolgeschäden ggf. nach den Grundsätzen der positiven Vertragsverletzung zu erstatten waren.[400]

Hinzuweisen ist an dieser Stelle abschließend noch darauf, dass nach alter Rechtslage vor 2002 die besonderen werkvertraglichen Mangelrechte der §§ 634, 635 BGB a.F. auch schon im Zeitraum vor der Abnahme als Anwendbar angesehen wurden.[401] Grundlage dieser Rechtsprechung war die Regelung des § 634 Abs. 1 Satz 2 und 3 BGB a.F.

Ergo verursachte die bis zum 31.12.2001 bestehende Rechtslage insgesamt viele Streitigkeiten sowie Unübersichtlichkeiten und damit letztlich Rechtsunsicherheiten, ließ jedoch die Geltendmachung von besonderen werkvertraglichen Mangelrechten vor Abnahme ausdrücklich zu.

bb) Die vom Gesetzgeber intendierte Lösung i.R.d. Schuldrechtsreform

Die Neuregelung des Werkvertragsrechts im Zuge der Schuldrechtsmodernisierungsreform entspricht im Wesentlichen der zeitgleich erfolgten Neuregelung des Kaufvertragsrechts. Die aus der bis zur Reform geltenden Regelung resultierenden Probleme sollten dadurch gelöst werden, dass u.a. die massive Unterscheidung zwischen Sach- und Rechtsmängeln sowie zwischen Kauf- und

399 Jansen, Mangelrechte vor Abnahme, S. 60.

400 Merl, in: Kleine-Möller/Merl/Glöckner, § 15 Rn. 668.

401 BGH, Urt. v. 30.09.1999 – VII ZR 162/97 = NJW 2000, 133; 134; BGH, Urt. v. 17.02.1999 – X ZR 8/96 = NJW 1999, 2046, 2047 f.; BGH, Urt. v. 16.11.1993 – X ZR 7/92 = BauR 1994, 242, 244.

Werkvertrag beseitigt oder zumindest vermindert wird.[402] Insbesondere aus Letzterem folgt zwangsläufig, dass sich die bereits in der Entstehungsgeschichte im kaufrechtlichen Teil erfolgten Ausführungen zur gesetzgeberischen Lösung auch auf den hiesigen Punkt übertragen lassen.[403] Entsprechend sollen an dieser Stelle ausführliche Wiederholungen vermieden werden.

Die Gesetzesbegründung macht deutlich, dass durch die Neuregelung ein einheitliches Gewährleistungssystem entstehen soll, indem die besonderen werkvertraglichen Mangelrechte in das allgemeine Leistungsstörungsrecht eingegliedert werden und so die bis dahin praktizierte Trennung zweier unterschiedlicher Gewährleistungssysteme aufgehoben wird.[404] Um die Vereinheitlichung zu einem einheitlichen Gewährleistungssystem zu fördern, waren grundsätzliche Veränderungen des Werkvertragsrechts nicht notwendig, da schon vor der Schuldrechtsreform im Werkvertragsrecht die Pflicht des Werkunternehmers zur mangelfreien Leistung statuiert war mit der Folge, dass daher eher das Kaufrecht an die Konzeption des Werkvertragsrechts angepasst wurde und das Werkvertragsrecht selbst deutlich geringere Änderungen benötigte.[405] Durch die bewusste Angleichung des Kaufrechts und des Werkvertragsrechts durch den Gesetzgeber und der damit verbundenen Entsprechung einzelner Begriffe ist das Verständnis des Gesetzgebers hinsichtlich dieser Begriffe aber sowohl im Kauf- als auch im Werkvertragsrecht identisch, insbesondere bezeichnet der Gesetzgeber auch im Werkvertragsrecht explizit den Sachmangel als eine Pflichtverletzung, welche die gleichen Rechtsfolgen nach sich zieht wie im allgemeinen Leistungsstörungsrecht.[406] Durch die zuvor erfolgte Bezeichnung des Begriffs „Pflichtverletzung" als Mittelpunkt des allgemeinen Leistungsstörungsrechts[407] i.V.m. der Benennung im Zusammenhang mit Sachmängeln wird zudem deutlich, dass Sachmängel nur eine besondere Art der Pflichtverletzung darstellen und dementsprechend nicht losgelöst und eigenständig im Gesetz agieren.

Indem eine generelle zeitliche Abgrenzung der speziellen werkvertraglichen Mangelrechte erneut zwei separat anzuwendende Gewährleistungssysteme schafft, wird dem gesetzgeberischen Willen zuwider gehandelt, fortan nur noch

402 BT-Drucks. 14/6040, S. 94 f.

403 Vgl. hierzu genauer oben Kap. 2, C, III, 2, b, bb.

404 BT-Drucks. 14/6040, S. 94 f. sowie S. 219 f., was über S. 261 auch für den Werkvertrag gilt, da die Überlegungen und Ausführungen im Kaufrecht wegen der Vergleichbarkeit von Kauf- und Werkvertragsrecht auch hier gelten sollen.

405 BT-Drucks. 14/6040, S. 260.

406 BT-Drucks. 14/6040, S. 94.

407 BT-Drucks. 14/6040, S. 92.

ein einheitliches Gewährleistungssystem zu statuieren. Die §§ 634 ff. BGB sollen die im allgemeinen Leistungsstörungsrecht statuierten Regeln nur im Hinblick auf die Besonderheiten des Werkvertragsrechts modifizieren,[408] wobei „Modifikation" nur dergestalt verstanden werden kann, dass für die Parteien eines Werkvertrages die §§ 633 ff. BGB über die allgemeinen Regeln hinaus, die auf alle Verträge zu beziehen sind, zusätzlich neben diesen Geltung entfalten sollen. Eine zeitlich divergierende Geltung von allgemeinen Regeln und werkvertraglichen Modifikationen wird aus der Gesetzesbegründung nicht deutlich, sondern widerspricht letztendlich der dominanten Intention zur Schaffung eines einheitlichen Gewährleistungssystems für alle Leistungsstörungen.

cc) Zwischenergebnis

Auch eine historische Auslegung der Thematik hat gezeigt, dass eine generelle Abgrenzung von allgemeinen und besonderen werkvertraglichen Mangelrechten durch ein zeitliches Moment nicht im Sinne des Gesetzgebers ist. Dabei zeigt die Gesetzesbegründung besonders deutlich auf, dass die Schaffung eines einzigen Gewährleistungssystems, das auf der Grundlage des allgemeinen Leistungsstörungsrechts basiert und durch besondere Vorschriften im Hinblick auf die Besonderheiten des Werkvertragsrechts nur modifiziert wird, im Zentrum der Intention des Gesetzgebers steht. Dass es schließlich zwei grundsätzlich zeitlich unterschiedliche Anwendungsbereiche geben soll, passt jedoch nicht recht zu der Annahme eines einzigen einheitlichen Gewährleistungssystems. Eine von vornherein grundsätzlich parallele Anwendung der besonderen werkvertraglichen Mangelrechte zu den allgemeinen Leistungsstörungsrechten ist somit wesentlich konsequenter. Nur wenn eine besondere Vorschrift ausweislich ihrer Tatbestandsvoraussetzung eine zeitlich spätere Anwendung gebietet, erscheint es sinnvoll, von einer solchen auszugehen.

Die Möglichkeit der grundsätzlich parallelen Anwendung von allgemeinen und besonderen Regeln lässt sich im Ergebnis auch durch die Entstehungsgeschichte belegen. Der Zeitpunkt der grundsätzlichen Anwendbarkeit des allgemeinen Leistungsstörungsrechts ist dabei maßgeblicher Anwendungszeitpunkt, da dieser auf Grundlage der Gesetzesbegründung die Basis des neuen Gewährleistungssystems darstellt. Nach der historischen Auslegung sind die allgemeinen und die besonderen Mangelrechte grundsätzlich parallel ab Fälligkeit des vertraglichen Erfüllungsanspruchs geltend zu machen. Der Gefahrübergang,

---

408 BT-Drucks. 14/6040, S. 219 f. für § 437 BGB, was über S. 261 ausdrücklich auch für den § 634 BGB gelten soll.

die Abnahme oder die Herstellung des Werkes stellen mithin kein zeitliches Abgrenzungsmoment zwischen den allgemeinen und den besonderen Leistungsstörungsregeln dar. Ferner zeigt die historische Auslegung, dass auch eine Anwendung der besonderen Rechte schon vor Fälligkeit des Erfüllungsanspruchs, wie es beispielsweise ab Herstellungsbeginn oder Vertragsschluss der Fall ist, nicht befürwortet werden kann, da durch die Auslegung deutlich wird, dass frühester Anwendungszeitpunkt die Fälligkeit des vertraglichen Erfüllungsanspruchs sein soll.

c) Gesetzessystematik

Die Annahme, dass allgemeine und besondere Mangelrechte grundsätzlich von vornherein nebeneinander anwendbar sein können, kann neben dem Wortlaut der gesetzlichen Regelung in §§ 634 ff. BGB also auch auf die historische Auslegung gestützt werden. Die vorangegangenen Ausführungen zeigen somit, dass die werkvertraglichen Mangelrechte erst, aber gleichzeitig auch schon ab Fälligkeit des vertraglichen Erfüllungsanspruchs geltend gemacht werden können. Diese Annahme gilt es ferner durch eine systematische Interpretation der Vorschriften zu unterstützen. Zu diesem Zweck sind die Vorschriften der §§ 634 ff. BGB im Zusammenhang mit den allgemeinen Leistungsstörungsrechten sowie den weiteren Vorschriften des BGB zu betrachten.

aa) Eingliederung in das allgemeine Leistungsstörungsrecht

Hinsichtlich der Ausführungen zur systematischen Eingliederung der besonderen werkvertraglichen Mangelrechte in das allgemeine Leistungsstörungsrecht wird wiederum auf die identischen Ausführungen im kaufrechtlichen Kapitel verwiesen.[409] Im Ergebnis lässt sich vor allem durch die grundsätzliche Eingliederung der besonderen werkvertraglichen Regeln in das allgemeine Leistungsstörungsrecht zu einem einheitlichen Gewährleistungssystem und durch die Verweise in § 634 Nr. 3 und 4 BGB auf die allgemeinen Regeln systematisch schlussfolgern, dass die besonderen Regeln ab dem, aber jedenfalls nicht vor dem für die Anwendbarkeit der allgemeinen Leistungsstörungsrechte maßgeblichen Zeitpunkt geltend gemacht werden können.[410] Zwar gelten die Verweise in § 634 Nr. 3 und 4 BGB im Ergebnis nur für die Rechte Rücktritt, Schadensersatz und Minderung, jedoch kann die Gesetzessystematik schon deshalb nicht für eine

---

409 Vgl. hierzu oben Kap. 2, C, III, 2, c, aa.

410 Für die Begrenzung „nicht vor Fälligkeit" auch Jansen, Mangelrechte vor Abnahme, S. 64.

grundsätzliche zeitliche Trennung der Anwendungsbereiche von allgemeinen und besonderen Regeln sprechen, weil bereits für die genannten Mangelrechte explizit ein systematischer Zusammenhang zum allgemeinen Leistungsstörungsrecht hergestellt wird, aus dem für diese Rechte derselbe Anwendungszeitpunkt wie für die allgemeinen Regeln als maßgeblich abzuleiten ist. Im Umkehrschluss kann die Gesetzessystematik nicht für eine grundsätzliche zeitliche Trennung der Anwendungsbereiche aller besonderen Mangelrechte vom allgemeinen Leistungsstörungsrecht streiten.

bb) Verhältnis der besonderen Regeln zu anderen Vorschriften

Neben der Eingliederung in das allgemeine Leistungsstörungsrecht können systematische Erwägungen auch aus einem Vergleich einzelner besonderer Mangelrechte mit allgemeinen Vorschriften gefolgert werden. Soweit sich aus der Gegenüberstellung eine inhaltliche Identität sowie eine Übereinstimmung in Voraussetzungen und Rechtsfolgen ergibt, könnte daraus geschlossen werden, dass die mit den allgemeinen Rechten identischen besonderen Rechte zum selben Zeitpunkt wie das übereinstimmende allgemeine Recht geltend gemacht werden können.

(1) Allgemeine Grundstruktur der allgemeinen und besonderen Rechte im Schuldrecht

Hinsichtlich der Ausführungen zur allgemeinen Grundstruktur des deutschen Schuldrechts und deren Auswirkungen auf das Verhältnis von allgemeinen und besonderen Leistungsstörungsrechten wird auf die obigen Ausführungen i.R. des kaufrechtlichen Kapitels verwiesen.[411]

(2) Verhältnis von Erfüllungsanspruch gem. § 631 BGB zum Nacherfüllungsanspruch gem. § 635 BGB

An dieser Stelle ist es zunächst interessant, den Erfüllungsanspruch gemäß § 631 Abs. 1 BGB, der den allgemeinen Rechten zuzuordnen ist, dem den besonderen Regeln zugehörigen Nacherfüllungsanspruch gemäß §§ 634 Nr. 1, 635 Abs. 1 BGB gegenüberzustellen.

Wie der Werkunternehmer letztlich seiner Pflicht zur mangelfreien Leistung nachkommt, ist ihm im Erfüllungsanspruch aus § 631 Abs. 1 BGB freigestellt. Solange der Werkunternehmer eine im Zeitpunkt der Fälligkeit mangelfreie und somit vertragsgemäße Leistung erbringt, bleibt es ihm überlassen, wann

411 Vgl. hierzu oben Kap. 2, C, III, 2, c, bb, (1).

und ob er einen Mangel durch Nachbesserung oder durch Neuherstellung beseitigt, insbesondere wenn es vor Fälligkeit zu einer Beschädigung des Werkes kommt. Ebenso gewährt der Nacherfüllungsanspruch aus §§ 634 Nr. 1, 635 Abs. 1 BGB dem Werkunternehmer ausweislich des gesetzlichen Wortlauts die Möglichkeit, seiner Verpflichtung zur Leistung eines mangelfreien Werkes durch Nachbesserung des mangelhaften Werkes oder Neuherstellung eines mangelfreien Werkes nachzukommen. Somit ist für beide Ansprüche die endgültige Herbeiführung eines vertragsgemäßen Zustandes das Ziel, welches sowohl durch Nachbesserung vorhandener Mängel als auch durch Neuherstellung eines vertragsgemäßen Werkes erreicht werden kann. Anders als im Kaufrecht steht im Werkvertragsrecht hingegen dem Unternehmer das Wahlrecht hinsichtlich der Art und Weise der Nacherfüllung zu, § 635 Abs. 1 BGB.[412] Im Hinblick auf die Ausführung der Herbeiführung des vertragsgemäßen Zustands ergeben sich demzufolge beim werkvertraglichen Erfüllungs- und Nacherfüllungsanspruch keine Unterschiede. Diese Übereinstimmung führt schließlich dazu, dass die beiden genannten Ansprüche inhaltlich in diesem Punkt identisch sind.[413]

Da sich für den Nacherfüllungsanspruch nach §§ 634 Nr. 1, 635 Abs. 1 BGB die zusätzliche Möglichkeit eines Einwands wegen Unverhältnismäßigkeit aus § 635 Abs. 3 BGB ergibt, könnte einer inhaltlichen Übereinstimmung von Erfüllungs- und Nacherfüllungsanspruch jedoch auch widersprochen werden, denn der Erfüllungsanspruch ist demgegenüber uneingeschränkt zu erfüllen, soweit nicht die Voraussetzungen von § 275 BGB gegeben sind. Der Anspruch auf mangelfreie Herstellung, der dem Besteller aus § 631 Abs. 1 BGB zusteht, kann nicht durch einen erheblichen Mangel und der damit verbundenen Unverhältnismäßigkeit vor Erfüllung beeinträchtigt werden, da das Gesetz für den Erfüllungsanspruch nach § 631 Abs. 1 BGB keine über § 275 BGB hinausgehende, dem § 635 Abs. 3 BGB entsprechende Einschränkung normiert.[414]

Da § 635 Abs. 3 BGB jedoch möglicherweise nicht auf den Nacherfüllungsanspruch aus § 635 Abs. 1 BGB begrenzt bleibt und so auch auf den Erfüllungsanspruch entsprechend anwendbar ist, ist eine inhaltliche Übereinstimmung auch im Hinblick auf eine Einschränkung der Ansprüche nachvollziehbar. Zwar wird von Einigen schon unter Verweis auf die soeben genannte Pflicht des Werkunternehmers aus § 631 Abs. 1 BGB zur Herstellung eines mangelfreien Werkes eine

412 Vgl. für Kaufrecht Kap. 2, C, III, 2, c, bb, (2).
413 Jansen, Mangelrechte vor Abnahme, S. 65.
414 Jansen, Mangelrechte vor Abnahme, S. 66.

solche Anwendung auf den Erfüllungsanspruch verneint.[415] Ein Argument für eine solche Anwendung auf den Erfüllungsanspruch kann indessen sein, dass die Gesetzesbegründung die Einrede der Unverhältnismäßigkeit aus § 635 Abs. 3 BGB als besondere Ausprägung und Ergänzung des in § 275 BGB normierten allgemeinen Rechtsgedankens im Werkvertragsrecht bezeichnet, die gegenüber § 275 Abs. 2 BGB eine geringere Schwelle aufweist.[416] Somit ist es als besondere Ausprägung eines allgemeinen Rechtsgedankens im Werkvertrag nicht völlig fernliegend, eine Anwendung auf den werkvertraglichen Erfüllungsanspruch zu vertreten. Andere führen wiederum als Argument für eine Anwendung auch auf den Erfüllungsanspruch an, dass der Nacherfüllungs- und der Erfüllungsanspruch dieselbe Rechtsnatur hätten und demzufolge auch unter denselben Voraussetzungen entfallen müssten.[417]

Meines Erachtens spricht neben den von *Voit* genannten Argumenten[418] auch der Wortlaut entscheidend gegen eine Anwendung des § 635 Abs. 3 BGB auch auf den Erfüllungsanspruch. Der in § 635 Abs. 3 BGB gewählte Wortlaut verweist nämlich ausdrücklich auf den Tatbestand der Nacherfüllung, sodass nur für diesen die spezielle Ausprägung des § 275 BGB gelten soll. Zwar könnte man hiergegen anführen, dass „Nacherfüllung" als endgültige Herbeiführung des vertragsgemäßen Zustands zu verstehen ist, was nach dem oben Gesagten eine inhaltliche Identität mit dem Erfüllungsanspruch herstellt und daher auch der Erfüllungsanspruch sinnmäßig einzubeziehen wäre. Jedoch grenzen sich der Erfüllungsanspruch und der Nacherfüllungsanspruch schon tatbestandlich insoweit voneinander ab, dass die Nacherfüllung zumindest einen ernsthaften Versuch der Leistungserfüllung voraussetzt. Als solcher ist nicht die bloße Nichtleistung trotz Fälligkeit zu verstehen, sondern es bedarf einer tatsächlichen Erfüllungshandlung, die sodann eben fehlschlägt. Für eine derartige Erfüllungshandlung ist es dabei nicht zwangsläufig erforderlich, dass der Besteller das Werk abnimmt, sondern es genügt auch, dass das in den Augen des Werkunternehmers vertragsgemäße Werk in einer Weise angeboten wird, die den Besteller zur Verweigerung der Abnahme berechtigt. Bis zu diesem Zeitpunkt steht dem Besteller der Erfüllungsanspruch aus § 631 Abs. 1 BGB zu, während ab dem fehlerhaften Erfüllungsversuch der Nacherfüllungsanspruch einschlägig ist. Entscheidend ist demzufolge, dass Erfüllungs- und Nacherfüllungsanspruch selbst bei unterstellter gleichzeitiger Anwendung von allgemeinen und besonderen Rechten ab

415 Voit, in: BeckOK Bamberger/Roth, § 634 Rn. 3.
416 BT-Drucks. 14/6040, S. 265.
417 Sprau, in: Palandt, Vorb v. § 633 Rn. 7.
418 Vgl. hierzu Voit, in: BeckOK Bamberger/Roth, § 634 Rn. 3.

Fälligkeit des Erfüllungsanspruchs als Ausnahme vom Grundsatz nicht parallel ab Fälligkeit des Erfüllungsanspruchs nebeneinander stehen. Aus dem Tatbestand des § 635 Abs. 1 BGB ergibt sich vielmehr, dass diese beiden Ansprüche hintereinander stehen, zeitlich durch den Erfüllungsversuch der Leistungspflicht seitens des Werkunternehmes getrennt. Trotz inhaltlicher Identität sind die beiden Ansprüche also doch so eigenständig, dass unter dem Wortlaut „Nacherfüllung" in § 635 Abs. 3 BGB nur der Nacherfüllungsanspruch gemäß § 635 Abs. 1 BGB zu fassen ist. Im Übrigen spricht auch die systematische Stellung des § 635 Abs. 3 BGB, nämlich als Absatz des § 635 BGB, dafür, dass dieser nur für das Recht aus § 635 Abs. 1 BGB Geltung entfalten soll. Aus diesen Gründen ist die Annahme, dass die Einrede der Unverhältnismäßigkeit aus § 635 Abs. 3 BGB auch dem ursprünglichen Erfüllungsanspruch aus § 631 Abs. 1 BGB entgegen gehalten werden kann, zu verneinen.

Eine vollumfängliche inhaltliche Übereinstimmung von Erfüllungs- und Nacherfüllungsanspruch ist demzufolge abzulehnen, da dem Besteller beim Nacherfüllungsanspruch ein zusätzliches Leistungsverweigerungsrecht zusteht. Dadurch wird jedoch lediglich die Rechtfertigung hinsichtlich einer gleichzeitigen Anwendung von allgemeinem Erfüllungs- und besonderem Nacherfüllungsanspruch verhindert. Konsequenz aus der systematischen Gegenüberstellung der Ansprüche aus § 631 Abs. 1 BGB und § 635 Abs. 1 BGB ist daher lediglich, dass eine zeitlich spätere Anwendung des Nacherfüllungsanspruchs nach §§ 634 Nr. 1, 635 Abs. 1 BGB argumentativ begründet wird. Allerdings stimmt dies auch mit der Ansicht überein, die sich für ein generelles Nebeneinander von allgemeinen und besonderen Regeln ab Fälligkeit des vertraglichen Erfüllungsanspruchs ausspricht und dieses zulassen möchte, sofern der jeweilige Tatbestand nicht explizit ein zeitliches Moment vorgibt, das eine spätere Geltendmachung bereits tatbestandlich voraussetzt. Da tatbestandlich das zeitliche Moment eines vorangegangenen Erfüllungsversuchs dem Begriff „Nacherfüllung" bereits inhärent ist,[419] muss diese Ansicht auch zu einer späteren Anwendung von §§ 634 Nr. 1, 635 BGB kommen. Dem entspricht die Schlussfolgerung, dass aus der systematischen Gegenüberstellung von Erfüllungs- und Nichterfüllungsanspruch jedenfalls keine generelle, zeitlich unterschiedliche Geltendmachung der §§ 634 ff. BGB zu den allgemeinen Leistungsstörungsrechten abgeleitet werden kann.

---

419 Vgl. hierzu oben in diesem Kap. unter C, III, 2, a, bb.

(3) Verhältnis der Selbstvornahme und der Minderung zu den allgemeinen Leistungsstörungsrechten

Die besonderen werkvertraglichen Regeln der §§ 634 ff. BGB gewähren dem Besteller ein Recht zur Minderung nach § 638 BGB und ein Recht zur Selbstvornahme nach § 637 BGB, die dem allgemeinen Leistungsstörungsrecht beide fremd sind, sodass sich auch hieraus eine systematische Relevanz ergeben kann. Um Rechtsunsicherheiten durch Abgrenzungsschwierigkeiten und Überschneidungen im Anwendungsbereich zu vermeiden, können diesbzgl. unterschiedliche Anwendungsbereiche geboten sein.[420]

Als gegenläufiges Argument kann hierzu jedoch die ausdrücklich in § 638 BGB an den Rücktritt gekoppelte Minderung genannt werden, die durch diese Koppelung im Endeffekt nach ihren Voraussetzungen aus dem allgemeinen Leistungsstörungsrecht abgeleitet wird und diesem somit nicht fremd ist. Weiter lässt sich anführen, dass eine Überschneidung der Anwendungsbereiche keine relevante Gefahr darstellt, da es im allgemeinen Leistungsstörungsrecht kein mit der Minderung oder der Selbstvornahme vergleichbares und konkurrierendes Recht gibt. Im Gegenteil soll nun seit der Schuldrechtsreform zur ausreichenden Berücksichtigung der Besonderheiten des Werkvertragsrechts im einheitlichen Gewährleistungssystem für alle Werkverträge ein Selbstvornahme- bzw. Minderungsrecht gelten. Im Ergebnis erfolgt durch § 637 BGB bzw. § 638 BGB dahingehend eine Modifikation der allgemeinen Regeln, dass dem Besteller für Werkverträge grundsätzlich ab Fälligkeit des Erfüllungsanspruchs neben Rücktritt und Schadensersatz auch ein Selbstvornahme- und ein Minderungsrecht zur Verfügung stehen soll. Mithin spricht die Gewährung weiterer, nicht im allgemeinen Leistungsstörungsrecht geregelter Rechte gesetzessystematisch nicht dafür, generell zwei grundsätzlich unterschiedliche Anwendungsbereiche zu schaffen.

(4) Die bestehende Systematik in Bezug auf Erfüllungs- und Gewährleistungsbürgschaft

Systematisch relevant ist auch die Frage, wie sich ein grundsätzlicher Anwendungszeitpunkt sämtlicher werkvertraglicher Gewährleistungsrechte schon vor Abnahme der Werkleistung auf die bisherige Praxis in Bezug auf die Sicherungsmöglichkeiten des Bestellers, namentlich die Vertragserfüllungs- und die Gewährleistungsbürgschaft auswirkt. In der baurechtlichen Praxis vereinbaren die Parteien regelmäßig Sicherheiten, welche die vertragsgemäße Ausführung

420 Dies bejahend Jansen, Mangelrechte vor Abnahme, S. 69 f.

der Leistung und die Mängelansprüche sicherstellen sollen. Anzutreffen sind dabei oftmals die beiden benannten Arten einer Bürgschaft. Die Vertragserfüllungsbürgschaft sichert den Anspruch des Auftraggebers aus dem Bauvertrag auf ordnungsgemäße Ausführung der vereinbarten Leistung.[421] Die Gewährleistungsbürgschaft sichert demgegenüber tatsächlich bestehende oder künftige Mängelansprüche.[422] Dabei hat sich in der Praxis der privaten Bauwirtschaft und der Rechtsprechung durchgesetzt, dass Vertragserfüllungsbürgschaften in Höhe von 10% und Gewährleistungsbürgschaften in Höhe von höchstens 5% der Abrechnungssumme gestellt werden.

Eine darüber hinausgehende Sicherung ist jedenfalls dann regelmäßig unzulässig, wenn sie durch AGB des Bauherrn vereinbart wird. Gemeint sind damit insbesondere diejenigen Fälle, in denen die zwischen den Parteien getroffenen Sicherungsabreden dazu führen, dass es zu einer Übersicherung des Bestellers im Hinblick auf Gewährleistungsansprüche kommt.[423] Eine Sicherheit benachteiligt den Auftragnehmer grundsätzlich dann ungerechtfertigt, wenn der Umfang der für Gewährleistungsansprüche des Bestellers zu stellenden Sicherheiten 5% der Abrechnungssumme deutlich übersteigt.[424] Zwar wurde in Ausnahmefällen noch eine Vereinbarung als wirksam angesehen, die eine Sicherheit durch eine kombinierte Vertragserfüllungs- und Gewährleistungsbürgschaft von 6% vorsieht, mit der gleichzeitig Überzahlungs- und Gewährleistungsansprüche abgesichert werden.[425] Jedenfalls stellen aber Bürgschaften in Höhe von 7% nach neuster Rechtsprechung eine deutliche Überschreitung dar.[426] Entsprechend müssen – zumindest in AGB – die Sicherheiten nach herkömmlicher Dogmatik so formuliert werden, dass sie sich nicht überlappen, also nicht über einen gewissen Zeitraum nebeneinander Wirkung entfalten und so zu einer Übersicherung des Bestellers führen.

Geht man nun aber von einem generellen Nebeneinander von Leistungsstörungsrechten und Mängelrechten schon vor Abnahme aus, führt das bisherige Verhältnis von Vertragserfüllungs- und Gewährleistungsbürgschaften dazu, dass

421 Locher, Das private Baurecht, Rn. 682; Kniffka, in: Kniffka/Koeble, 10. Teil Rn. 40; Rohe, in: BeckOK Bamberger/Roth, § 767 Rn. 19.

422 Locher, Das private Baurecht, Rn. 682; Kniffka, in: Kniffka/Koeble, 10. Teil Rn. 40; Rohe, in: BeckOK Bamberger/Roth, § 767 Rn. 20.

423 Vgl. nur BGH, NJW 2015, 856; NJW 2014, 3642; NZBau 2011, 410; NJW-RR 2004, 880.

424 BGH, NJW 2014, 3642, 3644; NZBau 2011, 410, 412.

425 BGH, NJW-RR 2004, 880 = NZBau 2004, 322.

426 BGH, NJW 2015, 856, 858; NJW 2014, 3642, 3644.

eine Doppelsicherung wohl kaum zu vermeiden ist. Denn eine klare Abgrenzung zwischen dem Geltungsbereich der Vertragserfüllungsbürgschaft bis zur Abnahme und der Gewährleistungsbürgschaft ab Abnahme wäre nunmehr wenig sinnvoll, da die Gewährleistungsrechte im Anwendungszeitraum vor Abnahme ansonsten nicht gesichert wären.

Indessen führt dies nicht dazu, dass die bestehende Praxis in Bezug auf die Sicherheiten systematisch gegen den neuen Anwendungszeitpunkt der §§ 634 ff. BGB spricht. Vielmehr sind die Sicherheiten an den jeweiligen Anwendungszeitpunkt, also auch an die generelle Anwendbarkeit der Gewährleistungsrechte vor Abnahme anzupassen. Insofern hat der Verfasser drei Vorschläge, wie sich die Praxis in Bezug auf die Sicherheiten des Bestellers an den in dieser Arbeit vertretenen Anwendungszeitpunkt der besonderen werkvertraglichen Gewährleistungsrechte anpassen lassen kann.

So ist es möglich, die Bürgschaft dergestalt auszugestalten, dass bis zur Abnahme sämtliche Ansprüche mit einer Bürgschaft in Höhe von 10% und ab der Abnahme die weiterhin bestehenden Gewährleistungsrechte in Höhe von 5% gesichert werden. Das stellt im Ergebnis ein Wegbewegen von den bisherigen Bezeichnungen „Erfüllungsbürgschaft“ und „Gewährleistungsbürgschaft“ dar, ohne aber etwas an der tatsächlichen Sicherung des Bestellers zu ändern. Dessen Ansprüche werden vor und nach Abnahme jeweils durch Bürgschaften gesichert, wenngleich auf eine Differenzierung zwischen Erfüllungs- und Gewährleistungsansprüchen verzichtet wird.

Darüber hinaus kann man auch über eine Anpassung der Prozentsätze nachdenken, wenn an der bisherigen Differenzierung zwischen Erfüllungs- und Gewährleistungsbürgschaft festgehalten werden soll. Da nun aber mehr Gewährleistungsrechte früher – insbesondere vor Abnahme – geltend gemacht werden können, ist das Sicherungsinteresse des Bestellers höher und es sind entsprechend auch andere Prozentsätze angemessen.

Schließlich kann eine Doppelsicherung auch dadurch vermieden werden, dass im Rahmen der Sicherungsabrede eine Verzichtsklausel dergestalt formuliert wird, dass mit Geltendmachung der Erfüllungs- oder der Gewährleistungsbürgschaft vor Abnahme auf die jeweils andere Sicherheit für den Zeitraum vor Abnahme verzichtet wird. So kann es im Zeitraum vor Abnahme nicht zu einer Übersicherung des Bestellers kommen. Für den Bereich ab Abnahme verbleibt es bei einer Gewährleistungsbürgschaft in der bekannten Höhe.

Im Ergebnis spricht das System der Sicherheiten nicht gegen den hier vertretenen Anwendungszeitpunkt, sondern lässt sich durch geringe Modifikationen integrieren.

(5) Verhältnis der Verjährung zum neuen Anwendungszeitpunkt der §§ 634 ff. BGB

Abschließend stellt sich im Werkvertragsrecht auch die systematische Frage, wie es sich mit der Verjährung der werkvertraglichen Gewährleistungsansprüche verhält, wenn man davon ausgeht, dass diese grundsätzlich schon vor Abnahme entstehen können. Denn § 634a Abs. 2 BGB knüpft hinsichtlich des Verjährungsbeginns an die Abnahme an, sodass bei Annahme des vorstehenden Anwendungszeitpunkts der §§ 634 ff. BGB der Entstehungszeitpunkt der Gewährleistungsansprüche und der Zeitpunkt ihres Verjährungsbeginns auseinanderfallen. Da sich diese Problematik in identischer Weise auch im Kaufrecht stellt, soll an dieser Stelle auf die dortigen Ausführungen verwiesen werden.[427] Die kaufrechtlichen Ausführungen zu diesem Punkt können insbesondere auch deshalb bedenkenlos herangezogen werden, weil diese letztlich auf Annahmen bzgl. der werkvertraglichen Verjährungsregelung des § 634a BGB beruhen, die sodann auf die kaufrechtliche Problematik transferiert wurden. Im Ergebnis findet die bestehende werkvertragliche Verjährungsregelung des § 634a BGB auch auf Gewährleistungsansprüche Anwendung, die vor Abnahme entstehen.[428] Dies kann zwar dazu führen, dass zwischen Anspruchsentstehung und Verjährungsbeginn ein längerer Zeitraum liegt, weil die Verjährungsfrist trotz u.U. früherer Entstehung der entsprechenden Gewährleistungsansprüche erst gemäß § 634a Abs. 2 BGB mit Abnahme zu laufen beginnt. Hiergegen bestehen aber keine durchgreifenden Bedenken, insbesondere keine, die den Rückgriff auf die Regelverjährung rechtfertigen könnten.[429]

cc) Zwischenergebnis

Eine Trennung der Anwendungsbereiche des allgemeinen Leistungsstörungsrechts und der besonderen werkvertraglichen Mangelrechte durch das Kriterium des Gefahrübergangs, der Abnahme oder der Herstellung des Werkes lässt sich durch eine Auslegung nach der Gesetzessystematik nicht bestätigen. Der Schluss, dass die besonderen Regeln ab dem, aber jedenfalls nicht vor dem für die Anwendbarkeit der allgemeinen Leistungsstörungsrechte maßgeblichen

---

427 Vgl. hierzu oben Kap. 2, C, III, 2, c, bb, (4).

428 Zum alten Schuldrecht BGH, NJW 2010, 3573, 3573; NJW 2011, 1224, 1225; Preussner, in: FS Kraus (2003), 179, 200; Acker/Roskosny, BauR 2003, 1279, 1286; Busche, in: MK, § 634a Rn. 44; Merl, in: Kleine-Möller/Merl/Glöckner, § 15 Rn. 1095; a.A. Lenkeit, BauR 2002, 196, 227; Drossart, in: Messerschmidt/Voit, § 634a Rn. 5.

429 Vgl. BGH, NJW 2010, 3573, 3574; sowie schon Kap. 2, C, III, 2, c, bb, (4).

Zeitpunkt geltend gemacht werden können, ergibt sich hingegen systematisch vor allem durch die grundsätzliche Eingliederung der besonderen Regeln in das allgemeine Leistungsstörungsrecht zu einem einheitlichen Gewährleistungssystem und durch die Verweise in § 634 Nr. 3 und 4 BGB auf die allgemeinen Regeln. Eine grundsätzlich parallele Anwendbarkeit der allgemeinen und besonderen Regeln wird auch durch den Vergleich von besonderen Mangelrechten mit den allgemeinen Regeln gestützt. Eine Gegenüberstellung von allgemeinem Erfüllungsanspruch nach § 631 Abs. 1 BGB und besonderem Nacherfüllungsanspruch nach §§ 634 Nr. 1, 635 Abs. 1 BGB kann zwar zunächst auch für eine spätere Anwendbarkeit des besonderen Rechts sprechen, doch tatbestandlich lässt sich eine solche zeitlich spätere Geltendmachung bereits aus 635 Abs. 1 BGB entnehmen, sodass schon eine Berücksichtigung der sich aus dem jeweiligen Tatbestand ergebenden zeitlichen Momente zu einer späteren Anwendung führt. Daher ist es vor diesem Hintergrund weder erforderlich noch zielführend, eine generelle zeitliche Trennung der Anwendungsbereiche von allgemeinen und besonderen Mangelrechten vorzunehmen. Schließlich lässt sich auch die bestehende werkvertragliche Verjährungsregelung systematisch mit der grundsätzlichen Entstehung der Gewährleistungsansprüche vor Abnahme vereinbaren. Eine Anwendung sämtlicher Leistungsstörungsrechte grundsätzlich ab Fälligkeit des vertraglichen Erfüllungsanspruchs wird der systematischen Grundstruktur des Schuldrechts im Ergebnis am meisten gerecht.

d) Teleologie

Anschließend ist auch eine Betrachtung des Sinns und Zwecks der werkvertraglichen Mangelrechte von besonderem Interesse. Damit sachgerechte Ergebnisse erzielt werden können, sollte entsprechend bei der Auslegung dasjenige Ergebnis den Vorzug erhalten, das zu einer möglichst einheitlichen Rechtsanwendung führt und am wenigsten die Konstruktion von Ausnahmen erfordert.

Genauso wie beim Kaufrecht ergibt sich ein vom Gesetzgeber verfolgter Zweck ausdrücklich aus den Gesetzesmaterialien, nämlich dass ein einheitliches, auf Basis des allgemeinen Leistungsstörungsrechts bestehendes Gewährleistungssystem geschaffen werden soll, das wiederum durch die besonderen werkvertraglichen Mangelrechte der §§ 634 ff. BGB lediglich in einzelnen Beziehungen im Hinblick auf die Besonderheiten des Werkvertragsrechts modifiziert wird.[430] Auf die im kaufrechtlichen Teil gemachten, vertieften Ausführungen zu

430 BT-Drucks. 14/6040, S. 219 f. für § 437 BGB, was über S. 261 ausdrücklich auch für den § 634 BGB gelten soll.

diesem Punkt kann an dieser Stelle verwiesen werden, da der gesetzgeberische Zweck in identischer Weise sowohl für das Kaufrecht als auch für Werkvertragsrecht gilt.[431] Dementsprechend sind auch vorliegend die beiden Argumente einschlägig, wonach zum einen der Grundsatz von einer zeitlich differierenden Geltendmachung von allgemeinen und besonderen Rechten, z.B. getrennt durch die Voraussetzung einer Abnahme, der Vorstellung eines einzigen einheitlichen Gewährleistungssystems entgegensteht, da so faktisch zwei an bestimmte Vertragsstadien geknüpfte Systeme mit zeitlich unterschiedlicher Möglichkeit zur Geltendmachung geschaffen werden. Zum anderen konterkariert der Grundsatz eines zeitlich späteren Anwendungszeitpunkts der §§ 634 ff. BGB das Telos derselben, wonach den werkvertraglichen Besonderheiten Rechnung getragen werden soll, indem einzelne Vorschriften i.R.d. besonderen werkvertraglichen Mangelrechte gerade in Bezug auf etwaige Besonderheiten eine Anwendung in einem früheren Vertragsstadium als dem Gefahrübergang, der Abnahme oder der Herstellung des Werkes erfordern können. Durch eine grundsätzliche Anwendung ab Fälligkeit des vertraglichen Erfüllungsanspruchs erfüllen die §§ 634 ff. BGB indessen am effektivsten ihren Zweck, weil nur diejenigen Normen zeitlich später angewendet werden, deren Tatbestand es ausdrücklich anordnet und die daher für die Berücksichtigung der Besonderheiten des Werkvertragsrechts als erforderlich erachtet werden.

Soweit nicht berechtigte Belange des Werkunternehmers dem entgegenstehen, ist es ferner sicher auch die Intention der werkvertraglichen Mangelechte, dem Besteller zu einem vertragsgemäßen Werk zu verhelfen.[432] Resümierend lässt sich das allgemeine Telos der §§ 631 ff. BGB daher so benennen, dass vorrangig soweit wie möglich eine Vertragserfüllung gewährleistet werden soll, die den Parteien zumutbar ist. Ein dem modernen Rechtsverkehr entsprechendes Gewährleistungssystem soll dabei auftretenden, insbesondere werkvertragsspezifischen Problemen vorbeugen oder zumindest dem Besteller einen rechtlichen Katalog von Rechtsbehelfen zur Seite stellen, der es ermöglicht, eine interessengerechte Lösung zu finden. Auf Grundlage dessen sollen die werkvertraglichen Mangelrechte im Folgenden darauf untersucht werden, ob sich aus ihrem Telos Anhaltspunkte für den zeitlichen Anwendungsbereich derselben herleiten lassen.

431 Vgl. hierzu oben Kap. 2, C, III, 2, d.

432 Jansen, Mangelrechte vor Abnahme, S. 71.

aa) Sinn und Zweck der Nacherfüllung und deren Vorrang im werkvertraglichen Mangelrecht

Hinsichtlich des Sinn und Zwecks der Nacherfüllung und deren Vorrang im werkvertraglichen Mangelgewährleistungsrecht wird größtenteils auf die obigen kaufrechtlichen Ausführungen verwiesen. Diese sind in identischer Weise auf das Werkvertragsrecht zu übertragen, da für die Neustrukturierung des Kauf- und Werkvertragsrechts i.R.d. Schuldrechtsreform dieselben Erwägungen galten und die beiden Vertragstypen zudem soweit wie möglich angenähert werden sollten. Ausgenommen von dem Verweis sind indessen jene obigen kaufrechtlichen Ausführungen und Argumente, die sich auf das i.R.d. kaufrechtlichen Nacherfüllung dem Käufer zugewiesene Wahlrecht beziehen.[433]

Im Ergebnis soll der Nacherfüllungsanspruch aus §§ 634 Nr. 1, 635 Abs. 1 BGB sicherstellen, dass der Besteller das Werk trotz zunächst mangelhafter Leistung doch noch im vertragsgemäßen Zustand erhält.[434] Der Nacherfüllung wird dabei ein Vorrang gegenüber den übrigen Mangelrechten der §§ 634 ff. BGB eingeräumt,[435] der sich aber nicht als Argumentationsgrundlage dafür heranziehen lässt, dass die §§ 634 ff. BGB im Allgemeinen nicht vor dem für die Nacherfüllung maßgeblichen Anwendungszeitpunkt anwendbar seien oder sogar eine generelle zeitliche Trennung von allgemeinen und besonderen Mangelgewährleistungsrechten vorzunehmen sei.[436] Denn zum einen wird dem Vorrang der Nacherfüllung und damit der Hierarchie der Rechtsbehelfe der §§ 634 ff. BGB schon durch das den übrigen Mangelrechten inhärente Fristsetzungserfordernis ausreichend Rechnung getragen. Zum anderen widerspricht eine generelle zeitliche Anwendungsbegrenzung der weiteren besonderen werkvertraglichen Mangelrechte der im Gesetz vorgenommen zeitlichen Verknüpfung, und zwar unabhängig davon, ob die Begrenzung an das nur in der Nacherfüllung enthaltene zeitliche Moment oder den Zeitpunkt der Abnahme, des Gefahrübergangs oder der Herstellung geknüpft wird. Entfällt nämlich das Fristsetzungserfordernis wegen der Schwere der Pflichtverletzung (§§ 636, 637 Abs. 2, 638 Abs. 1,

---

433 Die mit dem kaufrechtlichen Wahlrecht i.R.v. § 439 Abs. 1 BGB verknüpften Argumente finden sich in diesem Kapitel insbesondere bei den untenstehenden teleologischen Ausführungen zum Selbstvornahmerecht (§ 637 BGB) und zur Minderung (§ 638 BGB).

434 Raab, in: NK-BGB, § 635 Rn. 9; Peters/Jacoby, in: Staudinger, § 634 Rn. 28.

435 OLG Naumburg, NJW-RR 2010, 1389; Raab, in: NK-BGB, § 634 Rn. 14; Voit, in: BeckOK Bamberger/Roth, § 634 Rn. 1; Sprau, in: Palandt, § 634 Rn. 2.

436 So im Ergebnis aber Joussen, BauR 2009, 319, 324; Sprau, in: Palandt, Vorb v. § 633 Rn. 6.

323 Abs. 2 BGB), so soll die Geltendmachung des jeweils einschlägigen Rechts losgelöst von der Nacherfüllung und dementsprechend auch zeitlich vor dieser möglich sein. Ein einheitlicher Anwendungszeitpunkt sämtlicher der in § 634 BGB genannten Rechte bindet den Besteller hingegen dennoch faktisch auch dann an die Nacherfüllung, wenn dem Werkunternehmer wegen der Schwere der Pflichtverletzung gerade keine zweite Chance und damit keine Nacherfüllung zugestanden werden soll.

Ferner zeigt sich insbesondere bei den Rechtsbehelfen Rücktritt und Schadensersatz, dass auch eine Anwendung aller Gewährleistungsrechte nach Maßgabe der jeweiligen tatbestandlichen Voraussetzungen bereits ab Fälligkeit des werkvertraglichen Erfüllungsanspruchs dem Vorrang der zweiten Andienung gerecht wird. Denn unabhängig davon, ob es sich um Rücktritt sowie Schadensersatz nach allgemeinen oder besonderen Regeln handelt, sind die Anspruchsvoraussetzungen identisch. Dass sich das Fristsetzungserfordernis bei den allgemeinen Regeln auf den Erfüllungsanspruch und bei den besonderen auf den Nacherfüllungsanspruch bezieht, ist unwesentlich. Eine Anwendung aller Gewährleistungsrechte ab Fälligkeit hat also den nicht von der Hand zuweisenden Vorteil, dass dem Vorrang der zweiten Andienung durch das stets gegebene tatbestandliche Erfordernis einer Fristsetzung bzw. des erfolglosen Ablaufs einer solchen Frist genüge getan wird, während gleichzeitig keine Ausnahmen mehr entwickelt werden müssen, welche aus Gesichtspunkten der Billigkeit eine Anwendung der besonderen Regeln ausnahmsweise vor Gefahrübergang, Abnahme oder Herstellung zulassen.[437]

bb) Sinn und Zweck des § 636 BGB

Der Sinn und Zweck des § 636 BGB besteht darin, über die in den allgemeinen Vorschriften geregelten Fällen hinaus weitere werkvertragsspezifische Umstände festzulegen, unter denen eine Fristsetzung ausnahmsweise entbehrlich sein kann.[438] Wie auch schon i.R.d. Wortlautauslegung von § 636 BGB dargelegt,[439] knüpfen die in § 636 BGB genannten Fälle an Umstände an, die zu verschiedenen Zeiten und Vertragsstadien auftreten und relevant werden können. Der Sinn und Zweck von § 636 BGB plädiert mithin hinsichtlich seiner Anwendung

---

437 Für solche Ausnahmen bspw. Voit, in: BeckOK Bamberger/Roth, § 634 Rn. 23; Raab, in: NK-BGB, § 634 Rn. 32; Sprau, in: Palandt, Vorb v. § 633 Rn. 7; Kniffka, in: Kniffka/Koeble, 6. Teil Rn. 3.

438 Moufang/Koos, in: Messerschmidt/Voit, § 636 Rn. 2; Voit, in: BeckOK Bamberger/Roth, § 636 Rn. 1.

439 Vgl. hierzu in diesem Kap. unter C, III, 2, a, cc.

weder eindeutig für eine zeitliche Anknüpfung an den Gefahrübergang, Abnahme oder Herstellung, noch eindeutig für eine zeitliche Abgrenzung anhand früherer Vertragsstadien. Jedoch wird eine Anwendung aller Gewährleistungsvorschriften nach Maßgabe ihrer jeweiligen tatbestandlichen Voraussetzungen und Besonderheiten der unterschiedlichen Bedeutung eines zeitlichen Moments innerhalb eines Tatbestandes am besten gerecht.

cc) Sinn und Zweck der Selbstvornahme des § 637 BGB

Das Recht auf Selbstvornahme des § 637 BGB knüpft an das Nacherfüllungsrecht des § 635 BGB an und führt dessen Bestreben fort, dass der Besteller das Werk trotz zunächst mangelhafter Leistung doch noch im vertragsgemäßen Zustand erhält. Dabei folgt § 637 BGB in der Hierarchie der Mangelrechte unmittelbar nach dem Nacherfüllungsrecht auf dem zweiten Rang. Aus dieser Tatsache und daraus, dass nicht generell in allen besonderen Regeln der einzelnen im BGB geregelten Verträge ein solches Selbstvornahmerecht statuiert ist, wird demnach deutlich, dass das Erreichen eines vertragsgemäßen Zustands im Werkvertragsrecht noch nachdrücklicher angestrebt wird. Das Erreichen eines vertragsgemäßen Zustands ist aber kein Ziel, das erst bei Abnahme, Gefahrübergang oder der endgültigen Herstellung relevant wird. Entscheidend ist vielmehr, dass das Bestreben, dem Besteller ein vertragsgemäßes Werk zu verschaffen, auf den Fälligkeitstermin gerichtet ist. Denn ab diesem Zeitpunkt hat der Besteller einen Anspruch auf die mangelfreie Leistung. Darüber hinaus hat der Besteller ab diesem Zeitpunkt auch ein gesteigertes Interesse daran, dass es zu keinen weiteren Verzögerungen kommt und er möglichst bald und unkompliziert eine mangelfreie Leistung erhält. Entsprechend ist es dem Sinn und Zweck des § 637 BGB, nämlich dem Besteller ein mangelfreies Werk zu verschaffen, durchaus förderlich, wenn der Besteller jedenfalls ab Fälligkeit seines werkvertraglichen Erfüllungsanspruchs Mängel selbst beseitigen kann, sollten die Voraussetzungen des § 637 BGB vorliegen. Damit ist auch einem weiteren Zweck des § 637 BGB genüge getan, nämlich die Risikoverteilung der eigenmächtigen Mängelbeseitigung zu regeln. Nur wenn die Voraussetzungen des § 637 BGB erfüllt sind, soll es dem Besteller möglich sein, die Mangelbeseitigung eigenständig, aber auf Kosten und Risiko des Werkunternehmers vorzunehmen, während im Übrigen derartige Mangelbeseitigungsmaßnahmen allein zu Lasten des Bestellers gehen.[440]

440 BGH, NJW 1967, 388; NJW 2005, 1348, 1349 f. zum Kaufrecht, dessen dortige Ausführungen aber auch auf das Werkvertragsrecht Bezug nehmen; OLG Naumburg, NJW-RR 2012, 464, 465; OLG München, BauR 2009, 1923, 1926; OLG Düsseldorf,

Eine Begrenzung berechtigter eigenständiger Mangelbeseitigungsmaßnahmen auf die Zeit nach Abnahme erscheint hingegen nicht gerechtfertigt, da hieraus eine Ungleichbehandlung des Bestellers vor Abnahme und desjenigen Bestellers nach Abnahme resultiert.[441] Umstände, welche die Vornahme einer eigenständigen Mangelbeseitigung vom Besteller zu Lasten des Werkunternehmers rechtfertigen, können nämlich auch vor Abnahme, Gefahrübergang oder endgültiger Herstellung auftreten und relevant werden, sodass § 637 BGB seinem Sinn und Zweck nach auch in dieser Phase des Werkvertrags greifen können muss.[442] Der Besteller hat bei Vorliegen der nötigen Umstände dabei vor Abnahme genauso ein Bedürfnis nach einer Selbstvornahme wie nach der Abnahme. Eine Ungleichbehandlung dahingehend, dass der Besteller, der ein u.U. eklatant mangelhaftes Werk als im Wesentlichen vertragsgemäß billigt, besser gestellt wird als derjenige, der berechtigterweise von seinem Recht zur Abnahmeverweigerung Gebrauch macht, ist sachlich nicht geboten. Zu denken ist hier beispielsweise an solche Fälle, in denen dem Besteller bereits vor der Abnahme die Mangelhaftigkeit des Werkes erkennbar ist und der Unternehmer die Nacherfüllung entweder verweigert oder sie dem Besteller unzumutbar ist. Insoweit ist es nicht nachvollziehbar, wieso der Besteller trotz sowieso verspäteter Leistung zunächst eine mangelhafte Erfüllung abwarten und abnehmen müssen soll, um dann sein Ersatzvornahmerecht nach § 637 BGB geltend machen zu können, obwohl ihm u.U. schon vorher, jedenfalls aber nach dem Fälligkeitszeitpunkt, die Mangelhaftigkeit sowie ggf. die endgültige Weigerung des Unternehmers zur Mangelbeseitigung erkennbar war. Im Interesse des Bestellers, das Werk schnellstmöglich mangelfrei verschafft zu bekommen, muss es ihm vielmehr möglich sein, ab Fälligkeit sein Interesse auf ein mangelfreies Werk nachdrücklich vertreten zu können, um nicht noch weitere Verzögerungen hinnehmen zu müssen.

NZBau 2006, 717, 719; Busche, in: MK, § 637 Rn. 7 u. 16; Krause-Allenstein, in: IBR-Online-Kommentar, § 637 Rn. 3 f.; Merl, in: Kleiner-Möller/Merl/Glöckner, § 15 Rn. 360; Moufang/Koos, in: Messerschmidt/Voit, § 637 Rn. 15 f.; Leupertz/Halfmeier, in: PWW, § 637 Rn. 3; Sprau, in: Palandt, § 637 Rn. 5; Peters/Jacoby, in: Staudinger, § 634 Rn. 43; Dauner-Lieb/Dötsch, NZBau 2004, 233, 235 ff.; Eusani, NZBau 2006, 676, 677; Mansel, in: Jauernig, § 637 Rn. 10; a.A.: Lorenz, NJW 2005, 1321, 1323; ders., NJW 2003, 1417, 1419; Herresthal/Riehm, NJW 2005, 1457, 1460; Katzenstein, ZGS 2004, 300, 304 f.; Raab, in: NK-BGB, § 637 Rn. 24; Voit, in: BeckOK Bamberger/Roth, § 637 Rn. 17.

441 Krause-Allenstein, in: IBR-Online-Kommentar, § 634 Rn. 11; Schonebeck, BauR 2005, 934; Moufang/Koos, in: Messerschmidt/Voit, § 635 Rn. 9; Merl, in: Kleine-Möller/Merl/Glöckner, § 15 Rn. 317; Schonebeck, BauR 2005, 934, 935.

442 So im Ergebnis auch OLG Brandenburg, NJW-RR 2011, 603, 604.

Ferner zu beachten sind diesbzgl. auch jene Fälle, in denen der Werkunternehmer das aus seiner Sicht fertiggestellte und mangelfreie Werk leistet, der Besteller jedoch wegen wesentlicher Mängel des Werkes die Abnahme berechtigterweise verweigert und eine Fristsetzung zur Nacherfüllung erfolglos oder entbehrlich ist. Dem Sinn und Zweck des § 637 BGB widerspricht es hier, wenn dessen grundsätzliche Geltendmachung an die Abnahme oder den Gefahrübergang gekoppelt wird, weil diese bei wesentlichen Mängeln gerade durch den Besteller berechtigterweise vermieden werden können, vgl. § 640 Abs. 1 Satz 2 BGB. Im Ergebnis wird also durch die Forderung nach einer Abnahme oder Gefahrübergang die Geltendmachung der Selbstvornahme gemäß § 637 BGB von einer Voraussetzung abhängig gemacht, die ausweislich des Gesetzes in § 640 Abs. 1 BGB überhaupt nicht vom Besteller verlangt werden kann. Wesentliche Mängel stellen aber nicht zuletzt deswegen einen wichtigen Anwendungsbereich für das Recht der Selbstvornahme dar, weil für den Besteller eine Nacherfüllung durch den Werkunternehmer angesichts dessen gravierender Unzuverlässigkeit zu einem Vertrauensverlust und damit zu einer Unzumutbarkeit führen[443] und daher eine Selbstvornahme durch den Besteller selbst oder einen Dritten geboten sein kann. Konsequenterweise muss demzufolge eine eigenständige Mängelbeseitigung durch den Besteller, jedoch zu Lasten des Werkunternehmers, insbesondere bei wesentlichen Mängeln, unkompliziert und regelmäßig möglich sein, da es umso wahrscheinlicher und naherliegender ist, einen Vertrauensverlust aufgrund Unzuverlässigkeit anzunehmen, je wesentlicher der Mangel ist. Nach der Meinung, wonach eine Abnahme oder der Gefahrübergang Voraussetzung für eine Geltendmachung der §§ 634 ff. BGB sei, ist dieses aber gerade nicht möglich. Zwar soll auch nach dieser Meinung eine angemessene Lösung dadurch herbeigeführt werden, dass für diese Fälle eine Ausnahme gemacht werde und die Geltendmachung der Rechte aus § 634 BGB, insbesondere der Selbstvornahme, ausnahmsweise auch vor Abnahme zulässig sei.[444] Nichtsdestotrotz wird im Ergebnis mit der Anknüpfung an die Abnahme oder den Gefahrübergang ein Gewährleistungssystem befürwortet, das in dem für § 637 BGB relevanten

---

443 OLG Düsseldorf, Urt. v. 17.12.2009–5 U 57/09, Leitsatz Nr. 4; Huber, in: Huber/Faust, Kap. 18 Rn. 40; Voit, in: BeckOK Bamberger/Roth, § 637 Rn. 4; Busche, in: MK, § 637 Rn. 4.

444 Voit, in: BeckOK Bamberger/Roth, § 634 Rn. 23; ders., BauR 2011, 1063, 1072; Raab, in: NK-BGB, § 634 Rn. 32; Sprau, in: Palandt, Vorb v. § 633 Rn. 7; Drossart, in: Messerschmidt/Voit, § 634 Rn. 4; a.A.: Vygen/Joussen, Rn. 1031; Jansen, Mangelrechte vor Abnahme, S. 76 f.; Peters/Jacoby, in: Staudinger, § 634 Rn. 11.

Anwendungsbereich, nämlich bei wesentlichen Mängeln, zur Erreichung billiger Ergebnisse Ausnahmen bedarf.

Daran anknüpfend ist festzustellen, dass die Vertreter der bislang wohl vorherrschenden Meinung, die eine Abnahme bzw. einen Gefahrübergang für eine Anwendung der §§ 634 ff. BGB voraussetzen will, den Besteller bei wesentlichen, eine Abnahmeweigerung rechtfertigenden Mängeln faktisch zu einer solchen zwingen, würden sie diese Unbilligkeit nicht durch Ausnahmeregelungen zu korrigieren versuchen.[445] Ein Gewährleistungssystem indessen nur bei unwesentlichen Mängeln ohne Ausnahme funktionieren zu lassen, da ja nur bei solchen die Abnahme nicht verweigert werden kann, entspricht aber nicht dem Verständnis von und den Anforderungen an ein effektives Mangelgewährleistungsrecht. Vielmehr muss ein Mangelgewährleistungsrecht insbesondere bei wesentlichen Mängeln der Vertragsleistung in der Lage sein, billige Ergebnisse auch ohne Ausnahmeregelungen rechtlich begründen zu können. Denn umso wesentlicher der Mangel ist, desto höher ist das Schutzinteresse des Bestellers. Demzufolge entsteht durch die Anknüpfung an den Zeitpunkt der Abnahme, des Gefahrübergangs oder der Herstellung des Werkes – neben der ungerechtfertigten Benachteiligung des zurückweisenden Bestellers – auch eine Diskrepanz zwischen der Effektivität des einheitlichen Mangelgewährleistungsrechts und dem Schutzinteresse des Bestellers. Ein effektives werkvertragliches Mangelgewährleistungsrecht muss nämlich gerade bei wesentlichen Mängeln in der Lage sein, dem geschädigten Besteller sämtliche, ihm günstige Rechtsbehelfe zur Verfügung zu stellen, also insbesondere auch das Selbstvornahmerecht nach § 637 BGB.

Bei einer grundsätzlichen Anwendung der besonderen werkvertraglichen Mangelrechte ab Fälligkeit des Erfüllungsanspruchs und unter Maßgabe der jeweils einschlägigen weiteren Voraussetzungen ließe sich diese Situation hingegen ohne Ausnahmeregelungen zugunsten billiger Ergebnisse lösen. Der Besteller kann dann nämlich trotz berechtigter Abnahmeverweigerung den Mangel selbst beseitigen, soweit die jeweils aus den § 637 BGB zu entnehmenden Voraussetzungen vorliegen und ohne dass Ausnahmeregelungen konstruiert werden müssen. Zu diskutieren bleibt dann einzig die Ausnahmekonstellation, wonach eine Geltendmachung ausnahmsweise auch vor Fälligkeit des Erfüllungsanspruchs möglich sein soll, die sich aber auch schon bisher i.R.d. Anwendung

445 Für solche Ausnahmeregelungen vgl. bspw. Voit, in: BeckOK Bamberger/Roth, § 634 Rn. 23; Raab, in: NK-BGB, § 634 Rn. 32; Sprau, in: Palandt, Vorb v. § 633 Rn. 7; Kniffka, in: Kniffka/Koeble, 6. Teil Rn. 3.

der allgemeinen Leistungsstörungsrechte stellt.[446] Jedes darüber hinausgehende Bedürfnis nach Ausnahmeregelungen trägt hingegen zu gewichtigen Rechtsunsicherheiten bei, indem solche Ausnahmefälle dogmatische Rechtfertigungsschwierigkeiten schaffen und nicht abzusehen ist, wie der jeweilige Einzelfall rechtlich beurteilt wird.[447]

Folglich spricht der Sinn und Zweck des § 637 BGB deutlich dafür, dem Besteller die Geltendmachung des Rechts auf Selbstvornahme grundsätzlich auch schon vor Abnahme oder Gefahrübergang, nämlich ab Fälligkeit des vertraglichen Erfüllungsanspruchs und bei Vorliegen der weiteren Voraussetzungen von § 637 BGB, zuzugestehen.

dd) Sinn und Zweck der Minderung nach § 638 BGB

Nach welcher Maßgabe die werkrechtlichen Mangelrechte angewendet werden sollten, ergibt sich zum Teil auch aus dem Sinn und Zweck der Minderung. Ausweislich ihrer Voraussetzung „statt zurückzutreten" tritt die Minderung an die Stelle des Rücktritts. Damit wird dem Besteller, ebenso wie im Kaufrecht, ein weiterer Rechtsbehelf zur Verfügung gestellt, der nicht eine Vertragsauflösung zur Folge hat, sondern das beim Besteller u.U. bestehende Interesse an einer Vertragserfüllung trotz nicht vertragsgemäßen Verhaltens des Werkunternehmers durchsetzbar macht. Da sich die Formulierung des Minderungsrechts gemäß § 638 BGB unmittelbar an dem Minderungsrecht aus dem Kaufrecht orientiert und diesem inhaltlich entspricht,[448] kann im Wesentlichen auf die dortigen Ausführungen verwiesen werden.[449]

Entsprechend ergibt sich auch beim werkvertraglichen Minderungsrecht keine zeitliche Beschränkung dahingehend, dass lediglich Mängel im Zeitraum nach Abnahme erfasst sein sollen. Die Minderung nach § 638 BGB kann vielmehr als Minus zum allgemeinen und besonderen Rücktrittsrecht sowie als Korrelat für den Fall unerheblicher Pflichtverletzungen losgelöst von der Abnahme geltend gemacht werden, mithin auch im Zeitraum ab Fälligkeit des vertraglichen Erfüllungsanspruchs und vor der Abnahme.[450]

Hierfür spricht auch im Werkvertragsrecht insbesondere entscheidend das Gerechtigkeitsargument, wonach andernfalls der Besteller, der das mangelhafte

---

446 Vgl. hierzu Kap. 2, C, I.

447 Jansen, Mangelrechte vor Abnahme, S. 83.

448 BT-Drucks. 14/6040, S. 266; Busche, in: MK, § 638 Rn. 2; Moufang/Koos, in: Messerschmidt/Voit, § 638 Rn. 1.

449 Vgl. hierzu Kap. 2, C, III, 2, d, cc.

450 Vgl. hierzu Kap. 2, C, III, 2, d, cc.

Werk zu Recht zurückweist, schlechter stünde als der Besteller, der es in Unkenntnis des Mangels abnimmt oder mangels Erheblichkeit des Mangels sogar abnehmen muss. Die Möglichkeit zur Minderung zum einen von der Erkennbarkeit und zum anderen von der Erheblichkeit des Mangels abhängig zu machen, führt demzufolge zu einem massiven Wertungswiderspruch dergestalt, dass derjenige Besteller benachteiligt wird, der infolge der Erheblichkeit des Mangels an seinem Werk eigentlich wesentlich schutzwürdiger ist. Dieser Wertungswiderspruch ist nur dann ohne ein Bedürfnis nach Ausnahmekonstellationen vermeidbar, wenn die Minderung unabhängig von der Annahme oder der Zurückweisung des Werkes und damit losgelöst von der Abnahme ausgeübt werden kann. Resultierend aus seinem Sinn und Zweck ist eine Anwendung des Minderungsrechts nach § 638 BGB folglich von vornherein ab Fälligkeit des vertraglichen Erfüllungsanspruchs möglich und sogar erforderlich. Eine zeitliche Abgrenzung der §§ 634 ff. BGB ist dem hingegen abträglich, was letztlich gegen die zusätzliche Anwendungsvoraussetzung eines Gefahrübergangs, einer Abnahme oder einer Herstellung des Werkes spricht. Eine grundsätzlich parallele Anwendbarkeit von allgemeinen und besonderen Regeln unter Beachtung der jeweiligen tatbestandlichen Voraussetzungen wird folglich von der teleologischen Auslegung des § 638 BGB als vorzuziehende Lösung befunden.

ee) Sinn und Zweck des § 639 BGB

§ 639 BGB verlangt seiner Intention nach kein zeitliches Moment. Die Regelung soll arglistiges und widersprüchliches Verhalten des Werkunternehmers verhindern, indem dieser sich in solchen Fällen auf vereinbarte Haftungsbeschränkungen jeglicher Art nicht berufen kann.[451] Die Sanktion von Arglist oder widersprüchlichem Verhalten erfolgt jedoch dabei vom Vertragsstadium losgelöst.

ff) Sinn und Zweck des Mindestschutzes für den Besteller

Die Neugestaltung des Werkvertragsrechtsrechts i.R.d. Schuldrechtsmodernisierungsreform basiert u.a. auf dem Bestreben, das Kauf- und das Werkvertragsrecht insoweit anzugleichen, dass Unterscheidungen beseitigt oder zumindest beträchtlich verringert und die rechtlichen Regelungen der beiden Vertragstypen derart stark angenähert werden, dass eine genaue Abgrenzung der beiden Vertragstypen bis auf wenige Ausnahmen keine Rolle mehr spielt.[452] Infolgedessen

451 Busche, in: MK, § 639 Rn. 2.
452 BT-Drucks. 14/6040, S. 94 u. 95.

wurde die europäische VerbrGüterKRL zwar vorwiegend, aber nicht nur, im Kaufrecht umgesetzt, sondern nach dem Bestreben des deutschen Gesetzgebers wurde zudem das Werkvertragsrecht den Vorgaben der VerbrGüterKRL angepasst.[453] Wie die bis auf wenige Ausnahmen erkennbare Identität von Kauf- und Werkvertragsrecht zeigt, wurde daher auch das komplette allgemeine Werkvertragsrecht weitgehend an die Richtlinie angepasst, die ausweislich ihres Art. 8 VerbrGüterKRL durch ihre Vorgaben ein Mindestschutzniveau für Verbraucher sicherstellen möchte.[454] Dieser überschießenden Umsetzung der Richtlinie in das deutsche Werkvertragsrecht ist folgerichtig zu entnehmen, dass auch dem gesamten allgemeinen Werkvertragsrecht der Gedanke innewohnt, dem Besteller jedenfalls den mit der Richtlinie intendierten Mindestschutz zu gewährleisten.

Entsprechend kann an dieser Stelle auf die kaufrechtlichen Ausführungen zum intendierten Mindestschutz verwiesen werden, da sie eins zu eins für das Werkvertragsrecht und dessen äquivalenten Normen gelten.[455] Der effektivste Mindestschutz für den Besteller wird im Ergebnis durch eine Anwendung der besonderen werkvertraglichen Mangelrechte ab Fälligkeit des vertraglichen Erfüllungsanspruchs und nach Maßgabe ihrer jeweiligen Tatbestandsvoraussetzungen gewährt. Dann nämlich können vorteilige werkvertragliche Besonderheiten (das Selbstvornahme- und das Minderungsrecht) schon von vornherein neben den allgemeinen Regeln greifen, während nachteilige (die kürzere Verjährung und das im Vergleich zu § 275 BGB mit geringeren Anforderungen ausgestattete Leistungsverweigerungsrecht des § 635 Abs. 3 BGB) den Besteller auch ohne generelle zeitliche Zäsur der §§ 634 ff. BGB auf die Zeit nach Abnahme, Gefahrübergang oder Herstellung erst nach Erreichen eines tatbestandlichen zeitlichen Moments treffen.

gg) Keine entgegenstehenden berechtigten Belange des Werkunternehmers

Zu beachten gilt auch, dass der Anwendung der besonderen werkvertraglichen Mangelrechte nach Maßgabe ihrer jeweiligen Tatbestandsvoraussetzungen ab Fälligkeit des Erfüllungsanspruchs neben den allgemeinen Regeln keine berechtigten Belange des Werkunternehmers entgegenstehen dürfen. Denn Sinn und Zweck der werkvertraglichen Mangelrechte ist auch, einen interessengrechten Ausgleich zwischen den Parteien zu ermöglichen.

---

453 BT-Drucks. 14/6040, S. 98.

454 Erwägungsgrund 5 sowie Art. 8 Abs. 2 der Richtlinie 1999/44/EG.

455 Vgl. hierzu oben Kap. 2, C, III, 2, d, ff.

(1) Verletzung des werkunternehmerischen Dispositionsrechts

Berechtigte Bedenken sollen sich nach *Jansen* zunächst daraus ergeben können, dass durch eine Anwendbarkeit der Mangelrechte vor Abnahme in unzulässiger Weise in das Dispositionsrecht des Werkunternehmers eingegriffen werde, das Werk bis zur Fälligkeit nach seinen eigenen Vorstellungen in einem vertragsgemäßen Zustand herzustellen.[456] Weitergehend vertreten andere sogar, dass es insoweit dem Werkunternehmer nicht zumutbar sei, dem Besteller schon vor der Abnahme grundsätzlich die Möglichkeit der Einflussnahme auf seine Art und Weise der Vertragserfüllung einzuräumen.[457]

Den ersteren Bedenken von *Jansen* kann schon dadurch abgeholfen werden, dass auch nach der in dieser Arbeit präferierten Ansicht – also einer grundsätzlichen Anwendbarkeit der besonderen Mangelrechte ab Fälligkeit des Erfüllungsanspruchs parallel zu den allgemeinen Mangelrechten – die Anwendung der besonderen Regeln an den Anwendungszeitpunkt der allgemeinen Regeln gekoppelt ist und die besonderen werkrechtlichen Mangelrechte damit jedenfalls grundsätzlich nicht vor Fälligkeit des vertraglichen Erfüllungsanspruchs geltend gemacht werden können. Denn auch die Regeln des allgemeinen Leistungsstörungsrechts setzen stets die Fälligkeit des Erfüllungsanspruchs voraus mit der Folge, dass dem Werkunternehmer auch nach der in dieser Arbeit vertretenen Ansicht bis zur Fälligkeit des Erfüllungsanspruchs ein uneingeschränktes Dispositionsrecht zusteht.

Die weitergehenden Bedenken sind darüber hinaus deshalb zu entkräften, weil sie den Werkunternehmer nicht unberechtigt benachteiligen. Nur bis zur Fälligkeit des werkvertraglichen Erfüllungsanspruchs aus § 631 Abs. 1 BGB sollte dem Besteller eine Einmischung vorenthalten bleiben, denn bis zur Fälligkeit steht dem Unternehmer die Art und Weise seiner Leistung frei. Leistet er jedoch nicht bei Fälligkeit und damit nicht rechtzeitig, so hat der Besteller ein gesteigertes Interesse daran, möglichst bald und unkompliziert eine mangelfreie Leistung zu erhalten. Ihm ist es daher nicht zumutbar eine mangelhafte Leistung abzuwarten und abzunehmen, um dann seine Rechte für eine mangelfreie Leistung geltend zu machen, obwohl ihm u.U. schon vorher, jedenfalls aber nach dem Fälligkeitszeitpunkt, die Mangelhaftigkeit erkennbar war. Im Interesse des Bestellers, das Werk schnellstmöglich mangelfrei verschafft zu bekommen, muss es ihm daher möglich sein, ab Fälligkeit sein Interesse auf ein mangelfreies Werk effektiv durchsetzen zu können, um nicht noch weitere Verzögerungen

456 Jansen, Mangelrechte vor Abnahme, S. 74.

457 Voit, in: BeckOK Bamberger/Roth, § 634 Rn. 3; Joussen, BauR 2009, 319, 323 f.

hinnehmen zu müssen. Der Werkunternehmer, der zum einen nicht rechtzeitig bei Fälligkeit seine Leistung erbracht hat und zum anderen noch im Begriff ist, eine mangelhafte Leistung abzuliefern, wird hierdurch nicht unangemessen benachteiligt. Die Abnahme ist daher als relevanter Zeitpunkt für die Anwendbarkeit der besonderen werkvertraglichen Mangelrechte nicht geeignet. Dies gilt umso mehr, als Abnahme und Fälligkeit nicht zwangsläufig in einem Zeitpunkt zusammenfallen müssen. Die Fälligkeit des Erfüllungsanspruchs setzt keine Abnahme voraus, sondern benennt letztlich den Zeitpunkt, in dem der Werkunternehmer das Werk fristgerecht für eine Abnahme fertiggestellt haben muss, also die Voraussetzungen der Abnahmefähigkeit geschaffen sein müssen.[458] In der Praxis, insbesondere im Baubereich, dürfte es hingegen vielmehr die Regel sein, dass das Vorhaben erst mit Verspätungen fertiggestellt wird, sodass Fälligkeit und Abnahme auseinanderfallen.

Dass ein praktisches Bedürfnis für die Anwendung der werkvertraglichen Mangelrechte vor Abnahme besteht, zeigt sich insbesondere auch anhand der Regelungen der §§ 4 Abs. 7, 8 Abs. 3 Nr. 2 VOB/B. Dort werden nämlich für Werkverträge, denen die VOB/B wirksam zugrunde gelegt wurde, explizit die Anwendbarkeit von Mangelrechten im Stadium der Herstellung, mithin vor der Abnahme vorgesehen. Die jeweilige Fassung der VOB/B wird vom Deutschen Vergabe- und Vertragsausschuss für Bauleistungen (DVA) vorgelegt, indem die öffentlichen und privaten Auftraggeber, die Bauwirtschaft, die Architekten und Ingenieure, Gewerkschaften sowie andere Organisationen und Einrichtungen vertreten sind.[459] Die Regelungen sollen den Besonderheiten des Baurechts daher vor allem aus praktischen Gesichtspunkten Rechnung tragen,[460] weswegen insbesondere die Abweichungen der VOB/B zum gesetzlichen Leitbild des Werkvertragsrechts des BGB als deutlicher Hinweis darauf verstanden werden können, welche Regelungen des BGB nicht in der Lage sind, die Besonderheiten ausreichend zu berücksichtigen. Demzufolge machen die Regelungen der §§ 4 Abs. 7, 8 Abs. 3 Nr. 2 VOB/B das Bedürfnis nach einer grundsätzlichen Anwendbarkeit der werkvertraglichen Mangelrechte auch schon vor Abnahme schließlich nochmals besonders deutlich.

---

458 Moufang/Koos, in: Messerschmidt/Voit, § 635 Rn. 9.

459 Kleine-Möller, in: Kleine-Möller/Merl/Glöckner, § 2 Rn. 30 f.; Voit, in: Messerschmidt/Voit, VOB Teil B Vor § 1 Rn. 1.

460 Voit, in: Messerschmidt/Voit, VOB Teil B Vor § 1 Rn. 1; Keldungs, in: Ingenstau/Korbion, Vor VOB/B Rn. 1.

(2) Recht zur zweiten Andienung des Werkunternehmers

Da § 635 BGB tatbestandlich einen fehlgeschlagenen Erfüllungsversuch seitens des Werkunternehmers voraussetzt, kann man unter der Voraussetzung, dass die besonderen Mangelrechte nicht an den gleichen Anwendungszeitpunkt anknüpfen wie § 635 BGB, zudem bedenken, dass das dem Werkunternehmer aus § 635 Abs. 1 BGB resultierende Recht zur zweiten Andienung unterlaufen werden kann. Diese Bedenken lassen sich jedoch durch den Hinweis entkräften, dass die entsprechenden Mangelrechte alle tatbestandlich eine Fristsetzung erfordern. D.h. auch ohne eine zum Schutz des Nacherfüllungsrechts künstlich geschaffene zeitliche Anwendungsvoraussetzung sorgen schon die Anspruchsvoraussetzungen der jeweiligen Mangelrechte dafür, dass dem Werkunternehmer auch bei Anwendung der Rechte ab Fälligkeit des vertraglichen Erfüllungsanspruchs stets die Chance gewährt wird, seine bereits erbrachte oder trotz Fälligkeit noch zu erbringende Leistung einer zweiten Begutachtung hinsichtlich ihrer Vertragsmäßigkeit zu unterziehen. Faktisch bleibt damit das Recht zur zweiten Andienung bei einer grundsätzlichen Anwendung ab Fälligkeit des vertraglichen Erfüllungsanspruchs bestehen.

(3) Beweislastverteilung

Eine unzumutbare Benachteiligung des Werkunternehmers wird ferner vereinzelt auch deswegen befürchtet, weil ihn die Zubilligung von den in § 634 BGB genannten Mangelrechten vor Abnahme oder Gefahrübergang vor Beweisschwierigkeiten stelle.[461] So soll nach gängiger Meinung der Grundsatz gelten, dass der Werkunternehmer grundsätzlich bis zur Abnahme des Werkes die Beweislast für die Mangelfreiheit des Werkes trage.[462] Dies gelte auch dann, wenn der Besteller vor der Abnahme Mängelansprüche geltend mache.[463] Nach der Abnahme obliege dem Besteller der Beweis.[464] Allerdings basiert dieser Grundsatz auf der meines Erachtens unzutreffenden Annahme, dass die besonderen werkvertraglichen Mangelrechte generell erst ab Abnahme anwendbar seien. Vertritt man hingegen die hier in dieser Arbeit für richtig gehaltene Auffassung, dass die

---

461 Jansen, Mangelrechte vor Abnahme, S. 72; Peters, NZBau 2009, 209, 210.

462 BGH, NJW 1973, 1327; NJW 1981, 2408 = BauR 1981, 575, 576; NJW 1993, 986 = BauR 1993, 469, 472; NJW-RR 2000, 1547 = BauR 2000, 1762, 1763; NJW 2009, 360, 361; Pause/Vogel, in: IBR-Online-Kommentar, § 640 Rn.16.

463 BGH, NJW-RR 1997, 339; NJW 2009, 360, 361.

464 BGH, NJW 1981, 2408; NJW 2009, 360, 361; Pause/Vogel, in: IBR-Online-Kommentar, § 640 Rn. 16.

allgemeinen und besonderen Mangelrechte grundsätzlich parallel ab Fälligkeit des Erfüllungsanspruchs, mithin auch vor Abnahme geltend gemacht werden können, soweit auch die weiteren Voraussetzungen der jeweiligen Ansprüche vorliegen, so ist konsequenterweise auch eine geänderte Beweislastverteilung anzunehmen.[465] Unverändert bleibt dabei die Situation nach erfolgter Abnahme mit der Folge, dass der Besteller für diesen Zeitraum nach wie vor die Beweislast trägt. Der Zeitraum vor der Abnahme ist demgegenüber gedanklich in zwei Teile zu unterteilen:

Zum einen handelt es sich dabei um den Zeitraum, bevor die allgemeinen und besonderen Mangelrechte grundsätzlich geltend gemacht werden können, also den Zeitraum vom Vertragsschluss bis zum Fälligkeitstermin des werkvertraglichen Erfüllungsanspruchs. Will der Besteller ausnahmsweise schon in diesem Zeitraum Mangelrechte geltend machen, seien es allgemeine oder besondere, so liegt ein außerplanmäßiges Begehren des Bestellers vor mit der Folge, dass die übliche Beweislastverteilung nicht herangezogen werden kann, sondern vielmehr der Besteller zu beweisen hat, dass ihm dies ausnahmsweise zusteht.[466] So wird der Werkunternehmer vor einer interessenwidrigen Rechtfertigung seiner Leistungserbringung in der Phase geschützt, in der ihm das uneingeschränkte Dispositionsrecht zusteht.

Aber auch im Zeitraum ab Fälligkeit des werkvertraglichen Erfüllungsanspruchs bis zur Abnahme des Werkes ist es gerechtfertigt, dem Besteller die Beweislast aufzuerlegen.[467] Hierfür spricht, dass eine Beweislastregelung zulasten des Werkunternehmers in der Phase zwischen Fälligkeit und Abnahme den Besteller in die Lage versetzt, bloß durch die unbewiesene Behauptung, das Werk sei mangelhaft, den Werkunternehmer unter Zugzwang zu setzen, diese Behauptung zu widerlegen, da ihm andernfalls die Geltendmachung von Mangelrechten droht. Dem Besteller ist es aber in keiner Weise unzumutbar, selbst in dieser Phase die Beweislast hinsichtlich der Mangelhaftigkeit des Werkes zu tragen, da ihm schließlich im Gegenzug der Vorteil zugesprochen wird, die §§ 634 ff. BGB grundsätzlich auch schon vor Abnahme geltend zu machen. Derjenige, der ein Recht geltend macht, hat demzufolge auch die Voraussetzungen desselben zu

---

465 So auch Voit, in: BeckOK Bamberger/Roth, § 634 Rn. 6; Peters, NZBau 2009, 209, 210.

466 So Peters, NZBau 2009, 209, 210, bezogen auf den Zeitraum vor Abnahme verbunden mit der Annahme, dass vorher grundsätzlich keine Anwendung der §§ 634 ff. BGB möglich sei.

467 So Voit, in: BeckOK Bamberger/Roth, § 634 Rn. 6; Peters, NZBau 2009, 209, 210; a.A. BGH, NJW-RR 1997, 339; NJW 2009, 360, 361.

beweisen. Will der Besteller also die besonderen werkvertraglichen Mangelrechte vor Abnahme geltend machen, muss er beweisen, dass sein Begehren berechtigt ist.

Mit dieser konsequenterweise vorzunehmenden Anpassung der Beweislastverteilung wird der Werkunternehmer im Ergebnis auch bei Gewährung der in § 634 BGB genannten Mangelrechte ab Fälligkeit des vertraglichen Erfüllungsanspruchs, und damit vor Abnahme, nicht unzumutbar benachteiligt.

(4) Sonstige Unzumutbarkeiten

Bei mangelbedingten Pflichtverletzungen aller Art, die der Sphäre des Werkunternehmers entspringen, ist es dem Werkunternehmer schließlich auch zumutbar, dass ihm gegenüber ein Minderungsrecht geltend gemacht werden kann. Das gilt unproblematisch für erhebliche Pflichtverletzungen, da dem Werkunternehmer hier die Minderung als ein Minus zum Rücktrittsrecht weniger schadet. Aber auch bei unerheblichen Pflichtverletzungen, bei denen das Rücktrittsrecht ausgeschlossen ist, ist eine jedenfalls mögliche Geltendmachung der Minderung nicht unzumutbar. Wenn die Pflichtverletzung aus der Sphäre des Werkunternehmers stammt, hat er entsprechend dafür einzustehen, sodass eine Privilegierung des Werkunternehmers dahingehend, dass ihm nur bei einer Pflichtverletzung i.S.v. §§ 633 BGB im Zeitraum nach Abnahme oder Gefahrübergang ein Minderungsrecht entgegen gehalten werden kann, nicht mit einer Schutzbedürftigkeit des Werkunternehmers begründet werden kann.

Der Anwendbarkeit der besonderen werkrechtlichen Mangelrechte parallel mit den allgemeinen Leistungsstörungsrechten ab Fälligkeit des vertraglichen Erfüllungsanspruchs und nach Maßgabe ihrer jeweiligen Voraussetzungen stehen demzufolge keine berechtigten Belange des Werkunternehmers entgegen.

hh) Zwischenergebnis

Somit verdeutlicht die vorgenommene teleologische Auslegung, dass eine von vornherein mögliche Geltendmachung der besonderen werkrechtlichen Mangelrechte neben den allgemeinen Leistungsstörungsrechten ab Fälligkeit des Erfüllungsanspruches und nach Maßgabe ihrer jeweiligen tatbestandlichen Voraussetzungen sachgerechte Ergebnisse bringt. Dies geschieht, indem die Konstruktion von Ausnahmen insoweit reduziert wird, als diejenigen Ausnahmen entbehrlich sind, welche trotz des Gefahrübergangs, der Abnahme oder der Herstellung des Werkes als vermeintlich maßgeblichen Anwendungszeitpunkt aus Billigkeitserwägungen in spezifischen Fällen eine Vorwirkung der besonderen Mangelrechte ermöglichen sollen. Als einzig in Betracht kommende Ausnahmekonstellation verbleibt hier nur noch die Geltendmachung der Rechte schon vor Fälligkeit des Erfüllungsanspruches.

Auch kann aus der Stellung des Nacherfüllungsanspruchs als primärem Rechtsbehelf im besonderen werkvertraglichen Mangelgewährleistungsrecht und dem damit i.R.d. übrigen Rechtsbehelfe einhergehenden Fristsetzungserfordernis nicht gefolgert werden, dass eine generelle zeitliche Trennung von allgemeinen und besonderen Leistungsstörungsrechten vorzunehmen ist. Ebenso wenig kann daraus gefolgert werden, dass die übrigen Rechte der §§ 634 ff. BGB nicht vor dem Anwendungszeitpunkt des Nacherfüllungsanspruchs anwendbar sind.

Die teleologische Auslegung der §§ 634 ff. BGB hat weiterhin ergeben, dass durch die Anknüpfung an die Abnahme, den Gefahrübergang oder die Herstellung des Werkes als maßgeblichen Anwendungszeitpunkt ein eklatanter Widerspruch erzeugt wird, indem der das mangelhafte Werk zurückweisende Besteller schlechter steht als derjenige, der das Werk abnimmt. Denn erst infolge der Abnahme des Werkes stehen dem Besteller so die Vorteile des besonderen werkvertraglichen Gewährleistungsrechts, wie das Selbstvornahmerecht des § 637 BGB oder die Minderungsmöglichkeit nach § 638 BGB, zu. Wieso dem berechtigterweise zurückweisenden Besteller diese Vorteile nicht zugute kommen sollen, lässt sich nicht begründen. Im Gegenteil wird der Besteller, dem eigentlich aufgrund der Erheblichkeit des Mangels die Abnahmeverweigerung offensteht, davon abgehalten, hiervon Gebrauch zu machen. Dadurch wird nicht nur eine ungerechtfertigte Benachteiligung zulasten des zurückweisenden Bestellers geschaffen, sondern auch die Effektivität des einheitlichen Mangelgewährleistungsrechts in Frage gestellt. Um in der Folge zugunsten billiger Ergebnisse nicht den umständlichen und schwer zu begründenden Weg über Ausnahmekonstellationen wählen zu müssen, ist es zum einen sinnvoll, nicht von einer generellen zeitlichen Trennung von allgemeinen und besonderen Mangelrechten, sondern von einem grundsätzlichen Nebeneinander ab Fälligkeit des werkvertraglichen Erfüllungsanspruchs auszugehen. Zum anderen spricht der Sinn und Zweck des § 635 BGB sowie der §§ 634 ff. BGB insgesamt dafür, dass hinsichtlich der zeitlichen Anwendung des Nacherfüllungsanspruchs an den Erfüllungsversuch des Werkunternehmers anzuknüpfen ist. Denn so stehen dem Besteller die Vorteile des besonderen werkvertraglichen Mangelgewährleistungsrechts unabhängig von der Abnahme oder der Zurückweisung des Werkes zu, sodass für alle Fälle der Mangelhaftigkeit des Werkes auch ohne ein Bedürfnis nach Ausnahmen billige Ergebnisse erzielt werden können.

Darüber hinaus hat die teleologische Auslegung der Selbstvornahme verdeutlicht, dass es der Konzeption des § 637 BGB, dem Besteller ein mangelfreies Werk zu verschaffen, am besten gerecht wird, wenn der Besteller jedenfalls ab Fälligkeit seines werkvertraglichen Erfüllungsanspruchs Mängel selbst beseitigen kann, soweit die Voraussetzungen des § 637 BGB vorliegen. Gleichzeitig erfüllt sich dadurch mit der Regelung der Risikoverteilung in Bezug auf die eigenmächtige Mängelbeseitigung ein weiterer Zweck des § 637 BGB. Eine Auslegung nach Sinn und Zweck der Minderung nach § 638 BGB und der Schuldrechtsreform im Allgemeinen hat zudem deutlich gemacht, dass ein Minderungsrecht dem Besteller jedenfalls zugute kommen soll, unabhängig davon, ob die Minderung in Bezug auf einen Mangel anstelle des allgemeinen oder besonderen Rücktrittsrechts tritt und auch unabhängig davon, ob der Besteller das Werk abnimmt. Da eine generelle zeitliche Zäsur der besonderen Mangelrechte dies jedoch verhindert, ist ein Anknüpfen an den Gefahrübergang, die Abnahme oder die Herstellung des Werkes bzgl. der Anwendbarkeit der besonderen werkrechtlichen Mangelrechte dem Telos abträglich.

Eine Anwendung ab Fälligkeit des vertraglichen Erfüllungsanspruchs und nach Maßgabe ihrer jeweiligen tatbestandlichen Voraussetzungen hat weitergehend den Vorteil, dass dem Besteller ausschließlich die für ihn günstigen Besonderheiten der §§ 634 ff. BGB zustehen. Eine generelle zeitliche Trennung von allgemeinen und besonderen Regeln zum Schutz des Bestellers ist korrespondierend dazu nicht erforderlich, da die ungünstigen Besonderheiten schon tatbestandlich ein zeitliches Moment als maßgebend benennen und daher auch ohne grundsätzliche zeitliche Trennung den Besteller erst später treffen. Der Intention der hinter der Reformierung des Werkvertragsrechts stehenden Angleichung von Kauf- und Werkvertragsrecht, allen Bestellern jedenfalls einen Mindestschutz zukommen zu lassen, wird daher durch eine frühzeitige Gewährung der vorteiligen werkrechtlichen Besonderheiten am stärksten Rechnung getragen. Günstige Besonderheiten der §§ 634 ff. BGB kommen dem Besteller von vornherein zugute, während nachteilige ihn auch ohne eine generelle zeitliche Zäsur erst treffen, wenn das Werk in den Gefahrenbereich des Bestellers gelangt ist. Der Anwendung der besonderen werkrechtlichen Mangelrechte ab Fälligkeit des Erfüllungsanspruchs und nach Maßgabe ihrer jeweiligen Tatbestandsvoraussetzungen stehen schließlich auch keine berechtigten Bedenken des Werkunternehmers entgegen.

D. Fazit

Im Ergebnis hat die Auslegung der §§ 634 ff. BGB zum einen ergeben, dass der Nacherfüllungsanspruch gemäß § 635 BGB nicht erst ab Abnahme, Gefahrübergang oder Herstellung des Werkes, sondern vielmehr ab dem Versuch der Erfüllung der Leistungspflicht seitens des Werkunternehmers geltend gemacht werden kann.

Zum anderen die einzelnen Rechtsbehelfe der besonderen werkvertraglichen Mangelrechte der §§ 634 ff. BGB ausweislich ihrer jeweiligen Voraussetzungen und Bestimmungen selbst für die Beantwortung der Frage ihrer Anwendbarkeit heranzuziehen. Dabei sind die besonderen Mangelrechte grundsätzlich von vornherein neben den allgemeinen Regeln ab Fälligkeit des werkvertraglichen Erfüllungsanspruchs anwendbar, sofern sich dabei kein zeitliches Moment aus der jeweiligen Norm ergibt. Dies hat zur Konsequenz, dass von einer grundsätzlich zeitlichen Trennung der speziellen werkvertraglichen Mangelrechte von den allgemeinen Leistungsstörungsrechten durch die Einschränkung des Anwendungsbereichs der §§ 634 ff. BGB Abstand zu nehmen ist. Dieses Ergebnis wird nachdrücklich auch durch die Tatsache unterstützt, dass die Intention zur Eingliederung der besonderen Regeln in das allgemeine Leistungsstörungsrecht eines der dominierenden und essentiellsten Argumente gegen eine generelle zeitliche Abgrenzung des Anwendungsbereichs der speziellen werkvertraglichen Mangelrechte ist und sich dieser Wille in allen Auslegungsmethoden wiederfindet. Daher ist dieses Argument besonders zu gewichten, sodass es am sachgerechtesten und vorzugswürdigsten ist, eine grundsätzlich von vornherein parallele Anwendung der allgemeinen und besonderen Mangelrechte ab Fälligkeit des vertraglichen Erfüllungsanspruchs zu verfolgen. Wurde ein zeitliches Ereignis zum Tatbestand einer Norm gemacht, bedeutet das dementsprechend einzig, dass die Norm aufgrund ihrer Tatbestandsvoraussetzung eine zeitlich spätere Geltendmachung erfordert und gerade nicht, dass eine generelle Konkurrenz zwischen allgemeinen und besonderen Mangelrechten hierfür maßgeblich ist. Daraus resultiert, dass zwischen allgemeinen Leistungsstörungsrechten und besonderen werkvertraglichen Mangelrechten keine Systemkonkurrenz besteht, sondern allenfalls eine Anspruchskonkurrenz.

Kapitel 4 – Mietrechtlicher Annex

A. Einleitung

Die Frage nach dem Verhältnis von allgemeinem Leistungsstörungsrecht und besonderem Gewährleistungsrecht stellt sich im Übrigen auch im Mietrecht. Hier gilt es zwar nicht, eine generelle Parallelität der beiden Normbereiche zu diskutieren, sondern die Problematik beschränkt sich auf den anfänglichen Mangel im Mietrecht. Jedoch basiert der Streit über das Verhältnis von § 536a Abs. 1 Alt. 1 BGB zu § 311a Abs. 2 BGB im Kern auf derselben grundsätzlichen Diskussion. Es geht um die Frage, ob allgemeine Regeln und besondere mietrechtliche Ansprüche grundsätzlich nebeneinander stehen mit der Folge, dass bei gleicher Sachverhaltsregelung die speziellere Norm die allgemeine im Zuge der Spezialität verdrängt, oder ob die jeweiligen Anwendungsbereiche zeitlich zu trennen sind.

Im folgenden Teil soll also nur die Konstellation erörtert werden, dass der Mietsache bereits zum Zeitpunkt des Vertragsschlusses ein unbehebbarer Mangel anhaftet und der Mieter Schadens- bzw. Aufwendungsersatzansprüche gegenüber dem Vermieter geltend machen möchte. Dabei kommen für den Mieter zwei Alternativen in Betracht: Zum einen ist ein Anspruch aus der Bestimmung des § 536a Abs. 1 Alt. 1 BGB möglich; denkbar ist jedoch auch eine Haftung des Vermieters nach der allgemeinen Regelung des § 311a Abs. 2 BGB. Beide Ansprüche sehen einen Schadensersatzanspruch aufgrund eines anfänglichen Leistungshindernisses vor und sind auf den Ersatz des positiven Interesses gerichtet. Alternativ zum Schadensersatzanspruch kann der Mieter jeweils Ersatz seiner frustrierten Aufwendungen verlangen.[468] Zwar ist die Regelung bzgl. der frustrierten Aufwendungen nicht i.R.v. § 536a Abs. 1 Alt. 1 BGB explizit erwähnt, jedoch folgt ihre Anwendung auch auf die mietrechtlichen Schadensersatzansprüche aus der systematischen Stellung des § 284 BGB im allgemeinen Teil des BGB, wonach allgemeine Regelungen auch für die vertraglichen Schuldverhältnisse gelten.[469] Zudem ist von einer Anwendung des § 284 BGB auch im Rahmen von § 536a Abs. 1 BGB deshalb auszugehen, weil der mietrechtliche Ersatzanspruch seinem Umfang nach den Schadensersatz statt der Leistung

468 Vgl. nur Herresthal, in: 10 Jahre MietRRefG, S. 157, 160 m.w.N.
469 Lorenz, in: BeckOK Bamberger/Roth, § 284 Rn. 2; Ernst, in: MK, § 284 Rn. 10 ff.

einschließt, an dessen Stelle § 284 BGB seinem Wortlaut nach tritt.[470] Wesentlicher Unterschied der beiden in Betracht kommenden Regelungen sind indessen die Haftungsvoraussetzungen. Während § 311a Abs. 2 BGB für alle Fälle eines anfänglichen Leistungshindernisses eine Verschuldenshaftung anordnet, wird aufgrund der Regelung des § 536a Abs. 1 Alt. 1 BGB im Mietrecht für anfängliche Mängel eine Garantiehaftung des Vermieters statuiert. Vor diesem Hintergrund ist es für den Mieter bedeutsam, auf welche Anspruchsgrundlage er sein Begehren stützen kann.

B. Meinungsstand bzgl. des Entstehungszeitpunkts des § 536a Abs. 1 Alt. 1 BGB

Die Frage, auf welchen Anspruch sich der Mieter bei anfänglichen Mängeln stützen kann, ist umstritten. Dabei steht im Zentrum der Diskussion, ob für eine Geltendmachung der für den Mieter günstigeren Garantiehaftung des § 536a Abs. 1 Alt. 1 BGB eine Überlassung der Mietsache stattgefunden haben muss. Überlassung meint dabei die Bereitstellung der Mietsache dergestalt, dass der Mieter in die Lage versetzt wird, die Mietsache vertragsgemäß nutzen zu können.[471] Wäre dem so, bliebe vor diesem Zeitpunkt lediglich Raum für das allgemeine Leistungsstörungsrecht, namentlich in diesem Fall § 311a Abs. 2 BGB. Im Wesentlichen stehen sich folgende zwei Meinungen gegenüber.

I. Zeitpunkt der Überlassung der Mietsache als Anknüpfungspunkt

Zum einen wird vertreten, dass die Überlassung der Mietsache als weitere Anwendungsvoraussetzung anzusehen sei mit der Folge, dass die Regelung des § 536a Abs. 1 Alt. 1 BGB die allgemeine Vorschrift des § 311a Abs. 2 BGB erst ab diesem Zeitpunkt verdränge.[472] Hierfür wird angeführt, dass der klare Wortlaut

470 Häublein, in: MK, § 536a Rn. 17; Blank, in: Blank/Börstinghaus, § 536a Rn. 30; Eisenschmid, in: Schmidt-Futterer, § 536a Rn. 94; Emmerich, in: Staudinger, § 536a Rn. 24; ders. in: FS Blank (2006), 145; Oechsler, NZM 2004, 647; Ehlert, in: BeckOK Bamberger/Roth, § 536a Rn. 22; Gsell, NZM 2010, 71, 77; Weidenkaff, in: Palandt, § 536a Rn. 14.

471 BGH, NJW 2007, 2394, 2395; Weidenkaff, in: Palandt, § 535 Rn. 14.

472 BGH, NJW 2005, 215 Rn. 45; NJW 1997, 2813; OLG Rostock, NJW-RR 2007, 1092; Oetker/Maultzsch, § 5 Rn. 56; Blank, in: Blank/Börstinghaus, § 536a Rn. 2; Ehlert, in: BeckOK Bamberger/Roth, § 536a Rn. 3 f.; Weidenkaff, in: Palandt, § 536a Rn. 3; Keppeler, ZMR 2003, 885, 888; Herresthal, in: 10 Jahre MietRRefG, S. 157, 163; Gruber, WuM 2002, 252, 254; Emmerich, in: FS Blank (2006), S. 145, 147 f.

des § 536 Abs. 1 BGB für dieses Ergebnis spreche. Dort sei ausschließlich auf die „Zeit der Überlassung“ abgestellt, und durch die Formulierung „ist ein Mangel i.S. des § 536 BGB...vorhanden“ in § 536a Abs. 1 BGB werde erkennbar an dieses zeitliche Erfordernis auch für § 536a Abs. 1 Alt 1 BGB tatbestandsmäßig angeknüpft.[473] Darüber hinaus rechtfertige es das Schutzbedürfnis des Mieters erst ab Überlassung der Mietsache, die zuvor lediglich mit einer Verschuldenshaftung bedachten anfänglichen Mängel der Mietsache mit einer Garantiehaftung zu sanktionieren.[474] Denn erst ab Überlassung würden sonstige Rechte und Rechtsgüter des Mieters, wie Eigentum, Leben und Gesundheit, einer Einwirkung ausgesetzt und sich vor Überlassung der Mietsache zeigende Mängel seien weniger gravierend, da man einfach auf ein alternatives Objekt ausweichen könne.[475]

II. Freie Konkurrenz beider Haftungssysteme ab Fälligkeit des Erfüllungsanspruchs

Demgegenüber steht die Meinung, die eine Anwendung des § 536a Abs. 1 Alt. 1 BGB auch ohne vorherige Überlassung der Mietsache befürwortet.[476] Demnach stünden bei anfänglichen Mängeln die Regeln des allgemeinen Leistungsstörungsrechts und des besonderen mietrechtlichen Gewährleistungsrechts ab Fälligkeit des Erfüllungsanspruchs nebeneinander, und die besonderen Regeln, sofern sie den gleichen Tatbestand regelten, würden die entsprechenden allgemeinen Regeln verdrängen. Zugunsten dieser Ansicht wird vor allem angeführt, dass der Schutz des Mieters bei Anknüpfung an die Übergabe vom Zufall abhänge, nämlich vom zufälligen Zeitpunkt der Entdeckung des Mangels.[477] Zudem entlaste eine Einstufung der Überlassung der Mietsache als Anwendungsvoraussetzung des § 536a Abs. 1 Alt. 1 BGB den Vermieter unbillig bzw. benachteilige den Mieter, wenn eine Übergabe infolge besonders gravierender Mängel

---

473 Keppeler, ZMR 2003, 885, 888; Joussen, ZMR 2004, 553, 554; Oetker/Maultzsch, § 5 Rn. 56; Blank, in: Blank/Börstinghaus, § 536a Rn. 2.

474 Herresthal, in: 10 Jahre MietRRefG, S. 157, 164.

475 Herresthal, in: 10 Jahre MietRRefG, S. 157, 165.

476 Joussen, ZMR 2004, 553, 555; Timme, NZM 2003, 703, 704; Emmerich, in: Staudinger, Vorbem. zu § 536 Rn. 4b; Looschelders, in: 10 Jahre MietRRefG, S. 141, 149 ff.; Schaub, in: 10 Jahre MietRRefG, S. 168, 172; Häublein, in: MK, Vor § 536 Rn. 11; Ernst, in: MK, § 280 Rn. 84; tendenziell auch Eisenschmid, in: Schmidt-Futterer, § 536 Rn. 532.

477 Joussen, ZMR 2004, 553, 555; Timme, NZM 2003, 703, 704.

scheitere.[478] Denn bei derart erheblichen Mängeln komme die Garantiehaftung schon gar nicht zur Anwendung.

C. Stellungnahme

Infolge der bisher in dieser Arbeit gefundenen Ergebnisse lohnt es sich, auch diese Problematik aufzugreifen und darauf zu untersuchen, ob nicht mit dem Kauf- und Werkvertragsrecht vergleichbare Ergebnisse zu erzielen sind. Entsprechend soll im Folgenden der Tatbestand des § 536a Abs. 1 Alt. 1 BGB ausgelegt und es sollen die gefundenen Ergebnisse anschließend mithilfe weiterer Argumente wertend beurteilt werden.

I. Die Auslegung der gesetzlichen Regelung

1. Wortlaut

Der relevante Wortlaut des § 536a Abs. 1 Alt. 1 BGB lautet:

> „Ist ein Mangel im Sinne des § 536 bei Vertragsschluss vorhanden ..., so kann der Mieter unbeschadet der Rechte aus § 536 Schadensersatz verlangen."

Wie bereits oben ausgeführt, wird teilweise aus diesem Wortlaut herausgelesen, dass mit „Mangel i.S. des § 536" ein Mangel zum Zeitpunkt der Überlassung gemeint sei und deshalb die Mietsache auch für die Anwendung des § 536a Abs. 1 BGB zur Zeit der Überlassung den entsprechenden Mangel aufweisen müsse.[479] Dies erscheint aber schon deshalb zweifelhaft, da mit der Formulierung „bei Vertragsschluss" dem Wortlaut des § 536a Abs. 1 Alt. 1 BGB ein eigenes zeitliches Erfordernis gegeben wurde, an das tatbestandsmäßig anzuknüpfen ist. Anstelle eines Mangels „zur Zeit der Überlassung", wie für § 536 Abs. 1 Satz 1 BGB erforderlich, ist eben für § 536a Abs. 1 Alt. 1 BGB schon ein Mangel „bei bzw. zur Zeit des Vertragsschlusses" ausreichend. Dass der Wortlaut nicht zwingend auch auf den Zeitpunkt der Überlassung der Mietsache gerichtet ist, wird im Übrigen selbst von Befürwortern einer Anknüpfung an die Überlassung eingesehen.[480] Durch den Verweis auf den Mangelbegriff des gesamten § 536 BGB und nicht nur auf denjenigen des § 536 Abs. 1 BGB wird weiterhin deutlich, dass kein zeitliches Moment und jedenfalls nicht die Überlassung als entscheidender

---

478 Häublein, in: MK, Vor § 536 Rn. 11; Looschelders, in: 10 Jahre MietRRefG, S. 145, 149; Joussen, ZMR 2004, 553, 555; Timme, NZM 2003, 703, 704.

479 Vgl. hierzu Fn. 465.

480 Vgl. nur Herresthal, in: 10 Jahre MietRRefG, S. 157, 163.

Anwendungszeitpunkt des § 536a Abs. 1 Alt 1 BGB aus dem Wortlaut „Mangel i.S. des § 536" abgelesen werden kann. Der Schadensersatzanspruch des § 536a Abs. 1 Alt. 1 BGB gilt nämlich sowohl für Sach- als auch für Rechtsmängel. Durch die Formulierung „Mangel i.S. des § 536" wird demzufolge sowohl auf Sachmängel i.S. des § 536 Abs. 1 BGB als auch auf Rechtsmängel i.S. des § 536 Abs. 3 BGB Bezug genommen. Bei Rechtsmängeln sind aber ohnehin schon die allgemeinen Regeln und damit auch § 311a Abs. 2 BGB ab Vertragsschluss verdrängt.[481] Eine generelle Ableitung der Überlassung als weitere Anwendungsvoraussetzung des § 536a Abs.1 Alt. 1 BGB infolge des Verweises auf § 536 BGB führt daher für Rechtsmängel schon zu widersprüchlichen Ergebnissen. Eine Ableitung nur für Sachmängel ist wegen der umfassenden Bedeutung des Wortes „Mangel" nicht möglich.

Zu berücksichtigen ist schließlich auch, dass der Verweis „Mangel i.S. des § 536" auf die anderen Merkmale eines Mangels des § 536 Abs. 1 BGB Bezug nimmt. So charakterisiert § 536 Abs. 1 BGB einen zur Ausübung der Minderung berechtigenden Mangel insofern, dass er die Mietsache in ihrer Tauglichkeit zum vertragsgemäßen Gebrauch entweder aufhebt oder mindert, wobei die Tauglichkeit nicht unerheblich gemindert sein darf. Die Bezugnahme des § 536a Abs. 1 Alt. 1 BGB auf sinngemäße Mängel meint, dass auch zur Geltendmachung eines Schadensersatzanspruchs gemäß § 536a Abs. 1 BGB nur solche Mängel berechtigen, welche die Tauglichkeit der Mietsache zum vertragsgemäßen Gebrauch in nicht unerheblicher Form aufheben oder mindern.[482]

Der Wortlaut spricht mithin weder für noch gegen eine Anwendung der schadensersatzrechtlichen Garantiehaftung auch vor Überlassung der Mietsache. Er lässt sich aber definitiv nicht für eine Anwendung der Garantiehaftung erst ab Überlassung heranziehen.

2. *Historie*

Bis zur Schuldrechtsreform im Jahr 2002 ging eindeutig aus den Gesetzgebungsmaterialien hervor, dass der historische Gesetzgeber eine Anwendbarkeit der

---

481 BGH, NJW 1996, 714; NJW-RR 2005, 958, 959 ; Keppeler, ZMR 2003, 885, 888; Weidenkaff, in: Palandt, § 536 Rn. 11; Unberath, ZMR 2004, 309, 311; Emmerich, in: Staudinger, § 536 Rn. 41 u. Vorb. zu § 536a Rn. 4a; Häublein, in: MK, Vor § 536a Rn. 11; Ehlert, in: BeckOK Bamberger/Roth, § 536 Rn. 12; Lützenkirchen, in: Erman, Vor § 536 Rn. 14; Eisenschmid, in: Schmidt-Futterer, § 536 Rn. 544; Hau, Jus 2003, 130, 131.

482 So auch Herresthal, in: 10 Jahre MietRRefG, S. 157, 163.

Vorgängernorm des § 536a Abs. 1 Alt. 1 BGB (§ 538 BGB a.F.) und damit eine Garantiehaftung des Vermieters ab Vertragsschluss bevorzugte. In den Gesetzesmotiven wurde insoweit unterstellt, dass der Vermieter die Tauglichkeit der Mietsache zum vertragsgemäßen Gebrauch nach dem Wesen des Mietvertrages nicht nur verspreche, sondern bei Vertragsschluss stillschweigend garantiere.[483]

I.R.d. Schuldrechtsmodernisierungsreform erfolgte durch den Gesetzgeber hingegen eine grundsätzliche Neubewertung des Haftungssystems. Nunmehr sollen Schadensersatzansprüche grundsätzlich auf einem Verschuldensprinzip beruhen, da ein solches gegenüber dem Garantieprinzip sowohl flexibler als auch rechtsethisch überzeugender sei und das Garantieprinzip aus Gerechtigkeitsgesichtspunkten keineswegs zu überzeugen vermöge.[484] Jedoch spricht sich der Gesetzgeber gleichzeitig aus Gründen des Mieterschutzes ausdrücklich für eine Aufrechterhaltung der Garantiehaftung des Vermieters für anfängliche Mängel aus.[485] Wenn der Gesetzgeber aber hier von „Mängeln" spricht, ist es naheliegend, dass er diesen Begriff genauso versteht, wie an anderen Stellen i.R.d. Schuldrechtsreform. Insofern sei an die ausdrückliche Erklärung des Gesetzgebers erinnert, nach der er den Begriff „Mangel" explizit so versteht, dass sowohl Sach- als auch Rechtsmängel davon umfasst sind.[486] Konsequenterweise ist es daher nicht fernliegend, dass der Gesetzgeber keinen Unterschied zwischen Sach- und Rechtsmängeln machen wollte. Für letztere gilt die Garantiehaftung aber schon ab Vertragsschluss.

Ferner wird der Mieterschutz nicht erst ab dem Zeitpunkt der Überlassung der Mietsache bedeutsam. Das Bedürfnis nach einem effektiven Mieterschutz besteht vielmehr auch für den Bereich zwischen Vertragsschluss und Überlassung der Mietsache. Ein Abstellen darauf, dass die sonstigen Rechte und Rechtsgüter des Mieters, wie Leben, Körper, Gesundheit, Eigentum, erst ab Überlassung der Mietsache gefährdet seien und daher vor Überlassung nicht relevant werden könnten,[487] greift zu kurz.[488] Der Schadensersatzanspruch wegen anfänglicher Mängel beschränkt sich nicht auf den Ausgleich von Integritätsschäden, sondern hat insbesondere auch zum Ziel, dem Mieter einen Ausgleich dafür zu bieten, dass der vertragsgemäße Gebrauch der Mietsache infolge anfänglicher Mängel gehindert oder aufgehoben ist. Dieser Schutz des Erfüllungsinteresses wird aber

---

483 Motive II, S. 376; BGH, NJW 1971, 424, 425.
484 BT-Drucks. 14/6040, S. 165.
485 BT-Drucks. 14/6857, S. 66.
486 BT-Drucks. 14/6040, S. 209.
487 So Herresthal, in: 10 Jahre MietRRefG, S. 157, 165.
488 Looschelders, in: 10 Jahre MietRRefG, S. 141, 149.

auch vor Überlassung relevant.[489] Denn anfängliche Mängel ab Vertragsschluss, die eine Übergabe der Mietsache entweder endgültig verhindern oder zumindest hinauszögern, können schon vor Übergabe Vermögensinteressen des Mieters beeinträchtigen und schädigen. Der Mieterschutz ist mithin gerade von der Überlassung der Mietsache losgelöst. Der Gesetzgeber hat sich also erkennbar für eine Anwendung des § 536a Abs. 1 Alt. 1 BGB ab Vertragsschluss ausgesprochen.

3. Systematik

Hinsichtlich einer systematischen Auslegung lassen sich die bisher in dieser Arbeit gefundenen Ergebnisse fruchtbar machen. Oben wurde festgestellt, dass im Kauf- sowie im Werkvertragsrecht die Übergabe der Kaufsache bzw. die Abnahme des Werkes nicht die entscheidenden Zeitpunkte für eine zeitliche Zäsur zwischen dem allgemeinen und dem besonderen Leistungsstörungsrecht darstellen. Die allgemeinen Leistungsstörungsrechte und die jeweiligen besonderen Gewährleistungsrechte stehen grundsätzlich ab Fälligkeit des vertraglichen Erfüllungsanspruchs nebeneinander, wobei die besondere Vorschrift die allgemeine verdrängt, soweit sie den gleichen Sachverhalt betreffen und der Tatbestand keine zeitlich spätere Anwendung vorschreibt. Folglich passt eine grundsätzlich parallele Anwendbarkeit von § 311a Abs. 2 BGB und § 536a Abs. 1 Alt. 1 BGB mit der Maßgabe, dass der speziellere § 536a Abs. 1 Alt. 1 BGB den allgemeinen Schadensersatzanspruch wegen anfänglicher Mängel verdrängt, systematisch ins Bild. Im Mietrecht demgegenüber eine generelle zeitliche Abgrenzung von allgemeinen und besonderen Regeln durch die Anknüpfung an die Überlassung der Mietsache bzw. den Gefahrübergang anzunehmen, widerspricht hingegen der Systematik der gesetzlichen Regelung. Die Systematik streitet im Ergebnis für ein Nebeneinander von allgemeinen und besonderen Regeln, also für eine Geltendmachung des Schadensersatzanspruches für anfängliche Mängel nach § 536a Abs. 1 Alt. 1 BGB ab Vertragsschluss.

4. Teleologie

Sprechen schon die hier aufgeführten historischen und systematischen Argumente für eine einheitliche Anwendung des § 536a Abs. 1 Alt. 1 BGB in allen

---

489 Ehlert, in: BeckOK Bamberger/Roth, § 536a Rn. 1; Looschelders, in: 10 Jahre MietRRefG, S. 141, 149; Häublein, in: MK, § 536a Rn. 1.

Fällen des anfänglichen Mangels, lassen auch teleologische Erwägungen diesen Ansatz als sinnvoll erscheinen.

Vorrangiges Telos des § 536a Abs. 1 Alt.1 BGB ist, wie sich bereits aus den Gesetzesmaterialien ergibt, den Mieter als strukturell schwächere Partei besonders zu schützen.[490] Um diesem Zweck nachzukommen, wird ausdrücklich für anfängliche Mängel eine Ausnahme vom Verschuldensprinzip gemacht, indem in § 536a Abs. 1 Alt. 1 BGB für solche Mängel eine Garantiehaftung statuiert wird. Dem Mieter soll also aufgrund seiner besonderen Schutzbedürftigkeit bei anfänglichen Mängeln ein verschuldensunabhängiges Haftungssystem zugute kommen. Der Begriff Schadensersatz ist dabei als Oberbegriff zu verstehen, der neben Integritätsschäden vor allem auch den Schadensersatz statt der Leistung erfasst.[491] Der Sinn und Zweck des Schadensersatzes gemäß § 536a Abs. 1 Alt. 1 BGB ist damit nicht nur auf den Ersatz von Integritätsinteressen zu beschränken, sondern soll dem Mieter einen umfassenden Ausgleich für Vermögensopfer gewähren, die durch die mangelbehaftete Mietsache entstehen. Der Mieter ist durch § 536a Abs. 1 Alt. 1 BGB demzufolge obendrein so zu stellen, wie er bei ordnungsgemäßer Erfüllung des Mietvertrages stehen würde.[492] Eine Eingrenzung der Anwendung des Schadensersatzanspruches des § 536a Abs. 1 Alt. 1 BGB auf den Zeitraum nach Überlassung der Mietsache ist vor diesem Hintergrund nicht sinnvoll, da die Schutzbedürftigkeit des Mieters, insbesondere hinsichtlich etwaiger Erfüllungsinteressen, auch vor Überlassung bedeutsam wird.[493] Dem Mieter soll durch den verschuldensunabhängigen Schadensersatzanspruch des § 536a Abs. 1 Alt. 1 BGB gerade ein weitergehender Schutz bei anfänglichen Mängeln der Mietsache verschafft werden.[494] Ist der Mieter vor Überlassung der Mietsache aber lediglich zur Geltendmachung der Verschuldenshaftung des § 311a Abs. 2 BGB berechtigt, wird ihm der weitergehende Schutz in der Phase entzogen, in

---

490 BT-Drucks. 14/6857, S. 66.

491 Gsell, NZM 2010, 71; Eisenschmid, in: Schmidt-Futterer, § 536a Rn. 1; Emmerich, in: Staudinger, § 536a Rn. 19; ders., in: FS Blank (2006), S. 145, 147; Häublein, in: MK, § 536a Rn. 12; Ehlert, in: BeckOK Bamberger/Roth, § 536a Rn. 1; Weidenkaff, in: Palandt, § 536a Rn. 14; Looschelders, in: 10 Jahre MietRRefG, S. 141, 149.

492 Ehlert, in: BeckOK Bamberger/Roth, § 536a Rn. 1.

493 Aber auch Integritätsschäden sind im Zeitraum vor Überlassung der Mietsache denkbar. Zu denken wäre etwa an den Fall, dass der Mieter aufgrund eines Wasserrohrbruchs nicht einziehen kann und seine Möbel in der Folge im Umzugswagen bleiben. Dieser Umzugswagen wird dann angefahren, wobei wertvolle Möbel des Mieters zerstört werden.

494 Eisenschmid, in: Schmidt-Futterer, § 536 Rn. 532.

der er besonders schutzwürdig ist. Wiegen die Mängel nämlich derart schwer, dass eine Übergabe der Mietsache überhaupt nicht mehr sinnvoll ist, wird dem geschädigten Mieter auch die Möglichkeit der Garantiehaftung abgeschnitten. Wie aber bereits im Kauf-[495] sowie im Werkvertragsrecht[496] festgestellt, muss ein Mangelgewährleistungsrecht insbesondere bei wesentlichen Mängeln der Vertragsleistung in der Lage sein, billige und gerechte Ergebnisse zugunsten der geschädigten Partei herbeizuführen. Für den Mieter ist daraus zu folgern, dass das mietrechtliche Mangelgewährleistungsrecht insbesondere bei wesentlichen, u.U. die Übergabe ausschließenden Mängeln in der Lage sein muss, Ergebnisse zu erzielen, die dem Schutzinteresse des Mieters entsprechen. Das Schutzinteresse des Mieters erfordert aber gerade eine Garantiehaftung für anfängliche Mängel der Mietsache, sodass es nur konsequent ist, die Garantiehaftung des § 536a Abs. 1 Alt. 1 BGB an den Vertragsschluss zu knüpfen. Im Übrigen kann so bei anfänglichen Mängeln der Mietsache ein durchgehend gleichbleibendes Schutzniveau gewährleistet werden. Dieses gleichbleibende Schutzniveau zeigt sich insbesondere darin, dass durch eine Anknüpfung an den Vertragsschluss eine Schlechterstellung des Mieters vor Überlassung der Mietsache im Verhältnis zu demjenigen nach Überlassung vermieden wird. Andernfalls kommt es nämlich zu der unbilligen Situation, dass der Mieter vor Überlassung die Mietsache trotz erkanntem Mangel die Mietsache annehmen muss, um sich die Garantiehaftung zu erhalten, er mithin so faktisch zur Annahme der mangelhaften Mietsache gezwungen wird.

Zugunsten einer umfassenden teleologischen Auslegung lohnt sich schließlich auch ein Blick auf die Beweggründe, die den BGH 1997 zur Anknüpfung an den Zeitpunkt der Überlassung der Mietsache veranlasst haben. So lässt sich dem Urteil entnehmen, dass hauptsächlicher Beweggrund der Mieterschutz ist und zwar insbesondere in Bezug auf frustrierte Aufwendungen.[497] Vor der Schuldrechtsreform konnten sich aufgrund der damaligen Struktur des Schadensrechts im Hinblick auf frustrierte Aufwendungen durch die Anwendung der dem § 536a BGB damals entsprechenden Vorgängernorm einzelfallabhängig Nachteile zu Lasten des Mieters ergeben.[498] Genauer gesagt bestanden die Nachteile vor allem für den Wohnraummieter, da die damals relevante Rentabilitätsvermutung ausschließlich für gewerbliche Mietgeschäfte galt und bei der Wohnraummiete gänzlich ausschied mit der Folge, dass der Wohnraummieter seine frustrierten

495 Vgl. hierzu oben S. 93 f. unter Kap. 2, C, III, 2, d, aa.
496 Vgl. hierzu oben S. 167 f. unter Kap. 3, C, III, 2, d, cc.
497 BGH, NJW 1997, 2813.
498 Joussen, ZMR 2004, 553, 556; Timme, NZM 2003, 703, 704.

Aufwendungen nicht ersetzt verlangen konnte.[499] Durch die Neustrukturierung des Schadensrechts i.R.d. Schuldrechtsmodernisierungsreform haben sich diese Nachteile für den Mieter jedoch erledigt, indem § 284 BGB geschaffen wurde. Dieser regelt den Ersatz solcher vergeblicher bzw. frustrierter Aufwendungen und findet auch i.R.d. umfassenden Schadensersatzgewährung in § 536a BGB Anwendung.[500] Die durch die Schuldrechtsreform vorgenommene wesentliche Modifikation des Schuldrechts führt daher zu der Schlussfolgerung, dass das Bedürfnis entfallen ist, welches damals zur Differenzierung anhand des Zeitpunkts der Überlassung der Mietsache geführt hat. Dadurch, dass nach jetziger Rechtslage dem Mieter Nachteile auferlegt werden, wenn es für die Anwendung des § 536a Abs. 1 Alt. 1 BGB der Überlassung der Mietsache bedarf, wird nämlich der Sinn und Zweck eines weitergehenden Mieterschutzes bei anfänglichen Mängeln konterkariert. Da diese Intention aber sowohl vor als auch nach der Schuldrechtsreform Grundlage des mietrechtlichen Gewährleistungsrechts ist, kann aus teleologischer Sicht nicht an der vor der Schuldrechtsreform konstruierten Regelung festgehalten werden, weil ansonsten die ursprünglich damit bezweckte Besserstellung des Mieters gerade ins Gegenteil verkehrt wird.

Die teleologische Auslegung spricht im Ergebnis deutlich für eine Anwendung des § 536a Abs. 1 Alt. 1 BGB ab Vertragsschluss und damit für eine unterschiedslose Geltendmachung in allen Fällen eines anfänglichen Mangels.

II. Wertende Beurteilung

Fasst man die vorangegangene Auslegung der gesetzlichen Regelung des § 536a Abs. 1 Alt. 1 BGB zusammen, so sprechen die historische, die systematische sowie die teleologische Auslegung für eine Garantiehaftung für anfängliche Mängel ab Vertragsschluss und damit losgelöst von der Überlassung der Mietsache. Zu prüfen bleibt, ob diese Lösung auch unter sonstigen Gesichtspunkten keinen Wertungswidersprüchen unterliegt.

In erster Linie ist dabei daran zu denken, dass eine generelle Garantiehaftung ab Vertragsschluss den Vermieter unangemessen benachteiligen könnte, weil der Mieter z.B. nicht im Hinblick auf alle Mietverträge besonders schutzwürdig

499 BGH, NJW 1987, 83; NJW 1991, 2277; NJW 2000, 506; Eisenschmid, in: Schmidt-Futterer, § 536a Rn. 90; Ehlert, in: BeckOK Bamberger/Roth, § 536a Rn. 21; Emmerich, in: FS Blank (2006), 145, 154; Häublein, in: MK, § 536a Rn. 17.

500 Vgl. insoweit schon Fn. 461 f.

ist.[501] Entsprechend wird teilweise eine Modifikation der Garantiehaftung dahingehend vertreten, dass der Vermieter von seiner Einstandspflicht dann befreit werde, wenn für ihn die Mängel in keinem Fall erkennbar seien.[502] Eine derartige Haftungserleichterung widerspricht aber der eindeutigen gesetzlichen Regelung, wonach der Vermieter uneingeschränkt und unabhängig von der Erkennbarkeit oder Vermeidbarkeit des Mangels einzustehen hat.[503] Eine unangemessene Benachteiligung des Vermieters ist zu verneinen, weil es sich bei der Garantiehaftung um eine dispositive Regelung handelt und dem Vermieter daher die Möglichkeit des vertraglichen Ausschlusses der verschuldensunabhängigen Haftung offen steht.[504] Die Abdingbarkeit ergibt sich e contrario aus § 536 Abs. 4 BGB, wonach die Disposition für jene Fälle ausgeschlossen wird, in denen eine verschuldensunabhängige Haftung des Vermieters aufgrund der besonderen Schutzbedürftigkeit des Mieters jedenfalls gerechtfertigt ist. Folglich spricht die gesetzliche Regelung für sich selbst schon für billige Ergebnisse, ohne dass ein Bedürfnis dafür besteht, den Vermieter von seinem Haftungsrisiko zu entlasten.

Die Anwendung der Garantiehaftung des § 536a Abs. 1 Alt. 1 BGB ab Vertragsschluss benachteiligt den Vermieter nach dem soeben Gesagten nicht unangemessen. Indessen ruft eine Anknüpfung der Garantiehaftung an die Überlassung der Mietsache unbillige Ergebnisse zulasten des Mieters hervor, indem der Grad des Mieterschutzes allein an den Zufallsaspekt der Mangelentdeckung geknüpft wird.[505] Wird der anfängliche Mangel vor Überlassung der Mietsache entdeckt, kann der Mieter lediglich die allgemeinen Leistungsstörungsrechte und damit nur die Verschuldenshaftung des § 311a Abs. 2 BGB geltend machen. Wird der anfängliche Mangel hingegen nach Überlassung der Mietsache entdeckt, haftet der Vermieter verschuldensunabhängig und damit sehr viel schärfer. Extremfälle, wie bspw. die Entdeckung des Mangels eine Stunde vor oder nach Überlassung der Mietsache, machen deutlich, wie zufällig die gesetzliche Regelung

---

501 Hau, JuS 2003, 130, 132; Häublein, in: MK, Vor § 536a Rn. 10; Oetker/Maultzsch, § 5 Rn. 63; Looschelders, in: 10 Jahre MietRRefG, S. 141, 148.

502 Häublein, in: MK, Vor § 536a Rn. 10; Oechsler, Vertragliche Schuldverhältnisse, § 6 Rn. 529.

503 BGH, NJW 2010, 3152 Rn. 14; Emmerich, in: Staudinger, § 536a Rn. 4; Looschelders, in: 10 Jahre MietRRefG, S. 141, 148; Oetker/Maultzsch, § 5 Rn. 64.

504 BGH, NJW 2002, 3232, 3233; NJW 2010, 3152, 3153 Rn. 22; Looschelders, in: 10 Jahre MietRRefG, S. 141, 148; Eisenschmid, in: Schmidt-Futterer, § 536a Rn. 101; Blank, in: Blank/Börstinghaus, § 536a Rn. 36.

505 Schaub, in: 10 Jahre MietRRefG, 168, 172; Joussen, ZMR 2004, 553, 555; Timme, NZM 2003, 703, 704.

nach Ansicht des BGH und der h.M. für den Mieter wirkt. Dabei wäre es sicher eine Übertreibung, zu argumentieren, dass der Mieter eine Stunde nach Überlassung wesentlich schutzbedürftiger sei, als derjenige eine Stunde vor Überlassung. Denn unabhängig von Integritätsinteressen, deren stärkere Gefährdung nach Überlassung auf der Hand liegt, unterscheiden sich der Mieter vor und nach Überlassung der Mietsache im Hinblick auf Vermögensinteressen überhaupt nicht voneinander.

Die wirklich untragbare Benachteiligung des Mieters resultiert aber aus der Tatsache, dass der vermeintliche Abgrenzungszeitpunkt von allgemeiner Verschuldenshaftung und besonderer Garantiehaftung überhaupt nicht zugunsten des Mieters eingreifen kann, wenn der Mangel derart wesentlich ist, dass eine Überlassung gar nicht mehr stattfinden kann.[506] Das führt letztlich zu dem paradoxen Ergebnis, dass dem Mieter in der Situation, in der seine Interessen infolge anfänglicher Mängel am größten beeinträchtigt sind und der Vermieter seine vertragliche Pflicht am erheblichsten verletzt hat, der geringere Schutz zukommt. Das ist wenig sinnvoll, wenn die Garantiehaftung für anfängliche Mängel den Mieter aber gerade besonders schützen soll.

D. Fazit

Die überzeugenderen Argumente sprechen für eine Anwendung der Garantiehaftung des § 536a Abs. 1 Alt. 1 BGB ab Vertragsschluss auf den Fall eines anfänglichen Mangels im Mietrecht. Die allgemeine Regelung des § 311a Abs. 2 BGB wird für den Fall eines Mietvertrages daher im Wege der Spezialität verdrängt. Eine zeitliche Zäsur der allgemeinen und der besonderen Regeln für anfängliche Mängel anhand der Überlassung der Mietsache ist nicht vom Wortlaut gedeckt und widerspricht der Systematik und der Teleologie. Auch der gesetzgeberische Wille eines weitergehenden Mieterschutzes führt nach der Reform des Schuldrechts zu einer Anknüpfung an den Zeitpunkt des Vertragsschlusses. Ein Bedürfnis für eine davon abweichende Lösung besteht nicht. Durch die Anwendung von § 536a Abs. 1 Alt. 1 BGB ab Vertragsschluss lassen sich dogmatische- sowie Wertungswidersprüche vermeiden. Im Übrigen wird eine partielle Harmonisierung der mietrechtlichen Gewährleistungsregeln mit dem kauf- sowie dem werkvertraglichen Gewährleistungsrecht und dem allgemeinem Leistungsstörungsrecht erreicht.

506 Joussen, ZMR 2004, 553, 555; Timme, NZM 2003, 703, 704.

Kapitel 5 – Gesamtergebnis

A. Kernthesen

Insgesamt sind resultierend aus der vorstehenden Untersuchung zwei Kernthesen festzuhalten:

Zum einen gilt für sämtliche i.R.e. Kauf-, Werk- oder Mietvertrags relevante Mangelgewährleistungsrechte, also sowohl der allgemeinen als auch der besonderen, grundsätzlich derselbe einheitliche Anwendungszeitpunkt, sofern nicht der Tatbestand des jeweils einschlägigen Mangelrechts etwas Abweichendes normiert. Alle Mangelgewährleistungsrechte können mithin ab Fälligkeit des vertraglichen Erfüllungsanspruchs geltend gemacht werden, sofern das jeweils anzuwendende Recht keine davon abweichende Tatbestandsvoraussetzung enthält. Dies folgt daraus, dass das BGB nur ein einheitliches Mangelgewährleistungsrecht kennt, das lediglich im Hinblick auf bestimmte, besonders relevante Vertragstypen, wie dem Kauf-, Werk- und Mietvertrag, mit einzelnen speziellen Normen ergänzt wird. Diese speziellen Mangelgewährleistungsvorschriften sind aber Teil des einheitlichen Mangelrechts und stellen mit Nichten ein eigenständiges, neben dem allgemeinen Leistungsstörungsrecht bestehendes Mangelgewährleistungsrecht dar. Der grundsätzliche Anwendungszeitpunkt wird vom allgemeinen Leistungsstörungsrecht vorgegeben, das die Basis des einheitlichen Gewährleistungsrechts darstellt.

Zum anderen setzt die Geltendmachung des kauf- bzw. werkrechtlichen Nacherfüllungsanspruchs nicht die An- bzw. Abnahme der jeweiligen Leistung voraus, sondern es genügt ein fehlgeschlagener Erfüllungsversuch seitens des leistenden Verkäufers bzw. Werkunternehmers. Der Begriff der „Nacherfüllung" ist sinnwahrend zu verstehen, wonach er den zweiten Versuch des Schuldners im Hinblick auf dessen Pflicht zur vertragsgemäßen Leistung beschreibt, der sich dem ersten Versuch anschließt. Für die Unterscheidung zwischen ersten und zweiten Versuch macht es aber keinen Unterschied, ob der Gläubiger die mangelhafte Leistung an- bzw. abnimmt oder berechtigterweise zurückweist, denn unabhängig von der Reaktion des Gläubigers konnte der Schuldner mit seinem ersten Versuch seine Pflicht zur mangelfreien Leistung nicht erfüllen und hat entsprechend nachzuerfüllen.

B. Zusammenfassung der wesentlichen Einzelergebnisse

Die Untersuchung hat im Einzelnen insbesondere ergeben, dass die grundsätzliche Beschränkung der Anwendbarkeit der besonderen kaufrechtlichen und werkrechtlichen Gewährleistungsrechte der §§ 437 ff. bzw. §§ 634 ff. BGB sowie dem besonderen mietrechtlichen Schadensersatzanspruch für anfängliche Mängel gemäß § 536a Abs. 1 Alt. 1 BGB auf spätere Vertragsstadien als die Fälligkeit des jeweils vertraglichen Erfüllungsanspruchs ungerechtfertigt und mit den gesetzlichen Regelungen nicht zu vereinbaren ist. Nach Auslegung der einschlägigen Vorschriften nach Wortlaut, Historie, Systematik und Telos findet sich insbesondere für eine jeweilige Anknüpfung der Geltendmachung der vorgenannten Gewährleistungsrechte an die kaufrechtliche Übergabe, die werkrechtliche Abnahme oder die mietrechtliche Überlassung keine Grundlage. Die Auslegung der kaufrechtlichen und der werkvertraglichen Regeln entspricht sich dabei überwiegend.

I. Kaufrechtliches Mangelgewährleistungsrecht

1. Hinsichtlich der Frage, ab wann denn die besonderen kaufrechtlichen Gewährleistungsrechte der §§ 437 ff. BGB geltend gemacht werden können, kommt die Auslegung des jeweiligen Wortlauts zu keinem eindeutigen Ergebnis. Die Auslegung lässt aber erkennen, dass eine pauschale Festsetzung der §§ 437 ff. BGB in die Zeit nach Gefahrübergang oder Lieferung der Sache, wie von der überwiegenden Meinung angenommen, sowie die generelle Geltendmachung ab Vertragsschluss mit Blick auf den Wortlaut fragwürdig erscheinen. Die grundsätzliche Geltendmachung der besonderen Mangelgewährleistungsrechte parallel mit den allgemeinen Leistungsstörungsrechten ab Fälligkeit des vertraglichen Erfüllungsanspruchs und unter Maßgabe ihrer jeweiligen Voraussetzungen entspricht hingegen dem Wortlaut der §§ 437 ff. BGB.

2. Die historische Auslegung kann keinen Willen des Gesetzgebers feststellen, der eine grundsätzliche Abgrenzung von allgemeinen Leistungsstörungsrechten und besonderen kaufrechtlichen Mangelrechten möchte. Bedeutender Beweggrund i.R.d Schuldrechtsreform ist vor allem die Schaffung eines einheitlichen Gewährleistungssystems, um Rechtsunsicherheiten und Unklarheiten zu vermeiden. Ausgehend hiervon lässt sich die Entstehungsgeschichte i.R.d. Schuldrechtsreform vielmehr vorrangig für die Ansicht ins Feld führen, dass die allgemeinen und besonderen Rechte grundsätzlich zeitlich parallel anwendbar sind, soweit nicht ausweislich der jeweiligen Tatbestandsvoraussetzungen eine zeitlich spätere Anwendung angeordnet wird. Zwei zeitlich grundsätzlich

voneinander getrennte Anwendungsbereiche stehen der Annahme eines einzigen einheitlichen Gewährleistungssystems indessen entgegen.

3. Die Gesetzessystematik spricht gegen eine generelle zeitliche Trennung der Anwendungsbereiche von allgemeinen und besonderen Mangelrechten. Ebenso wie auch die Auslegung der Historie wird das Argument der systematischen Eingliederung der besonderen Regeln in das allgemeine Leistungsstörungsrecht mit der Absicht zur Schaffung eines einheitlichen Gewährleistungssystems angeführt, das verbunden mit den Verweisen der § 437 Nr. 2 und Nr. 3 BGB auf die allgemeinen Regeln für Rücktritt, Schadensersatz und letztlich auch für die Minderung eine generelle zeitliche Eingrenzung der §§ 437 ff. BGB gesetzessystematisch nicht rechtfertigen kann. Auch aus dem Vergleich einzelner besonderer Mangelrechte mit Regeln des allgemeinen Leistungsstörungsrechts lassen sich keine systematischen Erwägungen entnehmen, die eine generelle zeitliche Einschränkung des Anwendungsbereichs der §§ 437 ff. BGB erforderlich machen. Dort wo eine spätere Anwendung geboten erscheint, lässt sich eine zeitlich spätere Geltendmachung schon tatbestandlich entnehmen, sodass eine darüber hinausgehende zeitliche Eingrenzung weder erforderlich noch geboten ist. Schließlich lässt sich auch die bestehende kaufrechtliche Verjährungsregelung systematisch mit der grundsätzlichen Entstehung der Gewährleistungsansprüche vor Übergabe bzw. Ablieferung vereinbaren.

4. Die teleologische Auslegung führt zu der Erkenntnis, dass eine grundsätzliche Anwendung der §§ 437 ff. BGB ab Fälligkeit des Erfüllungsanspruchs parallel zu den Rechtsbehelfen des allgemeinen Leistungsstörungsrechts die sachgerechtesten Ergebnisse bringt. Die Schaffung eines einheitlichen Gewährleistungssystems und die damit verfolgte Reduktion von Unübersichtlichkeiten und Rechtsunsicherheiten wird durch einen grundsätzlich einheitlichen Anwendungsbereich sämtlicher Mangelrechte am effektivsten erreicht, da keine konstruierten, ungeschriebenen Anwendungsvoraussetzungen zu beachten sind, sondern sämtliche Mangelrechte nur entsprechend ihrer jeweiligen Tatbestandsvoraussetzungen an zeitliche Momente gebunden sind. Zudem besteht keine Notwendigkeit mehr für Ausnahmen, die eine Vorwirkung von eigentlich grundsätzlich zeitlich abgegrenzten besonderen Mangelrechten ausnahmsweise zulassen wollen, um billige Ergebnisse zu erreichen. Auch das vorrangige Telos, nämlich primär zunächst eine Vertragserfüllung anzustreben, erfordert keine generelle zeitliche Trennung der besonderen Mangelrechte der §§ 437 ff. BGB, da die entsprechenden allgemeinen und besonderen Regeln das vorrangige Interesse an einer Vertragserfüllung schon tatbestandlich durch das Fristsetzungserfordernis gewährleisten. Die Stellung des Nacherfüllungsanspruchs als primärer

Rechtsbehelf im besonderen kaufrechtlichen Mangelgewährleistungsrecht und dem damit i.R.d. übrigen Rechtsbehelfe einhergehenden Fristsetzungserfordernis ermöglicht weiterhin nicht die Schlussfolgerung, dass eine generelle zeitliche Trennung von allgemeinen und besonderen Leistungsstörungsrechten vorzunehmen ist. Ebenso wenig kann daraus gefolgert werden, dass die übrigen Rechte der §§ 437 ff. BGB nicht vor dem Anwendungszeitpunkt des Nacherfüllungsanspruchs anwendbar sind.

Durch die Anknüpfung an den Gefahrübergang oder die Lieferung der Sache als maßgeblichen Anwendungszeitpunkt wird zudem ein eklatanter Widerspruch erzeugt, indem der die mangelhafte Sache zurückweisende Käufer schlechter steht, als derjenige, der die Sache annimmt, weil nur dem annehmenden Käufer so die Vorteile des besonderen kaufrechtlichen Gewährleistungsrechts, wie das Wahlrecht des § 439 Abs. 1 BGB oder die Minderungsmöglichkeit nach § 441 BGB, zustehen würden. Dadurch wird nicht nur eine ungerechtfertigte Benachteiligung zulasten des zurückweisenden Käufers geschaffen, sondern auch die Effektivität des einheitlichen Mangelgewährleistungsrechts in Frage gestellt. Um in der Folge zugunsten billiger Ergebnisse nicht den umständlichen und schwer zu begründenden Weg über Ausnahmekonstellationen wählen zu müssen, ist es sinnvoll, nicht von einer generellen zeitlichen Trennung von allgemeinen und besonderen Mangelrechten, sondern von einem grundsätzlichen Nebeneinander ab Fälligkeit des vertraglichen Erfüllungsanspruchs auszugehen.

Dazu passt ferner, dass aus der überschießenden Umsetzung der VerbGüterKRL in das ganze deutsche Kaufrecht, verbunden mit der Intention der Schuldrechtsreform zur Schaffung eines einheitlichen Gewährleistungssystems, zudem hervorgeht, dass der mit der Richtlinie intendierte Mindestschutz allen Käufern gewährleistet werden soll. Dies wird aber erst dann effektiv erreicht, wenn den Käufer Vorteile so früh wie möglich zu Gebote stehen, während ungünstige Regelungen ihn erst treffen, wenn dies dem Tatbestand und damit den der jeweiligen Norm zugrundeliegenden Überlegungen zur gebotenen Risikoverteilung entspricht. Eine Beschränkung sämtlicher besonderer Regelungen ist vor diesem Hintergrund nicht zweckmäßig, da die für den Käufer ungünstigen Regelungen schon tatbestandlich an ein zeitliches Moment geknüpft sind mit der Folge, dass die generelle Einschränkung des Anwendungsbereichs der §§ 437 ff. BGB ausschließlich dem Käufer schadet, indem sie dessen Vorteile beschränkt.

II. Werkvertragliches Mangelgewährleistungsrecht

1. Die Wortlautauslegung kommt zu keiner eindeutigen Regelung hinsichtlich der Frage, ab wann die besonderen werkvertraglichen Gewährleistungsrechte

der §§ 634 ff. BGB zur Anwendung gebracht werden können. Jedoch wird durch die Auslegungsergebnisse deutlich, dass eine generelle und einheitliche zeitliche Zäsur sämtlicher in § 634 BGB genannten Mangelrechte anhand einer Abnahme, eines Gefahrübergangs oder einer Herstellung des Werkes dem Wortlaut widerspricht, während die grundsätzliche Geltendmachung der besonderen Mangelgewährleistungsrechte parallel mit den allgemeinen Leistungsstörungsrechten ab Fälligkeit des vertraglichen Erfüllungsanspruchs und unter Maßgabe ihrer jeweiligen Voraussetzungen diesem entspricht.

2. Die historische Auslegung kann keine Intention des Gesetzgebers feststellen, die im Sinne einer grundsätzlichen Trennung von allgemeinen Leistungsstörungsrechten und besonderen werkvertraglichen Mangelrechten steht. Elementares Ziel i.R.d Schuldrechtsreform war in erster Linie die Konzeption eines einheitlichen Gewährleistungssystems, um Rechtsunsicherheiten und Unklarheiten zu vermeiden. Ausgehend hiervon spricht die Entstehungsgeschichte für eine grundsätzlich zeitlich parallele Anwendbarkeit der allgemeinen und besonderen Mangelrechte ab Fälligkeit des vertraglichen Erfüllungsanspruchs. Zwei zeitlich grundsätzlich voneinander getrennte Anwendungsbereiche stehen der Annahme eines einzigen einheitlichen Gewährleistungssystems indessen entgegen.

3. Des Weiteren steht einer generellen zeitlichen Trennung der Anwendungsbereiche von allgemeinen und besonderen Mangelrechten auch die Gesetzessystematik entgegen. Auch hier erlangt wieder das Argument Bedeutung, wonach durch die systematische Eingliederung der besonderen Regeln in das allgemeine Leistungsstörungsrecht ein einheitliches Gewährleistungssystem geschaffen werden soll. Indem § 634 Nr. 3 und Nr. 4 BGB ausdrücklich für den Rücktritt, den Schadensersatz und letztlich auch für die Minderung auf die allgemeinen Regeln verweisen und daraus jedenfalls für diese Rechte der Anwendungszeitpunkt ab Fälligkeit des vertraglichen Erfüllungsanspruchs systematisch zu folgern ist, muss im Umkehrschluss gefolgert werden, dass die Gesetzessystematik keine generelle zeitliche Eingrenzung der §§ 634 ff. BGB rechtfertigen kann. Der Vergleich einzelner besonderer Mangelrechte mit den Regeln des allgemeinen Leistungsstörungsrechts zeigt ebenfalls keine systematische Erwägung, die eine generelle zeitliche Einschränkung des Anwendungsbereichs der §§ 634 ff. BGB notwendig macht. Eine zeitlich spätere Geltendmachung lässt sich dort, wo dies geboten scheint, bereits den Tatbeständen der jeweiligen Normen entnehmen, sodass für eine darüber hinausgehende zeitliche Eingrenzung keine Notwendigkeit besteht. Da auch die spezielle werkvertragliche Verjährungsregelung einer Anwendung vor Abnahme systematisch nicht entgegensteht, wird eine

Anwendung sämtlicher Mangelgewährleistungsrechte grundsätzlich ab Fälligkeit des vertraglichen Erfüllungsanspruch der systematischen Grundstruktur des Schuldrechts im Ergebnis am meisten gerecht.

4. Die teleologische Auslegung kommt zu dem Ergebnis, dass eine von vornherein mögliche Anwendung der besonderen werkrechtlichen Mangelrechte neben den allgemeinen Leistungsstörungsrechten ab Fälligkeit des Erfüllungsanspruchs und nach Maßgabe ihrer jeweiligen tatbestandlichen Voraussetzungen die vorzuziehende Ansicht darstellt. Zum einen wird so das Bedürfnis nach Ausnahmekonstellationen zugunsten billiger Ergebnisse insoweit reduziert, als lediglich für den Zeitraum vor Fälligkeit des Erfüllungsanspruchs solche diskutiert werden müssen. Zum anderen wird der Sinn und Zweck der Selbstvornahme nach § 637 BGB sowie der Minderung nach § 638 BGB vollumfänglich nur dann erreicht, wenn die Anwendung der besonderen werkvertraglichen Mangelrechte nicht durch das Anknüpfen an einen Gefahrübergang, eine Abnahme oder eine endgültige Herstellung des Werkes generell eingeschränkt ist. Eine derartige Anknüpfung führt zudem zu widersprüchlichen Ergebnissen, indem der berechtigterweise zurückweisende Besteller schlechter steht als der abnehmende und die Effektivität des werkvertraglichen Mangelgewährleistungsrechts infrage gestellt wird. Auch das vorrangige Telos, nämlich primär zunächst eine Vertragserfüllung anzustreben, erfordert keine generelle zeitliche Trennung der besonderen Mangelrechte der §§ 634 ff. BGB, da die entsprechenden allgemeinen und besonderen Regeln das vorrangige Interesse an einer Vertragserfüllung schon tatbestandlich durch das Fristsetzungserfordernis gewährleisten. Die Stellung des Nacherfüllungsanspruchs als primärer Rechtsbehelf und dem damit i.R.d. übrigen Rechtsbehelfe einhergehenden Fristsetzungserfordernis lässt weiterhin nicht die Schlussfolgerung zu, dass eine generelle zeitliche Trennung von allgemeinen und besonderen Leistungsstörungsrechten vorzunehmen ist. Ebenso wenig kann daraus gefolgert werden, dass die übrigen Rechte der §§ 634 ff. BGB nicht vor dem Anwendungszeitpunkt des Nacherfüllungsanspruchs anwendbar sind. Schließlich führt eine parallele Geltendmachung von allgemeinen Leistungsstörungsrechten und besonderen werkvertraglichen Gewährleistungsrechten zum effektivsten Schutz des Bestellers, indem den Besteller Vorteile der gesetzlichen Regelung so früh wie möglich treffen, während ungünstige Regelungen ihn erst treffen, wenn dies dem Tatbestand und damit den der jeweiligen Norm zugrundeliegenden Überlegungen zur gebotenen Risikoverteilung entspricht. Die generelle Einschränkung des Anwendungsbereichs der §§ 634 ff. BGB auf den Zeitraum nach Abnahme, Gefahrübergang oder Herstellung des Werkes schadet

ausschließlich dem Besteller, indem sie dessen Vorteile der gesetzlichen Regelung beschränkt, ohne dabei einen effektiveren Schutz zu gewähren.

III. Annex zu § 536a Abs. 1 Alt. 1 BGB

Die spezielle Garantiehaftung des § 536a Abs. 1 Alt. 1 BGB kann im Falle eines anfänglichen Mangels schon im Stadium vor Überlassung der Mietsache geltend gemacht werden. Die allgemeine Regelung des § 311a Abs. 2 BGB tritt im Wege der Spezialität hinter den besonderen mietrechtlichen Schadensersatzanspruch zurück. Die Auslegung des § 536a Abs. 1 Alt. 1 BGB nach Wortlaut, Historie, Systematik und Telos unterstützt eine Anknüpfung der Anwendung des Anspruchs an die Überlassung der Mietsache nicht im Geringsten. Eine Anwendung auch schon im Stadium vor Überlassung vermeidet demgegenüber sogar dogmatische sowie Wertungswidersprüche und stellt zumindest eine partielle Harmonisierung mit dem kauf- und werkvertraglichen Mangelgewährleistungsrecht her.

Abschließend bleibt festzustellen, dass es überhaupt keine rechtliche Grundlage und darüber hinaus auch gar kein Bedürfnis dafür gibt, die einschlägigen Mangelgewährleistungsrechte an die Übergabe, die Abnahme oder die Überlassung zu knüpfen. Eine davon losgelöste, ohne durch eine generelle zeitliche Zäsur der besonderen Regeln eingeschränkte Geltendmachung der jeweiligen Leistungsstörungsrechte führt zu billigen Ergebnissen, indem den Parteien die jeweiligen Rechte so früh wie möglich zugestanden werden, ohne aber eine Partei ungerechtfertigt zu benachteiligen.

Literaturverzeichnis

Acker, Wendelin/Roskosny, Sigrid: Die Abnahme beim gekündigten Bauvertrag und deren Auswirkungen auf die Verjährung, in: BauR 2003, S. 1279 (zitiert: Acker/Roskosny, BauR 2003).

Augenhofer, Susanne/Appenzeller, Carmen/Holm, Viktoria: Nacherfüllungsort und Aus- und Einbaukosten, in: JuS 2011, S. 680 (zitiert: Augenhofer/Appenzeller/Holm, JuS 2011).

Bachmann, Gregor: Gefahrübergang und Gewährleistung – Zum zeitlichen Anwendungsbereich des besonderen Leistungsstörungsrechts, in: Archiv für die civilistische Praxis 2011, S. 395 (zitiert: Bachmann, AcP 211).

Beck'scher Online Kommentar BGB – Bamberger/Roth: Kommentar zum Bürgerlichen Gesetzbuch, hrsg. von Heinz Georg Bamberger und Herbert Roth, Stand: 01.05.2014 (zitiert: Bearbeiter, in: BeckOK Bamberger/Roth).

Berger, Christian: Der Beschaffenheitsbegriff des § 434 Abs. 1 BGB, in: JZ 2004, S. 276 (zitiert: Berger, JZ 2004).

Blank, Hubert/Börstinghaus, Ulf P.: Miete Kommentar, 4. Auflage, München 2014 (zitiert: Blank/Börstinghaus).

Boldt, Antje: Die Kündigung des Bauvertrags aus wichtigem Grund durch den Auftraggeber nach neuem Recht, in: NZBau 2002, S. 655 (zitiert: Boldt, NZBau 2002).

Böttcher, Jens: Die Kündigung eines Werkvertrages aus wichtigem Grund nach dem Schuldrechtsmodernisierungsgesetz, in: ZfBR 2003, S. 213 (zitiert: Böttcher, ZfBR 2003).

Brox, Hans/Walker, Wolf-Dietrich: Allgemeines Schuldrecht, 38. Auflage, München 2014 (zitiert: Brox/Walker, Schuldrecht AT).

Brüggemeier, Gert: Das neue Kaufrecht des Bürgerlichen Gesetzbuches – Eine kritische Bestandsaufnahme, in: WM 2002, S. 1376 (zitiert: Brüggemeier, WM 2002).

Bundesministerium der Justiz: Referentenentwurf des Bundesministeriums der Justiz zum Entwurf eines Gesetzes zur Umsetzung der Verbraucherrechterichtlinie, zur Änderung des Verbrauchsgüterkaufrechts und zur Änderung des Gesetzes zur Regelung der Wohnungsvermittlung vom 19.09.2012, http://www.bundesgerichtshof.de/SharedDocs/Downloads/DE/Bibliothek/Gesetzesmaterialien/17_wp/VerbraucherrechteRL/refe.pdf;jsessionid=2E93FF33E73AD86595490A956A061915.2_cid344?__blob=publicationFile (zitiert: Ref.-Entwurf BMJ).

Bundestags-Drucksache: 14/6040 Entwurf eines Gesetzes zur Modernisierung des Schuldrechts vom 14.05.2001, http://dipbt.bundestag.de/doc/btd/14/060/1406040.pdf (zitiert: BT-Drucks. 14/6040).

Bundestags-Drucksache: 14/6857 Entwurf eines Gesetzes zur Modernisierung des Schuldrechts vom 14.05.2001, http://dipbt.bundestag.de/doc/btd/14/060/1406040.pdf (zitiert: BT-Drucks. 14/6857).

Bundestags-Drucksache: 17/12637 Entwurf eines Gesetzes zur Umsetzung der Verbraucherrechterichtlinie und zur Änderung des Gesetzes zur Regelung der Wohnungsvermittlung vom 06.03.2013, http://dip21.bundestag.de/dip21/btd/17/126/1712637.pdf (zitiert: BT-Drucks. 17/12637).

Canaris, Claus-Wilhelm: Die Behandlung nicht zu vertretender Leistungshindernisse nach § 275 Abs. 2 BGB beim Stückkauf, in: JZ 2004, S. 214 (zitiert: Canaris, JZ 2004).

Canaris, Claus-Wilhelm: Das allgemeine Leistungsstörungsrecht im Schuldrechtsmodernisierungsgesetz, in: ZRP 2001, S. 329 (zitiert: Canaris, ZRP 2001).

Canaris, Claus-Wilhelm: Sondertagung Schuldrechtsmodernisierung – Die Reform des Rechts der Leistungsstörungen, in: JZ 2001, S. 499 (zitiert: Canaris, JZ 2001).

Canaris, Claus-Wilhelm: Äquivalenzvermutung und Äquivalenzwahrung im Leistungsstörungsrecht des BGB, in: Festschrift für Herbert Wiedemann zum 70. Geburtstag, München 2002, S. 3 (zitiert: Canaris, in: FS Wiedemann (2002)).

Canaris, Claus-Wilhelm: Die Problematik der Minderung beim Dienstvertrag, in: Festschrift für Karsten Schmidt zum 70. Geburtstag, Köln 2009, S. 177 (zitiert: Canaris, in: FS Schmidt (2009)).

Dauner-Lieb/Horst Konzen/Karsten Schmidt: Das neue Schuldrecht in der Praxis: Akzente – Brennpunkte – Ausblicke , Köln 2003 (zitiert: Bearbeiter, in: Dauner-Lieb/Konzen/Schmidt).

Dauner-Lieb, Barbara/Dötsch, Wolfgang: § 326 II 2 BGB (analog) bei der Selbstvornahme?, in: NZBau 2004, S. 323 (zitiert: Dauner-Lieb/Dötsch, NZBau 2004).

Englert, Klaus/Motzke, Gerd/Wirth, Axel: Baukommentar, 2. Auflage, Köln 2009 (zitiert: Bearbeiter, in: EMW).

Emmerich, Volker: BGB-Schuldrecht, besonderer Teil, 13. Auflage, Heidelberg 2012 (zitiert: Emmerich).

Emmerich, Volker: Aufwendungsersatz im Mietrecht, in: Festschrift für Hubert Blank zum 65. Geburtstag, München 2006, S. 145 (zitiert: Emmerich, in: FS Blank (2006)).

Erman Bürgerliches Gesetzbuch, hrsg.: von Harm Peter Westermann, Barbara Grunewald und Georg Maier-Reimer, 13. Auflage, Köln 2011 (zitiert: Bearbeiter, in: Erman).

Ernst, Wolfgang: Sachmängelhaftung und Gefahrtragung, in: Festschrift für Ulrich Huber zum 70. Geburtstag, Tübingen 2006, S. 165 (zitiert: Ernst, in: FS Huber (2006)).

Eusani, Guido: Selbstvornahme des Bestellers trotz Leistungsverweigerungsrecht des Unternehmers bei verweigerter Sicherheitsleistung gem. § 648a BGB nach Abnahme, in: NZBau 2006, S. 676 (zitiert: Eusani, NZBau 2006).

Fahl, Katja: Zur Abgrenzung des allgemeinen Leistungsstörungsrechts vom Gewährleistungsrecht beim Kauf, in: DRiZ 2004, S. 58 (zitiert: Fahl, DRiZ 2004).

Faust, Florian: Anforderungen an eine Fristsetzung gemäß §§ 281 Absatz 1, 323 Absatz 1 BGB, in: JZ 2010, S. 202 (zitiert: Faust, JZ 2010).

Folnovic, Alen: Sind werkvertraglichen Mangelansprüche in der Herstellungsphase des Werks ausgeschlossen?, in: BauR 2009, S. 1360 (zitiert: Folnovic, BauR 2009).

Grigoleit, Hans Christoph/Herresthal, Carsten: Grundlagen der Sachmängelhaftung im Kaufrecht, in: JZ 2003, S. 118 (zitiert: Grigoleit/Herresthal, JZ 2003).

Grigoleit, Hans Christoph/Herresthal, Carsten: Die Beschaffenheitsvereinbarung und ihre Typisierung in § 434 I BGB, in: JZ 2003, S. 233 (zitiert: Grigoleit/Herresthal, JZ 2003).

Grigoleit, Hans Christoph/Riehm, Thomas: Grenzen der Gleichstellung von Zuwenig-Leistung und Sachmangek, in: ZGS 2002, S. 115 (zitiert: Grigoleit/Riehm, ZGS 2002).

Gröschler, Peter: Die notwendige Unterscheidung von Leistungspflichten und Nebenpflichten nach neuem Schuldrecht, in: Festschrift für Horst Konzen zum 70. Geburtstag, Tübingen 2006, S. 109 (zitiert: Gröschler, in: FS Konzen (2006)).

Gruber, Urs Peter: Mietrecht und Schuldrechtsreform, in: WuM 2002, S. 252 (zitiert: Gruber, WuM 2002).

Grunewald, Barbara: Kaufrecht, Tübingen 2006 (zitiert: Grunewald, Kaufrecht).

Grunewald, Barbara: Kaufrechtliche Gewährleistung und Rechtsbehelfe nach allgemeinem Schuldrecht: Ab wann gilt das Eine, bis wann gilt das Andere?, in Festschrift für Ulrich Huber zum 70. Geburtstag, Tübingen 2006, S. 291 (zitiert: Grunewald, in: FS Huber (2006)).

Gsell, Beate: Schadensersatz und Aufwendungsersatz im Mietrecht, in: NZM 2010, S. 71 (zitiert: Gsell, NZM 2010).

Haas, Lothar: Das neue Schuldrecht, München 2002 (zitiert: Bearbeiter, in: Das neue Schuldrecht).

Harke, Jan Dirk: Das neue Sachmängelrecht in rechtshistorischer Sicht, in: Archiv für die civilistische Praxis 2005, S. 67 (zitiert: Harke, AcP 205).

Hau, Wolfgang: Schuldrechtsmodernisierung 2001/2002 – Reformiertes Mietrecht und modernisiertes Schuldrecht, in: JuS 2003, S. 130 (zitiert: Hau, JuS 2003).

Heiderhoff, Bettina/Skamel, Frank: Teilleistung im Kaufrecht, in: JZ 2006, S. 383 (zitiert: Heiderhoff/Skamel, JZ 2006).

Herresthal, Carsten: Der zeitliche Anwendungsbereich der mietrechtlichen Mängelhaftung, in: 10 Jahre Mietrechtsreformgesetz, S. 157 (zitiert: Herresthal, in: 10 Jahre MietRRefG).

Herresthal, Carsten/Riehm, Thomas: Die eigenmächtige Selbstvornahme im allgemeinen und besonderen Leistungsstörungsrecht, in: NJW 2005, S. 1457 (zitiert: Herrestahl/Riehm, NJW 2005).

Hönig, Thomas: Leistungsstörungen beim Erwerb eines einzelkaufmännischen Unternehmens, in: ZGS 2010, S. 302 (zitiert: Hönig, ZGS 2010).

Huber, Peter: Der Nacherfüllungsanspruch im neuen Kaufrecht, in: NJW 2002, S. 1004 (zitiert: Huber, NJW 2002).

Huber, Peter/Faust, Florian: Schuldrechtsmodernisierung: Einführung in das neue Recht, München 2002 (zitiert: Huber/Faust).

Huber, Ulrich: Handbuch des Schuldrechts – Leistungsstörungen, Band I, Tübingen 1999 (zitiert: Huber, Leistungsstörungen I).

Huber, Ulrich: Die Praxis des Unternehmenskaufs im System des Kaufrechts, in: Archiv für die civilistische Praxis 2002, S. 179 (zitiert: Huber, AcP 202).

Ingenstau, Heinz/Korbion, Hermann: VOB Kommentar, hrsg. von Klaus Vygen und Rüdiger Kratzenberg, 17. Auflage, Köln 2010 (zitiert: Bearbeiter, in: Ingenstau/Korbion).

Jaensch, Michael: Der Gleichlauf von Rücktritt und Schadensersatz, in: NJW 2003, S. 3613 (zitiert: Jaensch, NJW 2003).

Jaensch, Michael: Schadensersatz beim vorweggenommenen Vertragsbruch und relativen Fixgeschäft, in: ZGS 2004, S. 134 (zitiert: Jaensch, ZGS 2004).

Jansen, Kathrin Susanne: Die Mangelrechte des Bestellers im BGB-Werkvertrag vor Abnahme, Frankfurt am Main 2010 (zitiert: Jansen, Mangelrechte vor Abnahme).

Jauernig, Othmar/Stürner, Rolf: Jauernig Bürgerliches Gesetzbuch Kommentar, 15. Auflage, München 2014 (zitiert: Bearbeiter, in: Jauernig).

Joussen, Edgar: Mängelansprüche vor der Abnahme, in: BauR 2009, S. 319 (zitiert: Joussen, BauR 2009).

Joussen, Jacob: Der anfängliche Mangel im Mietrecht – das Verhältnis von § 536a zu § 311a BGB, in: ZMR 2004, S. 553 (zitiert: Joussen, ZMR 2004).

Kandler, Mandy: Kauf und Nacherfüllung, Bielefeld 2004 (zitiert: Kandler, Kauf und Nacherfüllung).

Kapellmann, Klaus D./Messerschmidt, Burkhard: VOB Teile A und B, 4. Auflage, München 2013 (zitiert: Bearbeiter, in: Kapellmann/Messerschmidt).

Katzenstein, Matthias: Kostenersatz bei eigenmächtiger Selbstvornahme der Mängelbeseitigung – ein Plädoyer für die Abkehr von einer verfestigten Rechtspraxis, in: ZGS 2004, S. 300 (zitiert: Katzenstein, ZGS 2004).

Keppeler, Frank: Die Rechte des Mieters bei Mietmängeln im bestehenden Vertragsverhältnis, in: ZMR 2003, S. 885 (zitiert: Keppeler, ZMR 2003).

Kindl, Johann: Unternehmenskauf und Schuldrechtsmodernisierung, in: WM 2003, S. 409 (zitiert: Kindl, WM 2003).

Kleine-Möller, Nils/Merl, Heinrich/Glöckner, Jochen: Handbuch des privaten Baurechts, 5. Auflage, München 2014 (zitiert: Bearbeiter, in: Kleine-Möller/Merl/Glöckner).

Kleinhenz, Holger Michael/Junk, Oliver: Die Haftung des Verkäufers für Falschangaben bei Unternehmenskauf, in: JuS 2009, S. 787 (zitiert: Kleinhenz/Junk, JuS 2009).

Kniffka: IBR-Online-Kommentar Kommentar zum Bauvertragsrecht, hrsg. von Rolf Kniffka, Stand: 23.06.2014 (zitiert: Bearbeiter, in: IBR-Online-Kommentar).

Kniffka, Rolf/Koeble, Wolfgang: Kompendium des Baurechts, 4. Auflage, München 2014 (zitiert: Bearbeiter, in: Kniffka/Koeble).

Koch, Raphael: Die Fristsetzung zur Leistung oder Nacherfüllung – Mehr Schein als Sein?, in: NJW 2010, S. 1636 (zitiert: Koch, NJW 2010).

Kommission zur Überarbeitung des Schuldrechts Abschlussbericht der Kommission zur Überarbeitung des Schuldrechts, Bundesanzeiger 1992 (zitiert: Abschlussbericht der Kommission zur Überarbeitung des Schuldrechts (1992)).

Kraus, Steffen: Mängelhaftungsrechte vor Abnahme im BGB-Bauvertrag – einige Überlegungen de lege ferenda, in: Festschrift für Horst Franke zum 60. Geburtstag, Köln 2009, S. 209 (zitiert: Kraus, in: FS Franke (2009)).

Langenbucher, Katja: Europarechtliche Bezüge des Privatrechts, 2. Auflage, Baden-Baden 2008 (zitiert: Bearbeiter, in: Europarechtliche Bezüge des Privatrechts).

Leenen, Detlef: Sondertagung Schuldrechtsmodernisierung – Die Neuregelung der Verjährung, in: JZ 2001, S. 552 (zitiert: Leenen, JZ 2001).

Lenkeit, Olaf: Das modernisierte Verjährungsrecht, in: BauR 2002, S. 196 (zitiert: Lenkeit, BauR 2002).

Locher, Horst/Locher, Ulrich: Das private Baurecht, 8. Auflage, München 2012 (zitiert: Locher, Das private Baurecht).

Lorenz, Egon: Karlsruher Forum 2002: Schuldrechtsmodernisierung, Karlsruhe 2003 (zitiert: Bearbeiter, in: Karlsruher Forum 2002).

Lorenz, Stephan: Haftungsausfüllung bei der culpa in contrahendo: Ende der „Minderung durch c.i.c."?, in: NJW 1999, S. 1001 (zitiert: Lorenz, NJW 1999).

Lorenz, Stephan: Rücktritt, Minderung und Schadensersatz wegen Sachmängeln im neuen Kaufrecht – Was hat der Verkäufer zu vertreten?, in: NJW 2002, S. 2497 (zitiert: Lorenz, NJW 2002).

Lorenz, Stephan: Selbstvornahme der Mängelbeseitigung im Kaufrecht, in: NJW 2003, S. 1417 (zitiert: Lorenz, NJW 2003).

Lorenz, Stephan: Zur Abgrenzung von Teilleistung, teilweiser Unmöglichkeit und teilweiser Schlechtleistung im neuen Schuldrecht, in: NJW 2003, S. 3097 (zitiert: Lorenz, NJW 2003).

Lorenz, Stephan: Voreilige Selbstvornahme der Nacherfüllung im Kaufrecht: Der BGH hat gesprochen und nichts ist geklärt, in: NJW 2005, S. 1321 (zitiert: Lorenz, NJW 2005).

Lorenz, Stephan: Der Unternehmenskauf nach der Schuldrechtsreform, in: Festschrift für Andreas Heldrich zum 70. Geburtstag, München 2005, S. 305 (zitiert: Lorenz, in: FS Heldrich (2005)).

Lorenz, Stephan: Ein- und Ausbauverpflichtung des Verkäufers bei der kaufrechtlichen Nacherfüllung, in: NJW 2011, S. 2241 (zitiert: Lorenz, NJW 2011).

Lorenz, Stephan: Recht des Käufers zur Zurückweisung einer mangelhaften Sache – Voraussetzungen und Grenzen, in: NJW 2013, S. 1341 (zitiert: Lorenz, NJW 2013).

Lorenz, Stephan/Riehm, Thomas: Lehrbuch zum neuen Schuldrecht, München 2002 (zitiert: Lorenz/Riehm, Lehrb. zum neuen SR).

Looschelders, Dirk: Schuldrecht Allgemeiner Teil, 11. Auflage, München 2013 (zitiert: Looschelders, SR AT).

Looschelders, Dirk: Schuldrecht Besonderer Teil, 9. Auflage, München 2014 (zitiert: Looschelders, SR BT).

Looschelders, Dirk: §§ 536, 536a BGB: Mietrechtliche Gewährleistung und allgemeines Leistungsstörungsrecht nach der Schuldrechtsreform, in: in: 10 Jahre Mietrechtsreformgesetz, S. 157 (zitiert: Looschelders, in: 10 Jahre MietRRefG).

Maultzsch, Felix: Zum zeitlichen Anwendungsbereich der kauf- und werkvertraglichen Mängelrechte am Beispiel der §§ 439 Abs. 3, 635 Abs. 3 BGB, in: ZGS 2003, S. 411 (zitiert: Maultzsch, ZGS 2003).

Medicus, Dieter: Die unverhältnismäßig teure Nachbesserung beim Kauf, in: Festschrift für Karsten Schmidt zum 70. Geburtstag, Köln 2009, S. 1153 (zitiert: Medicus, in: FS Schmidt (2009)).

Medicus, Dieter/Lorenz, Stephan: Schuldrecht 2. Besonderer Teil, 16. Auflage, München 2012 (zitiert: Medicus/Lorenz, SchuldR BT).

Messerschmidt, Burkhard/Voit, Wolfgang: Privates Baurecht, 2. Auflage, München 2012 (zitiert: Bearbeiter, in: Messerschmidt/Voit).

Michalski, Lutz/Riemenschneider, Markus: Die zivilrechtliche Bedeutung des Mindesthaltbarkeitsdatums für den Verbraucher, in: BB 1993, S. 2097 (zitiert: Michalski/Riemenschneider, BB 1993).

Motive zum BGB Motive zu dem Entwurf eines bürgerlichen Gesetzbuches für das deutsche Reich, Band 2: Recht der Schuldverhältnisse, Amtliche Ausgabe, Berlin und Leipzig 1888 (zitiert: Motive II).

Mückl, Patrick: Grundstrukturen und Problemschwerpunkte des § 275 Abs. 2 BGB, in: Jura 2005, S. 809 (zitiert: Mückl, Jura 2005).

Münchener: Kommentar Münchener Kommentar zum Bürgerlichen Gesetzbuch, hrsg. von Franz Jürgen Säcker und Roland Rixecker

- Band 2: §§ 241–432, 6. Auflage, München 2012
- Band 3: §§ 433–610, 6. Auflage, München 2012
- Band 4: §§ 611–704, 6. Auflage, München 2012 (zitiert: Bearbeiter, in: MK).

Mundt, Achim: Baumängel und der Mängelbegriff des BGB-Werkvertragsrechts nach dem Schuldrechtsmodernisierungsgesetz, in: NZBau 2003, S. 73 (zitiert: Mundt, NZBau 2003).

Niemöller, Christian: Vergütungsansprüche nach Kündigung des Bauvertrages, in: BauR 1997, S. 539 (zitiert: Niemöller, BauR 1997).

Nomoskommentar Anwaltverein Nomoskommentar BGB Schuldrecht, hrsg. von Barbara Dauner-Lieb, Thomas Heidel und Gerhard Ring

- Band 2/1: §§ 241–610, 2. Auflage, Baden-Banden 2012
- Band 2/2: §§ 611–853, 2. Auflage, Baden-Baden 2012 (zitiert: Bearbeiter, in: NK-BGB).

Nomoskommentar Handkommentar Nomoskommentar Bürgerliches Gesetzbuch Handkommentar, hrsg. von Reiner Schulze, 6. Auflage, Baden-Baden 2009 (zitiert: Bearbeiter, in: Hk-BGB).

Oechsler, Jürgen: Praktische Anwendungsprobleme des Nacherfüllungsanspruchs, in: NJW 2004, S. 1825 (zitiert: Oechsler, NJW 2004).

Oechsler, Jürgen: Aufwendungsersatzansprüche nach § 284 BGB im Mietrecht, in: NZM 2004, S. 647 (zitiert: Oechsler, in: NZM 2004).

Oechsler, Jürgen: Vertragliche Schuldverhältnisse, 2. Auflage, München 2007 (zitiert: Oechsler, Vertragliche Schuldverhältnisse).

Oetker, Hartmut/Maultzsch, Felix: Vertragliche Schuldverhältnisse, 4. Auflage, Heidelberg 2013 (zitiert: Oetker/Maultzsch).

Ott, Andreas: Allgemeines Leistungsstörungsrecht versus werkvertragliche Mangelrechte, in: Festschrift für Werner Merle zum 70. Geburtstag, München 2010, S. 277 (zitiert: Ott, in: FS Merle (2010)).

Palandt, Otto: Palandt Bürgerliches Gesetzbuch mit Nebengesetzen,

- 57. Auflage, München 1998 (zitiert: Bearbeiter, in: Palandt (1998)).
- 73. Auflage, München 2014 (zitiert: Bearbeiter, in: Palandt)

Peters, Frank: Die Beweislast für Mangelhaftigkeit oder Mangelfreiheit des Werks, in: NzBau 2009, S. 209 (zitiert: Peters, NzBau 2009).

Preussner, Mathias: Das neue Werkvertragsrecht im BGB 2002, in: BauR 2002, S. 231 (zitiert: Preussner, BauR 2002).

Preussner, Mathias: Die Auswirkungen des Schuldrechtsmodernisierungsgesetzes auf das Baurecht: eine kritische Analyse, in: Festgabe für Steffen Kraus zum 65. Geburtstag, München, Neuwied 2003, S. 179 (zitiert: Preussner, in: FS Kraus (2003)).

Prütting, Hanns/Wegen, Gerhard/Weinreich, Gerd: Prütting/Wegen/Weinreich BGB Kommentar, 9. Auflage, Köln 2014 (zitiert: Bearbeiter, in: PWW).

Ramming, Klaus: Vorzeitiges Rücktrittsrecht und Schadensersatz statt der Leistung, in: ZGS 2002, S. 412 (zitiert: Ramming, ZGS 2002).

Redeker, Philipp: Die Verkäuferhaftung beim Unternehmens- und Grundstückskauf, in: NJW 2012, S. 2471 (zitiert: Redeker, NJW 2012).

Redeker, Philipp: Beschaffenheitsbegriff und Beschaffenheitsvereinbarung beim Kauf: der Anwendungsbereich des Gewährleistungsrechts und die Auslegung der Beschaffenheitsvereinbarung, München 2012 (zitiert: Redeker).

Reinicke, Dietrich/Tiedtke, Klaus: Kaufrecht, 8. Auflage, Köln/München 2008 (zitiert: Reinicke/Tiedtke).

Reinking, Kurt/Eggert, Christoph: Der Autokauf: Rechtsfragen beim Kauf neuer und gebrauchter Kraftfahrzeuge sowie beim Leasing, 11. Auflage, Köln 2012 (zitiert: Reinking/Eggert).

Roth, Herbert: Standzeit von Kraftfahrzeugen als Sachmangel, in: NJW 2004, S. 330 (zitiert: Roth, NJW 2004).

Schaub, Renate: Mietrechtsreform und Schuldrechtsmodernisierung – am Beispiel des Schadensersatzes nach § 536a BGB, in: in: 10 Jahre Mietrechtsreformgesetz, S. 157 (zitiert: Schaub, in: 10 Jahre MietRRefG).

Schonebeck, Karl-Heinz: Die Abtretung von Mängelansprüchen, in: BauR 2005, S. 934 (zitiert: Schonebeck, BauR 2005).

Schellhammer, Kurt: Das neue Kaufrecht – Die Sachmängelrechte des Käufers, in: MDR 2002, S. 301 (zitiert: Schellhammer, MDR 2002).

Schmidt, Burkhard: Zur unberechtigten Kündigung aus wichtigem Grunde beim Werkvertrag, in: NJW 1995, S. 1313 (zitiert: Schmidt, NJW 1995).

Schmidt, Detlef: Die Beschaffenheit der Kaufsache, in: BB 2005, S. 2763 (zitiert: Schmidt, BB 2005).

Schmidt-Futterer Schmidt-Futterer Großkommentar Mietrecht, hrsg.: von Hubert Blank, 11. Auflage, München 2013 (zitiert: Bearbeiter, in: Schmidt-Futterer).

Schröcker, Stefan: Unternehmenskauf und Anteilskauf nach der Schuldrechtsreform, in: ZGR 2005, S. 63 (zitiert: Schröcker, ZGR 2005).

Schwarze, Roland: Das Recht der Leistungsstörungen, Berlin 2008 (zitiert: Schwarze, Das Recht der Leistungsstörungen).

Sienz, Christian: Die Neuregelungen im Werkvertragsrecht nach dem Schuldrechtsmodernisierungsgesetz, in: BauR 2002, S. 181 (zitiert: Sienz, BauR 2002).

Soergel: Kommentar zum Bürgerlichen Gesetzbuch mit Einführungsgesetz und Nebengesetzen, Band 5/2, Schuldrecht 3/2, §§ 320–327, 13. Auflage, Stuttgart 2005 (zitiert: Bearbeiter, in: Soergel).

Staudinger, Julius von: J. von Staudingers Kommentar zum Bürgerlichen Gesetzbuch mit Einführungsgesetz und Nebengesetzen,

- Buch 2: Recht der Schuldverhältnisse, hrsg. von Claudia Bittner, Georg Caspers, Cornelia Feldmann, Manfred Löwisch, Hansjörg Otto und Roland Schwarze
  - §§ 255–304, Neubearbeitung 2014
  - §§ 315–326, Neubearbeitung 2009
  - §§ 433–480, Neubearbeitung 2014
  - §§ 535–555f, Neubearbeitung 2014
  - §§ 631–651, Neubearbeitung 2013 (zitiert: Bearbeiter, in: Staudinger).
- Buch 2: Recht der Schuldverhältnisse, hrsg. von Matthias Cremer, Heinrich Honsell, Helmut Köhler, Peter Mader und Theo Mayer-Maly, §§ 433–534, 13. Auflage, Berlin 1995 (zitiert: Bearbeiter, in: Staudinger (1995)).

– Buch 2: Recht der Schuldverhältnisse, hrsg. von Claudia Bittner, Georg Caspers, Cornelia Feldmann, Manfred Löwisch, Hansjörg Otto und Roland Schwarze, §§ 631–651, 13. Auflage, Berlin 1994 (zitiert: Bearbeiter, in: Staudinger (1994)).

– Buch 2: Recht der Schuldverhältnisse, hrsg. von Claudia Bittner, Georg Caspers, Cornelia Feldmann, Manfred Löwisch, Hansjörg Otto und Roland Schwarze, 14. Auflage, Berlin 2000 (zitiert: Bearbeiter, in: Staudinger (2000))

– Eckpfeiler des Zivilrechts, Neubearbeitung 2014/2015 v. Roland Michael Beckmann, Jan Busche, u.a., Berlin 2014 (zitiert: Bearbeiter, in: Staudinger – Eckpfeiler des Zivilrechts).

Tiedtke, Klaus/Schmitt, Marco: Der Anwendungsbereich des kaufrechtlichen Schadensersatzes statt der Leistung nach §§ 437 Nr. 3, 280 Abs. 1 und 3, 281 Abs. 1 BGB, in: BB 2005, S. 615 (zitiert: Tiedtke/Schmitt, BB 2005).

Timme, Michael: Anfängliche Mängel der Mietsache – immer noch ungelöst?, in: NZM 2003, S. 703 (zitiert: Timme, NZM 2003).

Unberath, Hannes: Mietrecht und Schuldrechtsreform, in: ZMR 2004, S. 309 (zitiert: Unberath, ZMR 2004).

Unberath, Hannes: Die richtlinienkonforme Auslegung am Beispiel des Kaufrechtsrichtlinie, in: ZEuP 2005, S. 5 (zitiert: Unberath, ZEuP 2005).

Verbrauchsgüterkaufrichtlinie Richtlinie 1999/44/EG des Europäischen Parlaments und des Rates vom 25. Mai 1999 zu bestimmten Aspekten des Verbrauchsgüterkaufs und der Garantien für Verbrauchsgüter, Verkündungsstand: 10.09.2014 (zitiert: VerbGüterKRL).

Voit, Wolfgang: Die Änderungen des allgemeinen Teils des Schuldrechts durch das Schuldrechtsmodernisierungsgesetz und ihre Auswirkungen auf das Werkvertragsrecht, in: BauR 2002, S. 145 (zitiert: Voit, BauR 2002).

Voit, Wolfgang: Der antizipierte Vertragsbruch und seine Auswirkungen im Baurecht, in: Festschrift für Wolfgang Koeble zum 65. Geburtstag, München 2010, S. 225 (zitiert: Voit, in: FS Koeble (2010)).

Voit, Wolfgang: Die Rechte des Bestellers bei Mängeln vor der Abnahme, in: BauR 2011, S. 1063 (zitiert: Voit, BauR 2011).

Vorwerk, Volker: Mängelhaftung des Werkunternehmers und Rechte des Bestellers nach neuem Recht, in: BauR 2003, S. 1 (zitiert: Vorwerk, BauR 2003).

Vygen, Klaus/Joussen, Edgar: Bauvertragsrecht nach VOB und BGB, 5. Auflage, Köln 2013 (zitiert: Vygen/Joussen).

Weidt, Heinz: Antizipierter Vertragsbruch: eine Untersuchung zum deutschen und englischen Recht, Tübingen 2007 (zitiert: Weidt, Antizipierter Vertragsbruch).

Weise, Stefan: Mängelrechte vor der Abnahme, in: NJW–Spezial 2008, S. 76 (zitiert: Weise, NJW-Spezial 2008).

Zimmer, Daniel: Das neue Recht der Leistungsstörungen, in: NJW 2002, S. 1 (zitiert: Zimmer, NJW 2002).

Schriften zum Handels- und Wirtschaftsrecht

Herausgegeben von Michael Kling, Herbert Leßmann und Ralph Backhaus

Band 1 Thomas Häuser: Die Eigenmittel der Kreditinstitute und mögliche Erweiterungen. 2000.

Band 2 Susanne Koch: Schutz vor kommerzieller Markenverunglimpfung durch das Markengesetz. 2001.

Band 3 Andreas Lachmann: Haftungs- und Vermögensfolgen bei Sitzverlegung ausländischer Kapitalgesellschaften ins Inland. 2000.

Band 4 Markus Fischer: Die freie Benutzung beim Schreiben künstlerischer Literatur. 2001.

Band 5 Frank Zingel: Ausbietungsgarantien. Rechtliche Probleme eines Kreditsicherungsmittels. 2001.

Band 6 Stephan Marienfeld: Konzernproblematiken bei der Publikumspersonengesellschaft. Dargestellt an den Beispielen der Mehrheitsentscheidungen, des Beirates und der Treuhandkonstruktion. 2001.

Band 7 Tobias Menzel: Werbebeschränkungen im Sport. Eine wettbewerbsrechtliche Untersuchung verbandsrechtlicher Werbebeschränkungen am Beispiel des DFB. 2002.

Band 8 Thomas Ullrich: Unternehmensmitbestimmung in der kapitalistischen Kommanditgesellschaft auf Aktien. 2002.

Band 9 Sebastian Jungermann: Der Beweiswert elektronischer Signaturen. Eine Studie zur Verläßlichkeit elektronischer Signaturen und zu den Voraussetzungen und Rechtsfolgen des § 292a ZPO. 2002.

Band 10 Axel Schilder: Schadensersatz bei Durchbrechung der Bindung an obligatorische Vertragsofferten. Eine vergleichende Untersuchung zum BGB und zum UN-Kaufrecht (CISG). 2003.

Band 11 Götz Wied: Gewinnversprechen von Versandfirmen. Rechtfertigung, Auslegung und Anwendungsprobleme des § 661a BGB. 2003.

Band 12 Timo Elsner: Die laufende Kontrolle der Tochtergesellschaften durch die Verwaltung der Muttergesellschaft. Eine Konkretisierung der aktiengesetzlichen Grundlagen. 2004.

Band 13 Elmar Mand: Das Recht der Kabelweitersendung. Kabelweiterleitung von Rundfunkprogrammen im Lichte des § 20 b UrhG. 2004.

Band 14 Thorsten Schaefer: Normenkonkurrenz beim Schutz von Marken und geschäftlichen Bezeichnungen. 2005.

Band 15 Frank Fricke: Zivilrechtliche Folgen von Verstößen gegen das SchwarzArbG. 2005.

Band 16 Christine Bunzel: Der Ersatz vergeblicher Aufwendungen im modernisierten Schuldrecht. 2007.

Band 17 Christian Severin: Auflassungsvormerkung und Eingriffsschutz. Zur Frage, ob dem Inhaber eines vormerkungsgesicherten Eigentumsverschaffungsanspruchs Sanktionsschutz gegen faktische Einwirkungen auf das vormerkungsbelastete Grundstück zukommt. 2008.

Band 18 Young-Jong Yi: Zur Strukturreform der koreanischen börsennotierten AG vor dem Hintergrund des deutschen und des US-amerikanischen Aktienrechts. 2008.

Band 19 Sandra Löwer: Inhaltskontrolle von Nutzungs- und Leistungsbeziehungen zwischen dem Idealverein und seinen Mitgliedern. 2008.

Band 20 Sandra Mießner: Providerhaftung, Störerhaftung und Internetauktion. 2008.

Band 21 Alexander W. Schilling: Passivlegitimation im gewerblichen Rechtsschutz und Urheberrecht. Die Bestimmung des Anspruchsgegners des urheber-, marken- und wettbewerbsrechtlichen Unterlassungsanspruchs anhand von Verkehrspflichten. 2010.

Band 22 Florian Mizdalski: Zur restriktiven Auslegung der Urheberschranken vor dem Hintergrund von Art. 5 GG. 2011.

Band 23 Isabel Reingardt: Das Schriftformerfordernis nach § 550 BGB. 2013.

Band 24 Manuel Diller: Der Interessenausgleich zwischen Eigentümern und Urhebern. Unter besonderer Berücksichtigung von Religionsgemeinschaften als Eigentümer urheberrechtlich geschützter Werke. 2013.

Band 25 Christian Matthias Moers: Dezentrale Arzneimittelrabattvereinbarungen. Der Selektivvertrag zwischen markt- und staatsförmigen Allokationsmechanismen. 2013.

Band 26 Nadine Hartung: Die Gewährung konzernweiter Leistungen und ihr Schicksal beim Betriebsübergang auf einen konzernfremden Dritten. 2013.

Band 27 Patrick Fromlowitz: Das Urheberpersönlichkeitsrecht und das allgemeine Persönlichkeitsrecht. Eine vergleichende Untersuchung unter besonderer Berücksichtigung der geschichtlichen Entwicklung, des Inhalts, des postmortalen Schutzes und der Übertragbarkeit. 2014.

Band 28 Marc Osken: Die schlichte Einwilligung im Urheberrecht. Eine Untersuchung unter Berücksichtigung der Vorschaubilder-Rechtsprechung des BGH. 2014.

Band 29 Maximilian Jordan: Der zeitliche Anwendungsbereich des allgemeinen Leistungsstörungsrechts und der besonderen Gewährleistungsrechte beim Kauf-, Werk- und Mietvertrag. 2015.

www.peterlang.com

www.ingramcontent.com/pod-product-compliance
Ingram Content Group UK Ltd.
Pitfield, Milton Keynes, MK11 3LW, UK
UKHW021850290926
8980IPUK00005B/742

9 783631 67002